--- Editorial ---

Liebe Leserin, lieber Leser,

1976 entdeckten Archäologen im Tal des Awash-Flusses im Osten Äthiopiens die Splitter eines rund 600 000 Jahre alten frühmenschlichen Schädels, der insgesamt 25 Schnittspuren aufwies. Dem Toten war die Gesichtshaut entfernt worden, möglicherweise im Verlauf eines archaischen Begräbnisrituals.

Haben also jene Jäger und Sammler, die damals durch Afrikas Savannen streiften, an ein Dasein nach dem Tod geglaubt, sogar an so etwas wie eine Seele? Mit anderen Worten: Waren sie in Ansätzen schon religiös?

Eine verbindliche Antwort darauf können uns Archäologen und Anthropologen nicht geben. Aber andere, vergleichbar alte Funde zeigen, dass vielleicht bereits *Homo erectus*, der Vorgänger des *Homo sapiens*, an eine Welt jenseits der sichtbaren glaubte – und dass diese Spiritualität womöglich sogar ein evolutionärer Vorteil im Verlauf der langen Menschwerdung war.

Denn die zu jedem Glauben gehörenden Rituale förderten den Zusammenhalt innerhalb einer Gruppe sowie die Bereitschaft einzelner Mitglieder, sich im Notfall für die anderen zu opfern – was die Überlebens-Chancen dieser Gruppe erhöhte. So zumindest sehen es manche Forscher; andere beurteilen diese These eher skeptisch.

In jedem Fall aber steht außer Zweifel, dass der Glaube an das Übersinnliche in der Entwicklung der Menschheit eine entscheidende Rolle gespielt hat – und das nicht erst seit der Entstehung der großen Religionen mit ihren Riten und Ritualen, mit ihren Gesetzen und Vorschriften, die die Menschen zu kulturellen Höchstleistungen beflügelten, sie häufig aber auch in Angst und Schrecken versetzten.

Wie der Glaube die Menschen von heute prägt: Das ist neben ausführlichen Wissenschaftsreports über die Entstehungsgeschichte der Religionen und die möglichen biologischen Wurzeln der Spiritualität ein zweiter Schwerpunkt dieses Heftes.

Immer mehr »Sinnbastler« bauen sich aus verschiedenen Weltanschauungen ihre eigenen Glaubenswelten

So hat sich der Berliner Reporter und Schriftsteller Jörg-Uwe Albig auf eine Rundreise durch Deutschland begeben. Hat in Thüringen jugendliche „Jesus-Freaks" besucht und in Berlin Anhänger der afrobrasilianischen Candomblé-Religion, in Stuttgart Mitglieder einer auf Religions-Wellness spezialisierten „Mega-Church" und auf einem Berggipfel im Allgäu Besucher einer protestantisch-katholischen Sonnenuntergangsmesse, in der Lausitz einen Sufi-Scheich und in der niedersächsischen Provinz die evangelische Bischöfin Margot Käßmann.

Und er ist bei seinen Recherchen immer wieder auf Menschen gestoßen, die sich ihren Glauben wie im Supermarkt aus den Versatzstücken verschiedener Religionen und Philosophien zusammengestellt haben, zu einer Art Patchwork-Weltanschauung.

Diese Entwicklung hin zu „Sinnbastlern", die sich ihre höchst privaten Glaubenswelten bauen und beispielsweise christliche Vorstellungen mit Praktiken des Zen-Buddhismus verbinden, konstatiert auch der Münchner Theologieprofessor Friedrich Wilhelm Graf, der für diese Ausgabe zehn Thesen zur Bedeutung der Religion im 21. Jahrhundert aufgestellt hat.

Die wohl wichtigste: Die Bedeutung des Glaubens nimmt weltweit nicht etwa ab, wie lange Zeit angenommen wurde, sondern zu.

Insofern kommt dieses Heft vielleicht gerade recht.

Herzlich Ihr

Das Konzept dieses Heftes entwickelt und seine Produktion koordiniert hat der GEOkompakt-Redakteur Malte Henk (Mitte). Bettina Süssemilch und Johannes Kückens aus dem Verifikationsteam von GEOkompakt haben alle Fakten und Daten in den Texten auf ihre Korrektheit überprüft

Die Macht des Glaubens. Die Fotografin Giorgia Fiorio ist an Orte spiritueller Versenkung in aller Welt gereist, etwa zu Sonnenanbetern in den Anden. Und der Theologe Friedrich Wilhelm Graf erläutert, weshalb die Religionen immer wichtiger werden. **Seite 6**

Wie der Glaube in die Welt kam. Schon vor 11 000 Jahren entstanden geheimnisvolle Kultstätten. Das Rätsel Religion. **Seite 24**

Die Antenne zu Gott. Ist Spiritualität nur ein Produkt des Gehirns und der Gene? Was ist dran an der Behauptung von »Neurotheologen«, sie hätten die biologischen Grundlagen des Glaubens entdeckt? **Seite 60**

Reisen in magische Welten. Was sich hinter den bizarren Ritualen der »Naturreligionen«, etwa in Papua-Neuguinea, verbirgt. **Seite 84**

Wenn die Weiße Nacht naht und es Zeit wird, zu sterben. Wie der Sektenführer Jim Jones mehr als 900 Anhänger in den Tod trieb. **Seite 96**

Wer war Jesus? Er hatte kaum Anhänger und endete als Aufrührer: Forscher rekonstruieren Leben und Sterben des Mannes aus Nazareth. **Seite 120**

--- Inhalt ---

Die großen Religionen. Wie Lehren, Regeln und Rituale mächtiger Glaubenssysteme das Leben von Milliarden bestimmen. **Seite 138**

Gott und die Welt und ich. Was der Glaube für Menschen wie den angehenden jüdischen Kantor Juval Porat bedeutet – und für andere, die sich keiner göttlichen Instanz anvertrauen. **Seite 44**

Die vielen Gebete der Deutschen. Zwischen alten Traditionen und neuen Privatgöttern: Rundreise durch ein Land auf der Suche. **Seite 74**

WIE MENSCHEN HEUTE GLAUBEN

Die Macht des Glaubens Tibeter auf heiligen Reisen, Voodoo auf Haiti: Giorgia Fiorio porträtiert Menschen, die auf das Übersinnliche vertrauen — **6**

10 Thesen zur Religion im 21. Jahrhundert Weshalb die Bedeutung des Glaubens weiter zunehmen wird – eine Zeitdiagnose — **20**

Gott und die Welt und ich Acht Menschen geben Auskunft über ihre Beziehung zum Transzendenten, darunter vier Atheisten — **44**

Die vielen Gebete der Deutschen Sinnsuche jenseits der Tradition: Woher kommt der Siegeszug der »Patchwork«-Religionen? — **74**

Reisen in magische Welten Mit welchen Ritualen die Anhänger von »Naturreligionen« den direkten Kontakt zum Übersinnlichen suchen — **84**

Wenn die Weiße Nacht naht und es Zeit wird, zu sterben Jim Jones und der »People's Temple«: Psychogramm einer Sekte — **96**

SPIRITUALITÄT UND WISSENSCHAFT

Wie der Glaube in die Welt kam Wann sich aus einfachen Ahnenkulten hochkomplexe Religionen entwickelten und weshalb die Spiritualität zu den Grundkonstanten der Menschheit gehört — **24**

Argumente für die Ewigkeit Lässt sich die Existenz eines Allmächtigen logisch begründen? Der Gottesbeweis des Anselm von Canterbury — **42**

»Spiritualität kann das Ich entlasten« Der Religionspsychologe Sebastian Murken über Entstehung und Wirkung von Glaubenswelten — **56**

Die Antenne zu Gott Mit welchen Experimenten Hirnforscher und andere Wissenschaftler versuchen, der Biologie des Glaubens auf die Spur zu kommen — **60**

Im Namen der heilenden Kraft Spielt der Glaube an transzendente Mächte bei der Genesung von Kranken eine Rolle? — **70**

Frachtgut aus der Ahnenwelt Wie ein britischer Anthropologe im Dschungel von Papua-Neuguinea als Botschafter aus dem Jenseits verehrt wurde — **108**

DIE WELTRELIGIONEN

Die Verwalter der Wunder Mit aufwendigen Verfahren überprüft der Vatikan, ob ein Verstorbener für die Heiligsprechung infrage kommt — **110**

Wer war Jesus? Die Geschichte des Mannes, der das Christentum begründete – erzählt anhand archäologischer Funde und historischer Quellen — **120**

»Mohammed ging es immer auch um Macht« Interview mit dem Islamwissenschaftler Tilman Nagel über den Propheten aus Mekka — **134**

Die großen Religionen Dossiers mit Karten, historischen Daten und den wichtigsten Informationen zu allen sechs Weltreligionen — **138**

RUBRIKEN

Glossar — 152
Impressum, Bildnachweis — 153
Vorschau »Das Wunder Kind« — 154

Redaktionsschluss dieser Ausgabe: 21. August 2008

Alle Fakten und Daten in dieser Ausgabe sind vom GEO-Verifikationsteam auf ihre Präzision, Relevanz und Richtigkeit überprüft worden. **Informationen** zum Thema und Kontakt zur Redaktion unter www.geokompakt.de

Titelbild: Betende Frau in der Kathedrale von Stawropol, Russland

---Religion weltweit---

EIN SCHRITT, EINE NIEDERWERFUNG. Und noch einmal. Und weiter, die Hände beschuht auf dem schrundigen Gestein: So preist dieser tibetische Mönch den heiligen Himalaya-Berg Kailash – Mittelpunkt des Universums, den es mühevoll zu umrunden gilt. Das Leben ein Jammertal? Nicht hier, nicht auf dieser Reise. Denn hinter dem Kailash lockt nur noch ein letztes Ziel – das Nirvana

Die Macht des Glaubens

Er versetzt Menschen in Angst und Schrecken – und stiftet Glück und Sinn. Mit ihm begründet sich der Rückzug in die Innerlichkeit und die Ausrufung des Gottesstaats. Friede oder Krieg, Selbstfindung oder Erfahrung von Gemeinschaft, Fanatismus oder Vernunft: Der Glaube – das Vertrauen in die **KRAFT DES ÜBERSINNLICHEN** – scheint alles möglich zu machen, alles im Griff zu haben. Er findet seinen Platz in allen Kulturen und Gemeinschaften, zu allen Zeiten

Fotos: Giorgia Fiorio; Text: Malte Henk

Sie haben gewartet und gebetet, stundenlang. Standen einfach still im Wasserfall, bis sie spürten: Erzulie, Geist der Liebe, hat von uns Besitz ergriffen! Nun zittern und schreien sie, singen, rollen die Augen. Religion kann **EKSTASE** sein – Auflösung des Selbst, ozeanisches Glücksgefühl, Eintauchen in das Weltganze. Beim Voodoo-Fest auf Haiti wie anderswo

---

Hier die Gläubigen, die durch ihr Dorf auf

den Philippinen ziehen, beladen mit Kreuzen, um das

Martyrium ihres Religionsstifters nachzuempfin-

den; dort die Moscheebesucher in Jakarta, Indonesien, die sich

beim Abendgebet Richtung Mekka verbeugen. Sind

sie einander so fremd? Eint sie nicht die **HINGABE** an die

Botschaft der Wahrheit, verkündet durch den

einen, den großen Gott? Und, vor allem: Entstammen

nicht ihre Bekenntnisse – das christliche und

das muslimische – dem gleichen Kulturraum, den

gleichen Überlieferungen?

Leben bedeutet Veränderung. Im **RITUAL** wird

sie greifbar: wenn die wiederkehrende Folge menschlicher

Handlungen das Vergehen der Zeit zu unterbrechen

scheint; wenn Altes endet und Neues beginnt. Alle zwölf Jahre

versammeln sich indische Asketen in Allahabad am

Ganges – nackt wie der Gott Shiva, umhüllt von heiliger Asche.

Und einmal im Leben springt auf der südpazifischen

Insel Pentecost jeder Junge an einem Lianenseil in die Tiefe,

um zum Mann zu werden. Ein Übergangsritus, wie er sich

so oder anders in allen Gesellschaften findet

Diese Szene könnte Jahrhunderte alt sein: Äthiopische Christen ziehen zur göttlichen Stadt Lalibela, um Jesu Taufe zu feiern. Weil ihr Land lange von der christlichen Welt abgeschnitten war, hat die religiöse **TRADITION** dort seit der Antike oft unverändert überlebt. Verstaubtes Illusionstheater, sagen Kritiker – was die Gläubigen nicht davon abhält, weiterhin mehr als 150 Fest- und 175 Fastentage im Jahr zu begehen.

Den Wein schmecken. Die Gewürze riechen. Das
Gebet hören. Und die Hände ausstrecken, damit sich der
Flammenschein in den Fingernägeln spiegelt – bei der
Hawdala-Zeremonie, mit der Juden das Ende des Sabbat begehen,
sind gleich vier Sinne im Einsatz. Denn die religiöse
ERKLÄRUNG der Welt bleibt nie theoretisch; Gläubige »begreifen«
buchstäblich Rätsel und Zusammenhänge. Wie der
birmanische Mönch, der so lange die heiligen Texte studiert,
bis ihm die Mantras ins Herz übergegangen sind

– – –

So viele Menschen, so viele Götter. In den Anden, auf 5000 Meter Höhe, haben sie gemeinsam die Nacht verbracht: die peruanischen Indianer mit ihren uralten Berg- und Naturgöttern – und mit Jesus Christus, den sie ebenfalls verehren. Jetzt: Sonnenaufgang. Erfahrung von, Vertrauen in **EWIGKEIT**. Religion, schrieb der Theologe Friedrich Schleiermacher schon 1799,

Glauben heute & morgen

10 Thesen zur Religion im 21. Jahrhundert

Der Glaube bestimmt noch immer das Leben der meisten Menschen auf der Erde. Was folgt daraus im Zeitalter der Globalisierung? Der Siegeszug des Fundamentalismus? Ein »Kampf der Kulturen«? Die Erneuerung der Kirchen? Eine Zeitdiagnose des Theologen Friedrich Wilhelm Graf

1. Die Gegenwartsmoderne ist keine gottlose Zeit. Sondern stark geprägt durch eine Attraktivität religiösen Glaubens.

Im 20. Jahrhundert vertraten viele Soziologen die „Säkularisierungsthese": dass in modernen Gesellschaften religiöser Glaube immer schwächer werde, an kulturellem wie politischem Gewicht verliere, sich säkularisiere, also verweltliche. Doch Religion ist niemals verschwunden – sondern hat in den vergangenen drei Jahrzehnten neue kulturelle Bedeutung gewonnen. Gewiss, wir kennen gerade in Europa Atheisten, Agnostiker und Glaubensferne, die den überlieferten kirchlichen Symbolsprachen und Riten nichts mehr abgewinnen können. Aber außerhalb unseres Kontinents hat Religion nichts von ihrer Faszinationskraft eingebüßt. Die große Mehrheit der derzeit lebenden Menschen führt ihr Leben in tiefer Gläubigkeit – die Gegenwart ist eine höchst glaubensproduktive Zeit, bestimmt von schnellem religiösem Wandel, vielfältigen missionarischen Bewegungen und Religionskonflikten. Es besteht kein Grund, daran zu zweifeln, dass es auch in Zukunft so sein wird. Denn schon aus demografischen Gründen wird Religion weiter an Gewicht gewinnen: Die besonders Frommen zeugen in allen Weltteilen und in allen Religionen mehr Kinder als andere.

2. Neue Formen des Christentums wachsen mindestens ebenso stark wie der Islam – und sie missionieren aggressiver.

Vor einem Jahrhundert lebten in Afrika schätzungsweise zehn Millionen Christen und dreieinhalbmal so viele Muslime. Heute zählt man dort 330 Millionen Muslime und 350 Millionen Christen – vor allem südlich der Sahara. Aber auch in Lateinamerika und vielen asiatischen Ländern hat das Christentum erfolgreicher missioniert als der Islam. Belief sich etwa die Zahl der Christen 1945 in Nord- und Südkorea auf nur 300 000 Getaufte, so nahm sie im Südteil des Landes infolge der Mission auf heute elf Millionen zu. In China gibt es inzwischen vermutlich mehr als 100 Millionen Christen. Die missionarisch erfolgreichsten Christen sind heute die Vertreter der Pfingstkirchen, die eine radikal-frömmlerische Form des Lebens und Glaubens pflegen, hervorgegangen um 1900 aus dem reformierten Protestantismus. Pfingstkirchen predigen den ekstatischen Zugang zu Gott. In ihnen waren um 1970 gerade einmal sechs Prozent aller Christen organisiert – heute sind es nach einigen Schätzungen gut 25 Prozent. Die 500 Millionen Pfingstler leben zumeist in Ländern der südlichen Hemisphäre. Sie tragen dazu bei, dass das einst auf Europa und Nordamerika konzentrierte Christentum zu einer besonders erfolgreichen Religion auf der Südhalbkugel der Erde wird.

3. Durch Migration gewinnt Religion neue Bedeutung.

Schon immer haben Menschen ihre Heimat verlassen. Nie zuvor jedoch hat es vergleichbar viele Migranten gegeben wie heute: Rund 200 Millionen Menschen leben dauerhaft in einem fremden Land. Migration stärkt Religion, heißt ein Lehrsatz der Religionsforscher. Denn Auswanderung ist äußerst riskant, man bricht auf in eine unsichere Zukunft – und klammert sich auf schwierigen Wanderwegen an seinen Gott. Er sorgt in neuen, oft feindlichen Umgebungen für Identität.

Nicht wenige Menschen werden überhaupt erst durch Migration fromm: Religion ermöglicht ihnen, eine Bindung an die Heimat zu pflegen und so lebensgeschicht-liche Kontinuität zu sichern. Man kann dies gut am Beispiel der USA studieren, des Einwanderungslandes schlechthin. Dort helfen seit jeher religiöse Institutionen den Neuankömmlingen, ihren Weg in die Gesellschaft zu finden. Das schafft einen engen emotionalen Kontakt zu diesen Kirchengemeinden und Synagogen.

Und so erklären manche Forscher die Tatsache, dass Religion in den USA eine besonders große Rolle spielt, mit dem Zusammenspiel von Migration und religiös organisierter Integration. Möglicherweise steht den europäischen Gesellschaften in dieser Hinsicht eine „Amerikanisierung" noch bevor.

4. Im globalen Kapitalismus müssen Gott, die Götter und der Glaube vermarktet werden.

Um 1970 begannen Wirtschaftswissenschaftler, religiöse Wandlungsprozesse ökonomisch zu deuten. Sie entwickelten eine neue Disziplin: die Religionsökonomie. Man spricht nun von Religionsmärkten, auf denen konkurrierende Akteure ihre Heilsprodukte und Erlösungsideen den Sinn suchenden Konsumenten anpreisen. Religionsmärkte funktionieren im engen Zusammenspiel von Angebot und Nachfrage.

Zwar sind in Europa die Monopolisten, die großen christlichen Kirchen, durch staatliches Religionsverfassungsrecht vielfältig privilegiert – in asiatischen Ländern aber und vor allem den USA sind die Religionsmärkte weithin offen. Überleben kann hier nur der Anbieter, der seine Sinnwaren erfolgreich an die Leute zu bringen vermag – zum Beispiel die Lakewood Church in Houston, Texas. Diese „Mega-Church" zählt Woche für Woche fast 40 000 Gottesdienstbesucher und hat eigene Communitys für Kinder, Jugendliche, Studierende, Alleinerziehende, Männer, Latinos und ältere Alleinstehende aufgebaut. Zudem werden alle möglichen Psycho-Gruppen angeboten, auch ein „financial ministry", um in der Herzensbindung an Gott Geldanlagestrategien erlernen zu können.

Auf diese Weise herrscht permanenter Überbietungswettbewerb: Alle Glaubensanbieter müssen fortwährend darauf achten, besonders kundennahe, die Menschen überzeugende, begeisternde religiöse Dienstleistungen zu erbringen. Angebot erzeugt Nachfrage, Konkurrenz belebt das Geschäft – auch das Glaubensgeschäft.

5. Auf Religionsmärkten sind „harte" Formen des Glaubens erfolgreicher als weiche, liberale.

Immer mehr Menschen nehmen ihren Glauben so ernst, dass sie ihr Leben in all seinen Facetten streng nach dem Willen ihres Gottes zu führen versuchen. Gottes Gesetz solle zur bestimmenden Norm der Gesellschaft werden: Darin stimmen streng orthodoxe Juden mit amerikanischen Evangelikalen und radikal antiwestlichen Islamisten überein. Ob man es nun mag oder nicht – gerade die streng bindenden Glaubensweisen wachsen seit etwa 30 Jahren besonders schnell.

Der Siegeszug der diversen Fundamentalismen erklärt sich aus der pluralistischen Signatur der Moderne: Die Vielfalt der Lebensweisen wirkt relativierend und erzeugt Unübersichtlichkeit. Fundamentalismen hingegen fördern neue Gewissheit. Sie fordern von den Frommen viel, aber sie bieten auch viel: starke Überzeugungen, stabile Weltbilder, dichte emotionale Gemeinschaft mit Gleichgesinnten, Netzwerke gelebter Solidarität und Nächstenliebe.

6. Die Religionskulturen des 21. Jahrhunderts leben in permanenter Wechselwirkung. Das führt zu Konflikten.

Wenn ein weltweites Fernsehpublikum teilhat am Tod eines charismatischen Papstes; wenn der Dalai Lama von Termin zu Termin um den Globus jettet; wenn muslimische Frauen ihre religiöse Identität sichtbar machen, indem sie öffentlich Kopftuch tragen – dann geht es meist darum, Unterschiede zur Schau zu stellen, Medienpräsenz zu zeigen. Auch für die Welt der Religionen gilt: Mehr Verschiedenheit bedeutet in aller Regel mehr Konflikt.

Der Politikwissenschaftler Samuel Huntington hat deshalb einen „Clash of Civilizations" vorausgesagt. Aber die These vom globalen „Kampf der Kulturen" zwischen „dem Islam" und „dem Westen" überschätzt die innere Geschlossenheit von Gesellschaften. Viel wichtiger, gerade in Europa, sind die normativen Konflikte innerhalb dieser Gesellschaften – etwa in Fragen der Biopolitik oder über den rechtlichen Status homosexueller Partnerschaften. Was die einen als heilige „Werte" verehren, verachten die anderen als Traditionsmüll. Wir erleben also fortwährend „alltägliche" Kulturkämpfe über die Regeln des Zusammenlebens, und alles spricht dafür, dass sich der religiöse Streit über Prinzipien guter Lebensführung im 21. Jahrhundert weiter verschärfen wird.

7. *Das* Christentum, *den* Islam oder *den* Buddhismus gibt es nicht.

Derzeit leben rund 2,1 Milliarden Christen auf unserer Erde, 1,4 Milliarden Muslime, 900 Millionen Hindus, 376 Millionen Buddhisten und 15 Millionen Juden. Doch wissen wir aus der europäischen Religionsgeschichte, dass Begriffe wie „die Christen" nur zur Abgrenzung von den vielen anderen, den Nicht-Christen dienen. Genau besehen, ist „das Christentum" nichts weiter als ein Sammelname für ganz verschiedene Glaubensweisen und Frömmigkeitsformen. Einzelne Konfessionen wie der Protestantismus kennen viele Strömungen mit je eigener Tradition; zur Vielfalt tragen auch die kleinen Reformgruppen, Freikirchen und „Sekten" bei. Zudem geht christlicher Glaube häufig eine enge Verbindung mit Sprache, Volkskultur, regionalen Sitten, aber auch modernen Ideen der Nation ein. (Der bayerische Katholizismus ist religionskulturell völlig anders als der rheinische.)

Folgende Regel ist entscheidend: Je länger die Religionsgeschichte, desto stärker die Ausdifferenzierung – um 1900 zählte man weltweit 1800 christliche Kirchen, heute sind es mehr als 30000. Alle großen Weltreligionen sind mithin eher Religionsfamilien, weil die heiligen Texte ganz unterschiedlich ausgelegt werden können, Glaubenssymbole deutungsoffen sind und Menschen nun einmal unterschiedliche Sinnbedürfnisse haben. Man spricht zwar gemeinsam ein Gebet. Aber die Worte mögen dem einen dies, dem anderen das und dem Dritten etwas ganz anderes bedeuten.

8. Europa wird zum Einwanderungskontinent für Muslime. Aber die islamischen Lebenswelten in Europa sind bunt und vielfältig.

Mehr als drei Millionen Muslime leben in Deutschland, vor allem Türken. Die meisten sind nicht sehr fromm, sehen sich eher als säkulare Türken denn als gläubige Muslime. Weil sie aber ständig als Muslime wahrgenommen werden, entwickeln viele von ihnen ein stärker muslimisch akzentuiertes Selbstverständnis. Ganz anders die Verhältnisse in Frankreich: Dort stammen die meisten Muslime aus Marokko, Algerien und einigen Staaten südlich der Sahara, entzünden sich die Integrationskonflikte eher an den Kolonialkriegen. Auch in Großbritannien und den Niederlanden ist die koloniale Vergangenheit in den muslimischen Lebenswelten präsent. Solche Ursachen müssen erkannt, Stereotype wie „der europäische Islam" müssen vermieden, Bildungs- und Aufstiegschancen eröffnet werden. Es hängt von den Nichtmuslimen ab, ob die zunehmende Präsenz von Muslimen in Europa zur Erfolgsgeschichte wird.

9. Viele Glaubenssucher verknüpfen Elemente unterschiedlicher religiöser Überlieferungen miteinander.

In demokratisch verfassten Nationen, die Religionsfreiheit als vorstaatliches Grundrecht anerkennen, darf jeder nach seiner religiösen Fasson selig werden. Als Sinnbastler baut sich der moderne Mensch seine private Glaubenswelt, verknüpft etwa alte christliche Vorstellungen mit Symbolen und kultischen Praktiken anderer Religionen. Veranstaltet im katholischen Gemeindehaus Yoga-Abende oder entwickelt in interreligiösen Dialoggruppen die Bereitschaft, Verschiedenes zu einer neuen, humanistischen Glaubenshaltung zusammenzufügen. Wissenschaftler nennen diese Kombination heterogener Sinnelemente „bricolage" (franz. = Bastelarbeit). Alles Mögliche – Politisches, die Kunst, Sex – kann religiös aufgeladen werden. Manche predigen Gesundheit als höchsten Wert und sehen im Bio-Müsli eine heilige Speise, gleichsam ein Abendmahl. Und wenn sich Hamburger Fußballfans in einem Sarg mit Vereinsemblem auf dem vereinseigenen Friedhof von einem Pfarrer beerdigen lassen, der statt einer liturgischen Stola den Vereinsschal trägt, hat auch der Fußball religiöse Unbedingtheit gewonnen. Diese Bricolage wird unter anderem deshalb zum Massenphänomen, weil immer mehr Menschen Fernreisen machen und dabei fremde Religionskulturen mit eigenen Augen wahrnehmen. Diese neue religiöse Individualisierung fördert indirekt aber auch harte, „fundamentalistische" Glaubensformen: Je bunter, vielfältiger, unübersichtlicher Religionsmärkte werden, desto attraktiver sind für viele Menschen nun auch ganz klare, verlässliche Autoritäten und bergende Bindungen bietende Glaubensweisen.

Was für die einen heilig ist, gilt den anderen als Traditionsmüll. Der Streit zwischen Gläubigen und Ungläubigen wird schärfer

10. Deutsche Christen leben in überlegter Distanz zu den Kirchen – und sind dennoch religiöser, als viele meinen.

Manch konservativer Kulturkritiker klagt, Europa sei eine gottlose, zutiefst säkulare Insel in einer religiösen Welt. Dabei sind die beiden großen christlichen Kirchen, wie auch immer man misst, nach wie vor die mächtigsten Organisationen der deutschen Gesellschaft. Ihre Sozialholdings Caritas und Diakonie beschäftigen jeweils mehr als 400 000 Menschen – sie sind nach dem Staat der größte Arbeitgeber im Land.

Am Wochenende gehen mehr Menschen zum Gottesdienst als in die Bundesligastadien, und in Umfragen bezeichnen sich 70 Prozent der Befragten als religiös. Folglich trifft die simple Diagnose „Säkularisierung" nicht zu. Wie kann man die bemerkenswerte Stärke der Christlichkeit deuten?

Manche Fachleute reden von „believing without belonging". Demnach glauben die Menschen (etwa an einen Sinn des Lebens), nehmen aber nicht am Kirchenleben teil. Andere sprechen von „stellvertretenden Institutionen": Kirchen als Krisenmanager für die Notfälle des Lebens und die großen Krisen des Gemeinwesens. In jedem Fall werden die christlichen Kirchen – trotz mancher sehr schlechter religiöser Performance und nachlassender Überzeugungskraft ihres hauptamtlichen Personals – auch in den kommenden Jahrzehnten die wichtigsten religiösen Akteure in Europa bleiben.

Denn sie verwalten einen faszinierenden Schatz: ein uraltes religiöses Symbolkapital, das immer noch starke Sinnrenditen abwirft. □

Friedrich Wilhelm Graf, 59, ist Professor für Systematische Theologie und Ethik an der Universität München.

Literatur: Friedrich Wilhelm Graf, „Die Wiederkehr der Götter: Religion in der modernen Kultur", C. H. Beck.

Voller Geheimnisse ist die Kultstätte von Göbekli Tepe in Anatolien, der wohl älteste Tempel der Geschichte, wo vor rund 11 000 Jahren Jäger und Sammler tonnenschwere Stelen aus Kalkstein aufstellten. Forscher vermuten, dass die riesige Anlage Totenritualen diente, bei denen man die Leichen Verstorbener aufbahrte – und anschließend Geiern zum Fraß überließ

Wie der Glaube in die Welt kam

Seit Jahrtausenden beten Menschen höhere Mächte an – zelebrieren Rituale, unterwerfen sich Tabus, führen Kriege im Namen ihrer Götter. Archäologen, Evolutionsforscher und andere Wissenschaftler haben rekonstruiert, wie sich Kulte zu Religionen entwickelten. Und liefern überraschende Antworten auf die Frage, weshalb die Spiritualität zu den Grundkonstanten unseres Denkens gehört

Text: Jürgen Bischoff und Henning Engeln
Fotos: Berthold Steinhilber

Es ging zu wie im Schlachthaus, als Marduk, der Lebensspender und Lichtbringer, die Welt erschuf. „Marduk löschte Tiâmats Leben aus. Er zerschmetterte sie mit der Keule. Wie einen Fisch zerteilte er sie. Er hob eine Hälfte auf und befestigte sie als Himmel. Aus der anderen erschuf er die Erde, die Länder und die Gebirge. Aus ihren Augen strömten die Flüsse, der Euphrat und der Tigris. Dann ruhte der Held von seinem Schöpfungswerk."

Alljährlich zum Neujahrsfest, am vierten Tag des Monats Nisannu, der sich von Mitte März bis Mitte April erstreckte, rezitierten Babylons Priester diesen Schöpfungsmythos. Und wenn am elften Tag die Statue des obersten

In Babylon hatte selbst der König vor dem Herrn der Götter Rechenschaft abzulegen

Gottes Marduk mit großem Gefolge über die gepflasterte Prozessionsstraße durch die Stadt getragen wurde, war auch der König dabei, auf den Straßen sangen die Einwohner in religiöser Verzückung.

Denn die Menschen im altbabylonischen Reich waren von einem tiefen Glauben beseelt, der bis in alle Winkel ihres Lebens wirkte. Selbst ihr König war am Neujahrsfest dem Herrn aller Götter rechenschaftspflichtig. Göttliche Regeln brachten Ordnung in die Welt, Opfer garantierten Glück oder Erfolg, und der Schöpfungsmythos gab Antwort auf die größte aller Fragen: die nach dem Woher der eigenen Existenz.

So wie im Babylon des 2. Jahrtausends v. Chr. ging es zur gleichen Zeit im ägyptischen Theben zu. Und bald darauf auch im attischen Athen. Und an anderen Orten: Überall stifteten Glaube und Religion verbindliche Werte; Mythen und Rituale leiteten zum richtigen Handeln an, sorgten für Zusammenhalt in Städten und Siedlungen.

Heute existieren auf unserem Planeten Abertausende Glaubenssysteme und religiöse Kulte. Offenbar kommt keine Gesellschaft ganz ohne Religion aus.

Weshalb aber haben die Menschen einst begonnen zu glauben? Weshalb brauchten – und brauchen – sie die Überzeugung, dass transzendente, also die Erfahrungswelt „übersteigende" Kräfte ihr Leben beeinflussen?

Ist Glaube kulturell, vom Menschen selbst gemacht? Oder hat er biologische Wurzeln, die tief in unsere Vergangenheit hinabreichen? Und wie haben sich daraus soziale Systeme des Handelns und Herrschens entwickelt – die Religionen?

Noch kennen Archäologen, Religionswissenschaftler und Psychologen darauf keine allseits akzeptierten Antworten. Doch immerhin nimmt die Geschichte dank der modernen Wissenschaften langsam Form an: die Geschichte davon, wie der Glaube in die Welt kam.

TIERE HABEN KEINE RELIGION. Also muss die Historie des Glaubens irgendwann in der Urzeit begonnen haben, auf dem langen evolutionären Marsch vom Tier zum Menschen. Wann jedoch der

Die kreisförmig angeordneten Pfeiler von Göbekli Tepe stellen vermutlich menschenähnliche Wesen dar – Ahnen vielleicht oder Dämonen. Die Steine sind mit Bildern wilder Tiere verziert. Hier sind am »Kopf« eines Pfeilers Vögel zu sehen, am »Körper« ein Keiler und ein Fuchs

magische Moment aufblitzte, an dem einer unserer Vorfahren erstmals die Gegenwart übernatürlicher Mächte verspürte und sich Gedanken über den Verbleib seines Geistes nach dem Tod machte – das ist schwer zu rekonstruieren.

Möglicherweise kam der Glaube schon vor 600 000 Jahren in die Welt. So alt jedenfalls sind Fragmente eines frühmenschlichen Schädels, die Forscher in Äthiopien entdeckt haben und an denen sie Spuren eines Begräbnisrituals zu erkennen meinen: Offenbar ist die Gesichtshaut des Toten sorgfältig von seinem Kopf entfernt worden.

Fest steht, dass Neandertaler vor rund 60 000 Jahren ihre Toten bestatteten. Doch ist das bereits ein Beleg für den Glauben an eine transzendente Welt? Oder nur Ausdruck einer besonderen Hygiene beim Umgang mit Verstorbenen?

Vielleicht gaben diese Darstellungen schamanistische Visionen wieder – Visionen jener Mittler zwischen Sinneswelt und der Welt der Geister, die bei ekstatischen Ritualen ins Jenseits „reisten" und dabei merkwürdige Dinge sahen.

Für manche Wissenschaftler verbirgt sich hinter diesen Kunstwerken, die zu den frühesten der Menschheit zählen, der Anfang der Religion. Aber auch das bleibt Spekulation.

Stichhaltige Hinweise auf den Glauben an ein jenseitiges Leben gibt es erst vom Ende der Altsteinzeit – einer Epoche vor 28 000 bis 11 000 Jahren, als manche ihre Toten bereits mit Schmuck oder mit anderen Beigaben in ausgebauten Gräbern bestatteten. „Religion", so die Bielefelder Religionswissenschaftlerin Ina Wunn, „entstand aus der Sorge um das Schicksal der Toten."

Zeigt diese Elfenbeinfigur das Abbild eines Schamanen? Fest steht nur das Alter des schwäbischen »Löwenmenschen«: etwa 32 000 Jahre

Von der Ahnenverehrung zum Schöpfergott

Vor rund 600 000 Jahren
Im Gebiet des heutigen Äthiopien ziehen Urmenschen vom Schädel eines ihrer Verstorbenen sorgfältig die Haut ab – womöglich als Teil eines Bestattungsrituals

Vor rund 60 000 Jahren
In der Höhle von Shanidar im heutigen Nordirak bestatten Neandertaler einen Angehörigen und legen ihm vermutlich Blumen mit ins Grab. Manche Forscher sehen darin einen Hinweis auf Jenseitsvorstellungen

Vor rund 32 000 Jahren
An einigen Orten in Mitteleuropa entstehen aus Elfenbein geschnitzte Tierfiguren in Menschengestalt. Möglicherweise handelt es sich dabei um Darstellungen oder sogar um Werke von Schamanen

Vor rund 40 000 Jahren begann dann der moderne Mensch, *Homo sapiens*, dem Neandertaler Konkurrenz zu machen. Nachdem er vor rund 100 000 Jahren, aus Afrika kommend, im Nahen Osten aufgetaucht war, zog er viele Zehntausend Jahre lang mit seinen Familienverbänden durch die fruchtbaren Ebenen des Jordantals und schließlich weiter in viele Teile Europas.

Möglicherweise war es dieser Wettbewerb zwischen Neandertaler und *Homo sapiens*, der die frühen Europäer zu einer enormen Vielfalt neuer Kunstwerke und Werkzeuge inspirierte. Unter anderem schnitzten moderne Menschen in Mittel- und Südeuropa vor mehr als 30 000 Jahren Chimären, Mischwesen aus Mensch und Tier, und überzogen die Wände ihrer Höhlen mit prächtigen Tierbildern.

Woran aber die Menschen damals glaubten, welche religiösen Praktiken sie bevorzugten – das hing aller Wahrscheinlichkeit nach davon ab, welches Leben sie führten. Und am Ende der Altsteinzeit, rund 95 Prozent der Geschichte des *Homo sapiens* waren da bereits vergangen, zogen sie immer noch als Jäger und Sammler umher.

Es war eine Welt, die sich tief ins Gedächtnis der Menschheit eingebrannt haben muss. Jahrtausende später, durch die Überlieferung zahlloser Generationen verklärt, sollte diese Erinnerung ihre Kraft entfalten: als mythischer Ursprungsort des Menschen in den Schöpfungsberichten vieler Religionen – und in der Bibel schließlich als Paradies.

Die Sippen, die da unterwegs waren, brauchten keine sozialen Hierarchien, kein Oben und kein Unten, keine Moralsysteme und komplexen Symbolwelten. Sie brauchten auch kein Pantheon voller menschenähnlicher Götter, die himmlische Schlachten schlugen und die man um eine ertragreiche Ernte bitten konnte. Wild gab es ja im Überfluss, und überall wuchsen Früchte und essbare Pflanzen.

Wichtig für die Jäger und Sammler waren andere Dinge, etwa die Erfahrungen der Ältesten, die die besten Jagdtechniken und die Zugwege der Tierherden kannten. Darüber hinaus wussten sie um die Geheimnisse der umgebenden Natur: welche Früchte essbar waren und wo Quellen oder Wasserstellen lagen.

Die Natur selbst, so muss es den Menschen jener Zeit erschienen sein, sorgte für ihr Überleben. Deshalb ist anzunehmen, dass sie ihre gesamte Umwelt als

GEOkompakt 27

Vor mehr als 30 000 Jahren weideten vor der Vogelherdhöhle im schwäbischen Lonetal Wildpferde, Riesenhirsche und Mammuts, schlichen Raubkatzen durch das Unterholz. Eiszeit-Jäger bewahrten in dem Erdloch Tier-Miniaturen aus Elfenbein auf – sie zählen zu den ältesten Plastiken der Welt. Womöglich wurden sie für kultische Zwecke oder Zauberrituale angefertigt – und vielleicht wurde die Höhle für spirituelle Zeremonien genutzt

beseelt betrachteten: Tiere und Pflanzen, vielleicht sogar den Fels, der ihnen den Feuerstein für Äxte, Messer und Pfeilspitzen lieferte. Oder die Wasser spendenden Quellen.

Spätestens am Ende der Altsteinzeit glaubten unsere Vorfahren also an ein Jenseits, das eine „Behandlung" der Verstorbenen erforderte, und vielleicht an das Wirken übernatürlicher Kräfte in der Natur. Doch wie genau kamen sie zu solchen Vorstellungen?

EINES LEUCHTET EIN: Menschen, die sich allein fühlen und voller Angst vor den Gewalten der Natur stehen, hoffen auf die Unterstützung unsichtbarer, starker Mächte.

Evolutionspsychologen wie der Amerikaner Matt J. Rossano versuchen, bestimmte Grundkonstanten des Denkens und Fühlens zu identifizieren, die *Homo sapiens* womöglich zum Glauben prädestiniert haben:

• So haben Menschen ein feines Gespür dafür, Zusammenhänge zwischen Ursachen und Wirkungen zu erkennen.

Religiosität stärkt die soziale Einheit einer Gruppe und schließt die Abweichler aus

Schon zwölf Monate alte Kleinkinder erwarten, dass Handlungen zielgerichtet sind. Zu wissen, was in einem Mitmenschen vor sich geht – weshalb er etwas tut und welche Folgen das hat –, war womöglich ein Vorteil in der Urzeit der Menschwerdung. Vielleicht waren die Überlebenschancen sogar besonders gut, wenn sich diese Eigenschaft übertrieben ausprägte. Das Rascheln von Blättern etwa signalisierte meist nur einen harmlosen Windstoß. Ein Urmensch, der sich mit dieser Erklärung begnügte, war aber viel gefährdeter als jemand, der hinter jedem Rascheln ein Raubtier vermutete. Und weil unsere Vorfahren nur selten offensichtliche Ursachen für Naturerscheinungen oder Schicksalsschläge fanden, lag es für sie nahe, Stürme und Krankheiten übernatürlichen Wesen oder Kräften zuzuschreiben.

• Zweitens hat *Homo sapiens* Emotionen ausgeprägt, die für das Miteinander in der Gruppe wichtig sind, etwa Stolz, Neid, Schuldgefühl, Scham. Solche intensiven Gefühle lassen sich bei religiösen Ritualen nutzen, um die soziale Einheit zu stärken und Abweichler zu

---

Vor rund 28 000 Jahren
Der moderne Mensch (*Homo sapiens*) beginnt, seine Angehörigen mit Beigaben in ausgebauten Gräbern zu bestatten. Die Verehrung der Ahnen wird erstmals als religiöses System erkennbar

Vor rund 11 000 Jahren
In der Übergangszeit von der Jäger- und-Sammler- zur Ackerbaukultur entsteht in Göbekli Tepe (Anatolien) die vermutlich erste Tempelanlage der Geschichte – wahrscheinlich zur Feier von Totenkulten

Vor rund 9000 Jahren
Vom Nahen Osten bis nach Europa verbreitet sich die Sitte, besonders verehrte Angehörige im Haus zu bestatten. Man glaubt an ein Weiterleben der Ahnen im Kreis der Familie

---

ächten. Ohne die Fähigkeit des Menschen zur Hingabe an die Gemeinschaft keine Religion.

• Die dritte Eigenschaft des Menschen, die ihn für den Glauben empfänglich macht, betrifft sein Bewusstsein und Erinnerungsvermögen. Möglicherweise verfügt nur *Homo sapiens* über das sogenannte episodische Gedächtnis, das Szenen, Erlebnisse, Erfahrungen mitsamt dem Kontext speichert, in dem sie erlebt wurden. Das episodische Gedächtnis enthält die gesamte Autobiografie eines Menschen und erlaubt ihm, sich in die eigene Vergangenheit zurückzuversetzen und sich eine Zukunft vorzustellen. Es verleiht ihm aber auch die Fähigkeit, sich auszumalen, dass irgendwann Leiden und der Tod auf ihn zukommen werden. Das löst existenzielle Ängste aus.

Das Bison aus Elfenbein, eine von elf Figuren aus der Vogelherdhöhle: Vielleicht wurde mit Schnitzereien wie dieser der Jagderfolg beschworen. Denn ohne reiche Beute hätten die Eiszeitmenschen in der feindlichen Umwelt nicht überleben können

Die Sitzende mit Leoparden, wohl ein über 8000 Jahre altes Symbol einer Muttergottheit, fanden Archäologen im türkischen Çatalhöyük

Anthropologen und Evolutionsbiologen begnügen sich allerdings nicht damit, festzustellen, welche geistigen Eigenschaften das Phänomen „Glauben" hervorgerufen haben – sie möchten wissen, was der evolutionäre Grund für sein Erscheinen ist.

Genauer: Hat der Glaube dem Menschen im langen Verlauf der Evolution gegenüber anderen Lebewesen einen Selektionsvorteil verschafft?

Ja, lautet das Urteil einiger Forscher.

Nach dieser Auffassung müsste es Gene für Spiritualität geben, die sich durchsetzten, weil sie ihrem Träger das Überleben erleichterten. Der evolutionäre Clou dabei: Scheinbar „sinnlose" Rituale förderten die Bereitschaft des Einzelnen, altruistisch zu handeln – was dem Überleben der Gruppe zugute kam. So diente die Spiritualität der Adaptation des Menschen an seine Lebensumwelt.

können sich eine Welt ohne Religionen nicht vorstellen; die anderen schon.

Zweifelhaft bleibt, ob dieser Streit jemals zu entscheiden sein wird.

VOR 11 000 JAHREN bahnte sich eine Umwälzung an, die als größte Revolution aller Zeiten gilt: Der Mensch wurde sesshaft. Er begann, Nutzpflanzen anzubauen und Haustiere zu züchten. Die ersten Siedlungen entstanden; immer mehr Menschen lebten in Ortschaften zusammen; die Welt wurde kompliziert.

Die Anfänge des Glaubens mögen noch auf biologischen Eigenschaften des *Homo sapiens* beruht haben. Aber in dem Maß, in dem er seine Umwelt immer mehr nach eigenen Ideen prägte, beeinflussten zunehmend kulturelle Faktoren die Entwicklung der Religionen.

Und je komplexer das Leben im Diesseits wurde, desto komplexer waren auch

---

Vor etwa 5600 Jahren
Auf Malta und Gozo werden riesige Tempelanlagen gebaut – zunächst vermutlich für Totenkulte. Womöglich aber entwickeln sich die Anlagen mit der Zeit zu Orten, an denen auch frühe Gottheiten verehrt werden

Vor etwa 5500 Jahren
In Oberägypten wachsen mehrere Dörfer zur Stadt Hierakonpolis zusammen. Deren Bewohner errichten den vermutlich ersten Göttertempel der Ägypter – zu Ehren des falkengesichtigen Himmelsgottes Horus

Vor etwa 5000 Jahren
In Mesopotamien wird die Verehrung von Gottheiten erstmals schriftlich fixiert – sie spiegelt den gesellschaftlichen Fortschritt: In den ersten Städten des Zweistromlandes werden große Tempel errichtet

---

Der Glaube, so vermuten manche Forscher, könnte eine Strategie sein, damit umzugehen. Dabei hilft den Menschen das gemeinsame religiöse Geschichten-Gedächtnis mit seinen Mythen, die das Irdische mit dem Jenseits verknüpfen.

• Schließlich kann *Homo sapiens* ekstatische Bewusstseinszustände erleben und so mystische Erfahrungen machen: durch Entzug der Sinnesempfindungen (etwa beim Meditieren) wie durch Überstimulierung, Stress oder Einnahme von Drogen. Offenbar gibt es im Hirn Strukturen, die ihm unter bestimmten Bedingungen spirituelle Erlebnisse ermöglichen (siehe Seite 60). Rhythmische Tänze, Gesänge und der Genuss von Rauschmitteln dienen auch heute noch in Jäger-Sammler-Gesellschaften dazu, religiöse Erregungszustände hervorzurufen.

Andere Wissenschaftler widersprechen. Sie argumentieren, der Glaube an sich führe nicht zu Überlebensvorteilen. Er sei nicht mehr als ein Nebenprodukt unserer kognitiven Strukturen – „Abfall" unserer Art zu denken: in gefährlichen Situationen die Sinne besonders zu schärfen oder die Verbindung zwischen Ursache und Wirkung herzustellen.

Dass solche Fähigkeiten dem Überleben dienen, bestreiten diese Forscher nicht. Sie sagen aber, es sei Zufall, dass sie auch zu spirituellem Erleben taugen und Religiosität begründen können.

Der Streit zwischen den Anhängern der „Adaptations"- und jenen der „Abfall"-Theorie berührt Grundfragen des Menschseins. Für die einen gehört der Glaube zum Menschen wie der aufrechte Gang; für die anderen nicht. Die einen

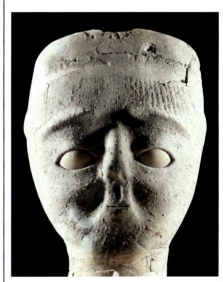

Um 6000 v. Chr. formten Menschen in Jericho diesen Tonkopf, vermutlich als Sitz für den Geist eines Verstorbenen

Der Steinkreis von Avebury in der englischen Grafschaft Wiltshire ist mit 427 Meter Durchmesser einer der größten prähistorischen Kultplätze Europas. Aufgestellt wurden die riesigen Steine von neolithischen Ackerbauern im 3. Jahrtausend v. Chr. Funde im nahegelegenen Steinkreis von Stonehenge deuten darauf hin, dass die mächtigen Rundanlagen Toten- oder Ahnenkulten gedient haben könnten

die Vorstellungen vom Jenseits – und umso umfangreicher wurde der Katalog an Ritualen, Zeremonien, Festen.

Früh schon entstanden dafür besondere Plätze. So vor rund 11000 Jahren das geheimnisvolle Göbekli Tepe in Anatolien, ein großes Areal mit Kreisen aus tonnenschweren, teilweise bebilderten Steinpfeilern. Archäologen halten die mehrere Meter hohen, T-förmigen Kalksteinstelen für Ahnensymbole, den Platz selbst für einen Ort der Totenverehrung – für den ältesten Tempel der Welt.

Und die Forscher haben einen Verdacht: Womöglich war der Bau der Anlage, waren also Kulte und Religion erst der Anlass dafür, dass die Menschen begannen, in Häusern rund um solche Plätze zu leben und sesshaft zu werden.

Vermutlich zelebrierten die Gläubigen von Göbekli Tepe bizarre Bestattungsriten. Bahrten ihre Toten unter freiem Himmel auf, setzten sie aasfressenden Vögeln aus – ein Relief auf einem der Pfeiler des Areals zeigt einen Geier über der kopflosen Leiche eines Mannes.

Auch in der Stadt Jericho, 600 Kilometer südlich von Göbekli Tepe, hinterließen Menschen (wie an anderen Fundplätzen der Jungsteinzeit) Hinweise darauf, dass sie bereits zwischen Diesseits und Jenseits unterschieden: zwischen der realen Welt und einer Zweitwelt, in der die Toten zu Hause waren.

Als Forscher diesen Nachlass näher untersuchten, tat sich ihnen die dunkle, fremde Welt der Toten- und der Ahnenkulte auf.

Vor etwa 9000 Jahren verbreitete sich unter den Bewohnern Jerichos ein seltsamer Brauch: Sie begannen, manche ihrer Toten in ihren Häusern zu bestatten, unter den Fußböden. Die Verstorbenen blieben so buchstäblich Teil der Sippe, und es ist anzunehmen, dass vor allem besonders verehrte Familienmitglieder daheim bestattet wurden.

Auch anderswo war diese Praxis verbreitet – etwa in der Stadt Çatalhöyük auf dem anatolischen Hochland oder, 2000 Jahre später, in der Siedlung Lepenski Vir im heutigen Serbien. In Çatalhöyük wurden die Verstorbenen sogar unter Podesten bestattet, die den Bewohnern tagsüber als Sitzfläche und nachts als Bettlager dienten.

Und noch etwas fanden die Archäologen in den nahöstlichen Ausgrabungsstätten: Totenmasken aus Gips; anstelle der Augen hatten ihnen die Menschen Muscheln eingesetzt.

Diese 8500 Jahre alte Büste aus dem jordanischen Ain Ghazal diente vielleicht der Verehrung eines verstorbenen Zwillingspaars

Außerdem stießen die Forscher auf Gräber, in denen offensichtlich nur die von den Körpern getrennten Schädel lagen. Religionswissenschaftler werten das als eine sich langsam verändernde Symbolik im damaligen Glaubenssystem: Jetzt galt nicht mehr der Tote selbst, sondern nur noch sein Schädel als Sitz seiner Persönlichkeit. Bis schließlich nur noch kleine Figuren aus Stein oder Ton die Seelen der Ahnen übernahmen.

Figuren finden sich nahezu überall dort, wo im Neolithikum Menschen siedelten. Etwa in der vor rund 9250 Jahren gegründeten jordanischen Siedlung Ain Ghazal. Dort entdeckten Archäologen mehr als 30 Gipsfiguren, Büsten und Statuen. Sie waren detailreich bemalt worden, vor allem aber: Man hatte sie wie Menschen zur letzten Ruhe gebettet – in Gräbern unter dem Fußboden. Waren diese Figuren möglicherweise einst zur Ahnenverehrung in den Wohnräumen aufgestellt, irgendwann von anderen abgelöst und schließlich feierlich begraben worden?

ALL DIESE FUNDE zeigen: Dem Totenbrauchtum der Jungsteinzeit lagen bereits Seelenvorstellungen zugrunde. Und so erforderte es schon komplizierte Handlungen, die sicherstellten, dass die Kräfte der Verstorbenen in der gewünschten Weise ihren Sitz im Schädel oder den Figuren nahmen.

Rituale könnten damals ähnlich funktioniert haben wie später Gesetzeswerke: Sie lösten Konflikte und stifteten soziale Bindungen in den neu entstehenden Siedlungen.

Die Wissenschaftler sind sich inzwischen weitgehend darin einig, dass die-

---

Vor etwa 3300 Jahren
In Ägypten verfügt der Pharao Echnaton, dass allein die Sonnenscheibe Aton als Gott verehrt werden darf. Dieser erste Monotheismus der Weltgeschichte wird bald nach Echnatons Tod wieder verworfen

Vor etwa 3000 Jahren
Im Gebiet des heutigen Israel beginnt der Nomadengott Jahwe seinen Aufstieg an die Spitze des regionalen Pantheons. Wahrscheinlich verehrt David, König der Israeliten, Jahwe als persönlichen Gott

Vor etwa 2500 Jahren
Aus babylonischem Exil zurückgekehrte Judäer setzen Jahwe als alleinigen Schöpfergott durch. Damit begründen sie das monotheistische Judentum, aus dem 500 Jahre später das Christentum hervorgeht

se schnell wachsenden Gemeinschaften noch nicht in Unten und Oben unterteilt waren; es gab noch nicht die Schichten der Bauern, Handwerker, Priester. Gerade deshalb aber waren sie auch besonders ritualreich. Denn wo es keine Oberschicht gab, konnten Konflikte nicht von oben herab gelöst werden.

Es waren wohl religiöse Zeremonien, die dafür sorgten, dass sich die Nachbarn nicht bei jeder Kleinigkeit in die Haare gerieten. Die Zeremonien unterwarfen das tägliche Leben einem strengen Reglement und legten Sühneopfer fest, wenn Verfehlungen begangen wurden.

In den Agrargemeinschaften, die nun entstanden, gewannen plötzlich Fragen an Bedeutung, die sich zuvor nicht gestellt hatten. Etwa die nach dem besten Zeitpunkt für die Aussaat, nach der Entwicklung des Wetters, nach den Ursachen für Regen, Trockenheit und vernichtende Gewitter.

Für den US-amerikanischen Philosophen Daniel C. Dennett liegt es deshalb nahe, dass der bewusst handelnde Mensch auch in den Vorgängen der Natur nach bewusster Steuerung suchte.

Er habe unsichtbare Kräfte oder Homunculi als die geheimen Puppenspieler hinter den verwirrenden Phänomenen erkannt, schreibt Dennett: „Natürlich sehen Wolken nicht aus wie lebende Wesen.

Die ersten Götter waren Göttinnen, sie wurden verehrt als Urmutter und Lebensspenderin

sen. Also ist die Annahme ganz natürlich, dass sie zwar passiv sind, aber von versteckten Wesenheiten beeinflusst werden: von Regengöttern und Wolkengöttern und anderen."

Götter, ausgestattet mit übernatürlichen Kräften und der Macht der Unsterblichkeit, sind demnach möglicherweise ein typisches Produkt der bäuerlichen Lebensweise: Die ihnen gewidmete Religion sollte das Wohlergehen der Menschen im Diesseits garantieren.

Die ersten Götter allerdings waren vermutlich Göttinnen.

IN ÇATALHÖYÜK entdeckten Archäologen in einem mehr als 8000 Jahre alten Getreidebehälter die kleine Tonstatuette einer weiblichen Figur. Wohl genährt, mit dickem Bauch und großen Brüsten, thront sie auf ihrem Sitz, von Leoparden flankiert. Eine Darstellung der Urmutter, der Lebensspenderin, ein Symbol der Fruchtbarkeit? Oder sogar das Abbild einer Weltenlenkerin?

Immer wieder finden sich in den Ausgrabungsstätten im Nahen Osten solche Statuetten. Viele Wissenschaftler halten sie für Symbole: „Sie stehen für die Erde selbst, für die Natur", so die Religionswissenschaftlerin Ina Wunn.

Aus solchen Vorstellungen könnte sich ein Göttinnenglaube entwickelt haben – schließlich war in den ersten Siedlungen das Sammeln von Früchten und Getreide und die Bewirtschaftung der kleinen Anbauflächen vor allem Frauensache.

Doch in der Folge erfuhren die neuen Agrargesellschaften zwei tief greifende Änderungen. Zum einen gewannen die Männer, deren Hauptaufgabe bis dahin fast ausschließlich die Jagd gewesen war, auch als Bauern und Krieger an Bedeutung. Die Folge: Zur Stammmutter gesellte sich der Stammvater. Und zur Göttin der Gott – Regen, Blitze, Stürme und Sonnenschein etwa fielen in vielen Stämmen und Kulturen jetzt in die Zuständigkeit männlicher Gottheiten.

Zum anderen führte die bäuerliche Lebensweise zur Entstehung immer größerer Gemeinschaften – mit immer stärker ausdifferenzierter Arbeitsteilung. Es gab nun Steinwerkzeugmacher und Ziegelhersteller, Bauern und Priester. Und es gab Anführer, Häuptlinge, Fürsten.

Die Aufgabenteilung fand ihre Entsprechung im Pantheon: Dort wirkten bald Götter für jeden Zweck.

Im Verlauf von 5000 Jahren breiteten sich die bäuerliche Lebensweise und die damit einhergehenden neuen Sozialstrukturen von Anatolien nach Süd- und Mitteleuropa aus, dann weiter auf die

Banaitja, ein Schöpfergott der Aborigines im australischen Arnhemland. Dem Mythos zufolge unterwies er die einzelnen Stämme in deren zeremonieller Körperbemalung – und verlieh so den Menschen ihre soziale Identität

Für die Hellenen war der Tempel in Delphi, Sitz des weissagenden Orakels, einer der heiligsten Plätze: »Erkenne dich selbst« stand laut Überlieferung in großen Lettern in der Vorhalle. Spätestens seit dem 8. Jahrhundert v. Chr. war dieser Platz dem Gott Apollon geweiht. Er hatte die hellseherische Schlange Python erschlagen – deren Blut verlieh dem Orakel seine magischen Qualitäten

Mit Trommeln praktizierten viele Schamanen ihre Riten. Die Haut dieses Instruments aus Lappland ist mit dem Mythos vom Aufbau der Welt bemalt: Eine kreuzförmige »axis mundi«, Weltachse, trennt den Kosmos in drei Teile – in Unterwelt, Erde und die Welt der Sterne

Britischen Inseln. Und brachten überall dort, wo sie sich etablierten, den neuartigen Ahnen- und Götterglauben mit.

Vor etwa 5600 Jahren entstanden dann auf Malta und der kleinen Nachbarinsel Gozo die ersten Steingebäude, von denen Forscher heute mit Sicherheit sagen können, dass sie Tempel waren.

Wer diese gewaltigen Anlagen errichtete – manche überdacht, manche zwölf Meter hoch und mit bis zu 60 Tonnen schweren Steinen –, wissen die Forscher nicht. Wahrscheinlich handelte es sich um Angehörige einer Bauernkultur, die von Sizilien aus auf die Insel übergesetzt hatten.

Was sie überirdisch bauten, spiegelten sie in der Unterwelt: Sie wühlten sich in die Erde und schlugen Höhlen in den Kalkstein – Abbilder ihrer Tempel, die sie mit Türen ausstatteten und mit steinernen Fenstern; selbst Dachkonstruktionen meißelten sie in den Kalk.

Im größten dieser Krlträume fanden sich Gebeine von etwa 7000 Menschen. Waren diese düsteren Nekropolen die Wohnstätten der Ahnen; lag dort jene fremde, rätselhafte Zweitwelt des Jenseits? Dienten die Tempel an der Oberfläche als gigantische Fütterungsstelle, wo man den Verstorbenen mit Tieropfern Essen reichte?

UND WEITER, IMMER WEITER ging die Entwicklung des religiösen Weltbildes, stets im Einklang mit dem zivilisatorischen Fortschritt.

Mesopotamien, im 4. Jahrtausend vor unserer Zeitrechnung: Zu jener Zeit, als Kupfer und Bronze den Feuerstein als wichtigen Rohstoff abzulösen begannen, waren die fruchtbaren Schwemmgebiete zwischen den Flüssen Euphrat und Tigris ein Einwanderungsland. Anfangs siedelten hier die Sumerer, später Akkader, Assyrer, Babylonier, Aramäer, Chaldäer.

Hier, im Alten Orient, entstand auch die erste Großstadt der Weltgeschichte: Uruk. Die Metropole, von künstlichen Kanälen durchzogen, zählte um 3400 v. Chr. wohl schon 50 000 Einwohner, die von einem König regiert wurden. In

> Erst die Schrift machte es möglich, komplizierte religiöse Rituale auf Dauer festzuhalten

Uruk arbeiteten Handwerker, Händler, Bauern – und Bürokraten.

Und die erfanden vermutlich die Schrift.* Ursprünglich waren es nur Bildzeichen, die die Beamten zur Verwaltung der Waren- und Rohstoffbestände in ihre Tontäfelchen drückten. Doch bald entwickelte sich daraus eine archaische Keilschrift, die sich zur Weitergabe von Heldenlegenden ebenso eignete wie zur Festschreibung religiöser Rituale.

Das dicht bevölkerte Zweistromland war ein Krisenherd, ständig eskalierten Konflikte, es wurde erobert und zurückerobert, Staaten und Reiche bildeten sich, zerfielen wieder. Da jede Völkerschaft ihre eigenen Göttinnen und Götter verehrte, zählte das altorientalische Pantheon zur Mitte des 3. Jahrtausends v. Chr. bereits mehr als 1000 Gottheiten.

Also machten sich schriftkundige Priester an eine Art himmlische Volkszählung. Fertigten Listen an, versuchten, die chaotische Götterschar durch Verwandtschaftsbeziehungen und Gleichsetzungen überschaubar zu machen. Mit großem Erfolg: Am Ende blieben kaum 30 Gottheiten übrig – darunter Ischtar, die Göttin der Liebe, der Fruchtbarkeit und des Krieges. Ihr war in Uruk ein gewaltiger Tempel errichtet worden.

Die altorientalischen Gottheiten besaßen nicht immer sympathische, aber

---

* Manche Forscher gehen inzwischen davon aus, dass die erste Schrift in Ägypten entstand. Siehe GEO EPOCHE Nr. 32 »Das alte Ägypten«

Ein Tempel? Ein Grab? Welche Funktion dieses Labyrinth im religiösen Zentrum der Stadt Uruk im Zweistromland hatte, bleibt rätselhaft

stets nachvollziehbare Charakterzüge. Im Himmel spiegelte sich das menschliche Leben als Tragödie und als Komödie. Es wurden Kriege geführt, man betrog einander, mordete gar.

Oft dienten diese so gut bekannten Wesen den irdischen Herrschern zur Legitimierung ihrer Macht. „Es gab mesopotamische Fürsten, die sich als Sachwalter des Gottes verstanden", so der Heidelberger Ritualforscher Stefan Maul. „Ihre Frauen waren Sachwalterinnen der Göttin, ihre Kinder Sachwalter der göttlichen Kinder."

So wurden die Herrscher zu Mittlern zwischen Menschen und Göttern: In der sumerischen Königsliste vom Ende des 3. Jahrtausends v. Chr. heißt es, das Königtum sei in grauer Vorzeit vom Himmel herabgekommen.

Und was, so fragt der Evolutionsbiologe Jared Diamond, konnte eine Elite tun, „um die Bevölkerung hinter sich zu bringen und zugleich ein komfortableres Leben führen zu können als der kleine Mann"?

Diamond kam auf vier Antworten:
• Entwaffnung der Massen bei gleichzeitiger Bewaffnung der Elite;
• Rückgabe eines hohen Anteils des Tributs ans Volk;
• Nutzung des Gewaltmonopols zur Schaffung öffentlicher Ordnung;
• und: die Erfindung einer Religion oder Ideologie, um die eigene Herrschaft zu rechtfertigen.

So wurde es zur Lebensaufgabe des kleinen Mannes, den Göttern zu dienen. „Man war von der Vorstellung beseelt, dass der gesamte Kosmos überhaupt nur durch rituelles Agieren aufrechterhalten werden konnte", sagt Stefan Maul, der Ritualforscher. „Die Keilschrifttafeln haben uns aus dem Alten Orient Abertausende Ritualanleitungen erhalten, die alle Bereiche des Lebens betrafen, selbst das Betreiben einer Kneipe."

Auf diese Weise begründeten Regeln und Rituale eine religiöse Moral: Die Götter straften Fehlverhalten mit Krankheit oder wirtschaftlicher Not; Wohlverhalten hingegen galt als Garant für göttlichen Schutz und ein gutes Leben.

Die ehemals entrückten Himmelsgestalten verwandelten sich mehr und mehr in persönliche Götter. Sie nahmen nun sogar schriftliche Eingaben entgegen – per Brief auf Keilschrifttafeln.

Die Antworten aus dem Pantheon ließen nie lange auf sich warten. Priester lasen sie aus den Eingeweiden geopferter Tiere und verkündeten sie den ängstlich Wartenden.

IN DEN RUINEN des Zweistromlandes glauben manche Wissenschaftler auch einige jener Wurzeln freilegen zu können, aus denen die monotheistischen Glaubenssysteme hervorgegangen sind.

So lieferten mesopotamische Könige, die sich als irdische Vertreter des jeweiligen Hauptgottes verstanden, womöglich das Urmodell für die Idee eines

Ein Priesterkönig aus Uruk, 5000 Jahre alt. Im Glauben der Sumerer standen deren Herrscher in direktem Kontakt mit den Göttern

Himmelsherrschers als höchstem Gesetzgeber: Denn Weisungen erhielten diese Könige ja angeblich direkt von ihrem Gott – etwa der um 1700 v. Chr. amtierende Babylonier Hammurabi, der sein Volk mithilfe eines der frühesten schriftlich fixierten Gesetze regierte.

Einen solch direkten Kontakt zum Allmächtigen hatte später auch Moses, der mythische Anführer der Israeliten,

Von einer Flutkatastrophe ähnlich der Sintflut berichtet diese assyrische Keilschrifttafel. Sie ist Teil des mehr als 4000 Jahre alten Gilgamesch-Epos, von dem möglicherweise auch die Bibel geprägt wurde

dem auf dem Berg Sinai die göttlichen Gebote auf zwei Tafeln ganz unmittelbar mitgeteilt wurden.

Auch Abraham, der biblische Stammvater der drei monotheistischen Großreligionen, im Islam Ibrahim genannt, hat seine Wurzeln zwischen Euphrat und Tigris: Er war ein Viehzüchternomade aus der Gegend von Uruk.

Und nicht einmal auf die biblische Katharsis, die Sintflut, kann das Alte Testament eine Urheberschaft beanspruchen. Von einem ähnlichen Ereignis erzählt bereits das Epos vom König Gilgamesch, das aus dem 3. Jahrtausend v. Chr. stammt.

Jahwe wiederum, der mächtige Schöpfergott der Juden, kam ursprünglich aus der Wüste, aus dem Gebiet des heutigen Jordanien oder Saudi-Arabien. Nomaden, die sich im späteren Israel niederließen, führten ihn in das dortige Pan-

GEOkompakt 39

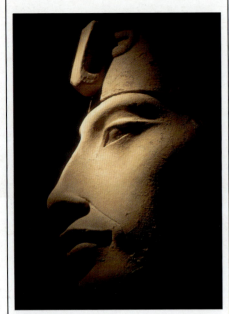

Der ägyptische Pharao Echnaton verbot die Verehrung mehrerer Götter. In seiner Amtszeit durfte nur der Sonnenscheibe Aton gehuldigt werden – eine erste Form des Monotheismus

theon ein. Mit König David, der Jahwe wahrscheinlich als seinen persönlichen Gott verehrte, begann dessen Aufstieg an die Spitze der damaligen Götterwelt.

Dass dieser Nomadengott aber später einmal zum Urbild eines monotheistischen Allvaters werden sollte, verdankte er vermutlich zwei irdischen Besatzungsmächten.

Denn während der Regentschaft des ägyptischen Pharao Echnaton (1351–1334 v. Chr.) gehörte das Gebiet des heutigen Israel zum Einflussbereich seines Reiches. Echnaton aber befahl erstmals in der Geschichte seinem Volk den Glauben an nur einen Gott: an Aton, die Sonnenscheibe.

Bald nach Echnatons Tod wurden zwar im ägyptischen Pantheon die alten Verhältnisse wiederhergestellt. Doch nehmen einige Wissenschaftler an, dass sich die Berichte vom Aton-Kult in der Erinnerung nachfolgender Generationen erhalten hatten – möglicherweise auch bei den Völkern im heutigen Israel.

Nachdem sich die Ägypter aus dem Stammesgebiet der Israeliten zurückgezogen hatten, rückte im Jahr 597 v. Chr. aus dem Osten eine andere Besatzungsmacht heran: Der babylonische Herrscher Nebukadnezar nahm das Land in Besitz und ließ einen Teil der jüdischen Oberschicht nach Mesopotamien verschleppen. Die nahm ihren Jahwe-Kult mit in das babylonische Exil – und dort verwandelte er sich dann endgültig in eine monotheistische Religion.

Vermutlich also entsprang die Geburt des Judentums dem schlichten Bedürfnis, angesichts der religiösen Übermacht im Land des Feindes ein Stück eigener Identität zu bewahren.

Als die Verschleppten nach 50 Jahren in die Heimat zurückkehrten, brachten sie den Daheimgebliebenen ihren strengen Monotheismus mit. Sofort verwies Jahwe die alten Mitgötter auf die Plätze. Der Legende nach lauteten die ersten Sätze auf den Tontafeln des Moses: „Ich bin Jahwe, dein Gott. Du sollst neben mir keine anderen Götter haben."

MIT DEM JUDENTUM kam die erste der modernen monotheistischen Religionen in die Welt. Im Laufe von Jahrtausenden hatte sich die Zahl der Götter bis auf einen Gott reduziert. Heute bekennen sich mehr als die Hälfte aller Menschen zu einer Religion mit nur einem Gott: zum Christentum, zum Islam oder zum Judentum (siehe Seite 138).

Dies ist der vorläufige Endpunkt eines Prozesses, der in der Vorzeit begann, bei den Urmenschen. Und bei allem Streit zwischen Gläubigen und Nichtgläubi-

> *Im babylonischen Exil wandelte sich der Jahwe-Kult zum jüdischen Monotheismus*

gen, zwischen Forschern und ihren Kontrahenten steht heute – zumindest nach wissenschaftlichen Maßstäben – eines fest: Anfangs trieben vor allem biologische Prozesse die religiöse Entwicklung voran; später kulturelle.

Religiosität wurzelt in der Begabung des menschlichen Gehirns zur Spiritualität, zum Glauben an eine übernatürliche Welt – vielleicht nur als „Nebenprodukt" des Denkens, vielleicht aber auch mit Überlebensvorteilen für unsere Vorfahren (oder sogar uns selbst).

Je länger die Spiritualität in der Welt war, desto mehr wurde sie jedoch von der Kultur des Menschen geformt: von der Sprache, von Traditionen, von Formen des Zusammenlebens, Wirtschaftens und Herrschens.

MEMO | ANFÄNGE DES GLAUBENS

›› **BESTATTUNGSRITUALE** liefern erste Belege für eine Vorstellung vom Jenseits.

›› **AHNENVEREHRUNG** und Geisterglaube sind Vorstufen der Religion.

›› **DIE ERSTEN GÖTTER** entwickelten sich in Bauerngesellschaften – und waren vermutlich Göttinnen.

›› **RELIGION** verschaffte unseren Vorfahren evolutionäre Vorteile, vermuten einige Wissenschaftler.

Es war eine langer Weg: vom Glauben der Jäger und Sammler, die Natur sei beseelt, über die Sorge um das Schicksal der Toten zur sesshaften Lebensweise der Ackerbauern – mit ihren vielen Gottheiten, die nun nach Überzeugung der Menschen den Rhythmus der Ernten und Jahreszeiten ebenso regulierten wie das Zusammenleben in den neuen Siedlungen. Weiter zum Bau riesiger Tempel; zum Auftreten einer Expertenkaste, die Rituale festschrieb; zur Idee des Gottkönigs, der seine Macht aus überirdischen Quellen schöpfte. Und schließlich zum Erscheinen des einen, alles beherrschenden Gottes, der Gesetze stiftet und unbedingte Gefolgschaft fordert.

Ein langer Weg, an dessen Ende die Erkenntnis steht: Die Geschichte der Religion ist aufs Engste verknüpft mit der Geschichte unserer Welt – mit dem, was es bedeutet, Mensch zu sein. □

Jürgen Bischoff, 54, schreibt regelmäßig für GEOkompakt. **Dr. Henning Engeln**, 54, ist Redakteur bei GEOkompakt.

Literatur: Ina Wunn, „Die Religionen in vorgeschichtlicher Zeit", Kohlhammer. Pascal Boyer, „Und Mensch schuf Gott", Klett-Cotta. Peter Antes, „Grundriss der Religionsgeschichte – Von der Prähistorie bis zur Gegenwart", Kohlhammer.

Jetzt im Handel

Sie kennen die Kulissen. Wir erzählen das Drama dahinter: das alte Ägypten.

Heft 8,50 € – mit DVD 14,95 €*

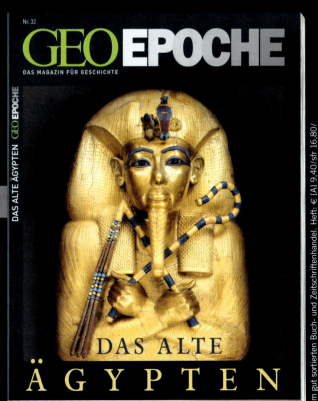

www.geo-epoche.de

Geschichte erleben mit GEO

Sie sind immer da – wenn er meditiert, wenn er Andacht hält, nachts in der Einsamkeit der Klosterzelle. Zwei Riesen sind es, die sich gegenüberstehen, ineinander verhakt wie zum Kampf: der Glaube und die Vernunft.

Benediktinerabtei Le Bec, Normandie, 1078. Vielleicht ahnen die Brüder gar nicht, welche Gedanken ihren Prior quälen. Sie lieben ihren Anselm, gerade die Jüngeren, die er für das Miteinander im Kloster so begeistert. Aber jetzt kann ihr Vordenker nicht mehr schlafen. Isst nicht mehr richtig, trinkt nicht, leidet unter Halluzinationen. Weil er verzweifelt nach einem Weg sucht, die Lehren der Logik, von denen neuerdings in den Akademien so großes Aufheben gemacht wird, mit denen der Kirche zu vereinbaren.

Anselm glaubt. Das ist seine Gewissheit, und es ist die Gewissheit seiner Epoche: dass Gott ist. Aber sollte es nicht gerade deshalb jedem Gläubigen möglich sein, die Existenz eines ewigen und allmächtigen Wesens selbst zu begreifen – ohne alle Bibelstellen und Predigerworte, nur durch den Gebrauch des eigenen Verstandes? Mit einem Argument, so einfach und klar, dass es in sich selbst schon göttlich ist?

Irgendwann in diesen schlaflosen Nächten denkt Anselm das bis dahin Undenkbare: Er erfindet sich einen Ungläubigen.

Und grübelt nach, mit welchem Beweis er einen solchen Gottlosen zur Einsicht führen könnte. „In Anselm", schreibt der Existenzphilosoph Karl Jaspers knapp ein Jahrtausend später, „wird die abendländische Philosophie von Neuem geboren."

Der Mann, der den Platz der Vernunft im Denkkosmos des Mittelalters sichert, kämpft schon als Jugendlicher gegen die Bevormundung durch Autoritäten. Seine Eltern, Kleinadelige in Burgund, planen für ihren Sohn wohl eine glanzvolle Kirchenkarriere als Bischof oder Domherr. Der aber hasst dieses Statusdenken: Er will Mönch werden. Der Vater verweigert es ihm.

Doch 1056, nach dem Tod der Mutter, hält Anselm nichts mehr in seiner Heimatstadt Aosta. Drei Jahre lang zieht er durch Frankreich, ohne genauen Plan. Soll er sich an einer der Domschulen einschreiben, diesen Vorläufern der Universitäten, seinem Wissensdrang nachgeben und die Rechte studieren sowie Rhetorik, Grammatik und Logik? Oder sich in ein Kloster zurückziehen und sein Leben Gott widmen?

Es ist ein Konflikt, typisch für diese Epoche der Widersprüche. In Europa steht der Absolutheitsanspruch des christlichen Glaubenssystems infrage. Die Wirtschaft blüht, Städte werden gegründet, entwickeln sich zu Warenmärkten; diese erfordern kühle Berechnung. Und immer mehr Denker sind fasziniert vom rationalen Denken der antiken Philosophen.

Bei Anselm siegt die Frömmigkeit. 1060 nimmt er in Le Bec die Mönchskutte, drei Jahre später wird er zum Prior gewählt. Aber so sehr er sich in die Abtei zurückzieht – die Probleme seiner Zeit lassen ihm keine Ruhe. Im Kloster schrumpfen sie zusammen auf eine einzige Herausforderung: den logisch perfekten Gottesbeweis zu finden.

Anselm weiß: Schon die antiken Philosophen haben versucht, Gott rational zu „denken".

Bei Aristoteles, dem Begründer der Logik, gerät die Welt zu einer Art Billardspiel: Wie eine Kugel die nächste bewegt, so bewegt die Hand den Wanderstab, der Stab bewegt den Stein, der Stein bewegt das Tier...

Irgendeine Instanz aber muss dieses Spiel des Lebens in Gang gesetzt haben – ein „unbewegter Beweger": Gott. (Später wird man dies den „kosmologischen Gottesbeweis" nennen.)

Andere antike Denker sehen die Schöpfung eher als eine Art Modellwunderland. Alles sei so zweckmäßig und zielgerichtet geordnet, dass es einen obersten „Baumeister" geben müsse. (Dies ist der „teleologische Gottesbeweis", von griech. *télos* = Ziel.)

Anselm überzeugen diese Argumente nicht. Denn sie beruhen auf der Erfahrung, der Beobachtung der Welt. Wie aber soll man so auf ein Wesen schließen, das außerhalb dieser Welt steht? Nein, es muss einen anderen Weg geben. Den Weg des Denkens.

Der Verstand muss aus sich selbst schöpfen: ein logisch reines, klares Argument.

Anselm grübelt. Und grübelt. Will schon aufgeben, fürchtet, der Teufel habe ihn verführt. Doch dann, eines Nachts beim Gebet, kommt ihm ein Gedanke. Schnell kritzelt er ihn auf eine Wachstafel. Später wird er ihn auf Pergament übertragen und veröffentlichen – den „ontologischen Gottesbeweis". (Die Ontologie ist die Lehre vom Sein.)

ANSELM VON CANTERBURY (1033–1109), Mönch und Erzbischof, ersinnt den »ontologischen Gottesbeweis«

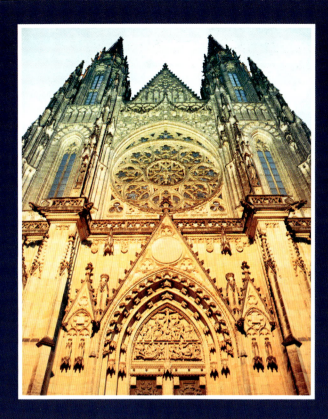

ZUR EHRE GOTTES errichten Gläubige im Mittelalter prächtige Bauten – wie den Veitsdom in Prag. »Gott ist«, lautet die Grundüberzeugung ihres Lebens

Der Beweisgang funktioniert in einem Doppelschritt. Anselm definiert Gott zunächst als dasjenige, „über das hinaus nichts Größeres gedacht werden kann". Gott als vollkommenes Wesen: Das ist seine erste Prämisse. Natürlich verrät sie nicht, ob dieses Wesen wirklich existiert.

Aber – das ist Anselms zweite Prämisse – ist nicht, was existiert, immer vollkommener als das, was nicht existiert? Ist nicht das Werk eines Malers perfekter als nur der Gedanke daran? Die logische Schlussfolgerung: Wenn wir die Existenz eines vollkommenen Wesens postulieren – dann muss es auch existieren.

Denn wäre dieses Wesen nur vorgestellt, dann wäre es noch nicht perfekt, wäre noch eine Steigerung möglich: Gott in der Realität.

Anders gesagt: Ich *muss* Gott als real denken – ob ich an ihn glaube oder nicht. „Wenn Gott Gott ist", wird ein Franziskaner im 13. Jahrhundert Anselms Argument zusammenfassen, „dann *ist* Gott."

Gott ist. Das ist immer noch die wichtigste Spielregel des Seins, für Anselm wie für seine Zeit; aber von nun an ist die Religion stärker als zuvor dem Zugriff der Vernunft geöffnet, steht die Autorität der Kirche ein wenig mehr auf dem Prüfstein des Denkens. Denn ein Mönch hat vorgeführt, dass sich Menschen die Wahrheiten ihres Glaubens selbst geben können.

Ungemein erleichtert fühlt Anselm sich jetzt. Er zieht hinaus in die Welt, um für seinen Glauben zu kämpfen: 1093 wird er Erzbischof von Canterbury. Er stirbt 1109 als hochgeehrter Kirchenpolitiker; um seinen Gottesbeweis aber bleibt es lange ruhig. Erst mehr als ein Jahrhundert später entdecken ihn die Scholastiker neu – jene Gelehrten, die der Wahrheit mit dialektischen Disputationen auf die Spur kommen wollen.

Dann: der Triumph. Denkriesen wie Descartes, Leibniz, Hegel diskutieren Anselms Argument, schreiben es neu, feiern seine analytische Kraft. So wird es zum berühmtesten Gottesbeweis der Geschichte. Und trägt mit seinem Versuch, Glauben in Wissen zu überführen, dazu bei, dass sich das Christentum in eine relativ rationale Religion verwandelt; dass sich viele Gläubige heute als Vernunft-Christen verstehen.

Es ist dann ausgerechnet ein Spezialist der Vernunft, der Anselms Gottesbeweis widerlegt. Immanuel Kant erkundet um 1800 die Grenzen des menschlichen Verstandes. Unsere Ratio – Anselm schien sie noch rein, klar, zeitlos gültig. Kant aber postuliert, dass der Mensch nur durch den Filter seines Wissens, seiner Erfahrung denken kann. Der Verstand erschafft sich also seine eigene Realität. Und denkt er auch ein höchstes Wesen – „so bleibt doch immer die Frage, ob es existiere oder nicht".

Heute ist die große Zeit der Gottesbeweise vorüber. Die meisten Philosophen sind sich darin einig, dass sich ein Schöpfer aller Dinge, der in seiner Schöpfung weiterwirkt, einer rationalen Argumentation entziehe. Dass religiöses Wissen mit Vertrauen zu tun habe, mit Gefühlen und Geheimnissen. Dass es eher ein „Um-etwas-Wissen" sei als ein „Wissen, dass". Der deutsche Theologe Dietrich Bonhoeffer hat es so beschrieben: „Einen Gott, den ‚es gibt', gibt es nicht."

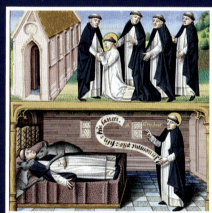

ALS HEILIGER und Kirchenlehrer wird Anselm von Katholiken verehrt. Diese Illustration zeigt Ereignisse aus seinem Leben: etwa die Heilung eines Mönchs von der Vision einer Wolfsattacke

Das Verdienst des Anselm von Canterbury aber bleibt bestehen. Als einer der ersten Denker hat er die Christenheit gelehrt, dass Glaube und Vernunft einander nicht ausschließen müssen. □

Malte Henk, 31, ist GEOkompakt-Redakteur und hat dieses Heft redaktionell betreut.

Der Unterfranke **Norbert Walter**, 63, ist Chefvolkswirt der Deutsche-Bank-Gruppe. Im „Bund katholischer Unternehmer" setzt er sich für christliche Werte ein.

» Der Glaube an Gott gibt Sicherheit in einer Welt, in der so vieles mit Füßen getreten wird. Er gibt die Gewissheit, dass die Menschenwürde nicht zur Disposition steht. Natürlich zweifelt man manchmal daran, ob Gott existiert; auch ich. Dann ist es wichtig, dass Menschen einen auf dem Weg zu Gott begleiten, dass da eine Gemeinschaft ist, die einen im Glauben stützt. Ich weiß nicht, wie man ohne verantwortliche Eltern und Erzieher, ohne Kirche überhaupt zu einem festen Glauben finden soll. Zu christlichen Werten – die keineswegs im Widerspruch zu Profitstreben stehen müssen! Wirtschaftliche Vernunft ist nicht unchristlich. Auch die Kirche muss ja Rendite erwirtschaften, um genügend Mittel für ihre Aufgaben zu haben.

Meine Lebenserfahrung sagt mir: Ja, jeder Mensch tut sich etwas Gutes, wenn er gläubig ist. Sonntags besuche ich immer die Messe, auch im Urlaub und auf Dienstreisen. Und die ungetauften Kinder meines Patenkindes würde ich am liebsten heimlich taufen – weil ich in Sorge bin, dass ihnen sonst ein wichtiger Segen fehlt. Dafür sind sie mir zu lieb.

Dabei bin ich alles andere als ein aggressiver Missionar. Für mich ist Religion der Auftrag zur Toleranz. Man hat gerade als Gläubiger die Pflicht, andere Religionen neugierig wahrzunehmen. Ich bekenne mich mit ganzem Herzen zur Ökumene, also zum Dialog zwischen den Religionen. Wenn aber jemand sagt: ‚Mir reicht es, an etwas Transzendentes zu glauben', überzeugt mich das als Lebenshaltung nicht. Ich respektiere einen engagierten Atheisten mehr als die vielen Lauen, die von sich sagen, sie glaubten an Gott, ohne dafür etwas Handfestes zu tun."

Gott und die Welt und ich

Fotos: Benno Kraehahn; Protokolle: Bertram Weiß
Produktion: Lars Lindemann

»Wenn es Gott nicht gäbe, müsste man ihn erfinden«,
schrieb der Aufklärer Voltaire. Welch doppeldeutige
Botschaft an unsere Epoche: Brauchen wir auch im Zeitalter des Individualismus einen Allmächtigen, der Regeln
setzt und Trost und Wärme spendet? Oder ist Gott
vielleicht dennoch nur bloße Erfindung? Acht Menschen
und der ganz persönliche Glaube – vier haben ihn,
vier haben ihn nicht

Die Islamwissenschaftlerin und Lehrerin **Lamya Kaddor**, 30, unterrichtet an einer Hauptschule in Dinslaken-Lohberg Islamkunde. Dafür wird sie von radikalen Muslimen und Islamkritikern gleichermaßen angefeindet.

» Der Glaube ist für mich eine Stütze im Leben. Er gibt mir innere Wärme – das Wohlbefinden, von einem Schöpfer geschaffen worden zu sein, mit dem man durch Gebete direkten Kontakt aufnehmen kann. Davon bin ich als Muslimin überzeugt. Natürlich habe ich auch Zweifel, ob es Gott gibt. Ich weiß es schlichtweg nicht – ich kann es nicht wissen und suche auch nicht nach dieser Sicherheit. Ich glaube einfach daran.

Für mich ist der Glaube eine Art Medizin: Die einen brauchen davon vielleicht mehr als andere. Manche brauchen wahrscheinlich gar nichts; wieder andere werden durch eine ‚Überdosis' krank.

Ich verstehe mich als liberalgläubig, stelle also meine Wahrheit nicht über die anderer Menschen. Ich lasse jedem das, was er braucht, und bin die Letzte, die darüber entscheiden darf, wie andere ihr Heil erreichen. Wenn man im 21. Jahrhundert als gläubige Muslimin leben möchte, muss man tolerant sein."

Der Physiker und Philosoph **Gerhard Vollmer**, 64, Professor für Philosophie in Braunschweig, engagiert sich in der religionskritischen „Giordano-Bruno-Stiftung".

》 Ein Agnostiker lässt offen, ob es einen Gott gibt – er hält es für unentscheidbar. Ein Atheist hingegen bestreitet das Vorhandensein alles Göttlichen völlig – das tue ich. Denn Existenzaussagen wie ‚Es gibt einen Gott' haben eine besondere Eigenschaft: Sie lassen sich nicht widerlegen, aber durch ein einziges überzeugendes Beispiel belegen. Wenn wir aber alles glauben sollen, was nicht zu widerlegen ist, können wir auch gleich an Einhörner glauben. Deshalb verlangen wir von jemandem, der eine Existenzaussage mit Wahrheitsanspruch aufstellt, diese auch zu belegen. Einen Beleg für die Existenz Gottes habe ich aber noch nicht gesehen! Wenn jemand ein übersinnliches Erlebnis zu haben meint, ist das für ihn selbst vielleicht überzeugend. Doch wie sollen andere so etwas nachvollziehen können?

Die Gotteshypothese erscheint mir aber nicht nur überflüssig, sondern oft auch schädlich. Vielen macht sie Angst vor Strafe. Und sie gibt einigen die Chance, Gehorsam oder Geld für angebliches Heil zu fordern. Als Atheist bin ich dieser Angst und diesen Forderungen nicht ausgesetzt. Ich vertraue auf mein eigenes Durchhaltevermögen: Weil ich Sportler bin, weiß

Mina Ahadi, 56, ist Vorsitzende des „Zentralrats der Ex-Muslime" in Köln, der sich für Menschenrechte und Atheismus einsetzt. 1990 floh sie vor politischer Verfolgung aus dem Iran. Heute erhält sie vielfach Morddrohungen und wagt sich daher oft nur mit Leibwächtern in die Öffentlichkeit.

»In meinem Elternhaus in der iranischen Stadt Abhar hat der muslimische Glaube eine große Rolle gespielt: Er war ein familiäres, patriarchalisches Regelwerk. Als Kind musste ich zum Beispiel im Fastenmonat Ramadan nachts aufstehen, um zu essen. Tagsüber durfte ich das nicht – zumindest als ich älter als neun Jahre war. Ich habe wegen all dieser Vorschriften, die Allah verkündet haben soll, viel Angst gehabt. Denn wer die Regeln nicht akzeptiert, landet in der Hölle, hieß es.

Als Jugendliche habe ich angefangen, über meine Rechte nachzudenken. Das war der Anfang einer kritischen Auseinandersetzung mit den Religionen – ein langer und schmerzhafter Prozess. Schließlich habe ich für mich beschlossen: ‚Ich bin nicht mehr Muslimin, ich habe keinen Glauben.' Seitdem fühle ich mich frei. Atheistin zu sein bedeutet für mich: Es gibt kein Leben nach dem Tod, es gibt keinen Gott. Man muss selbst wissen, was richtig und was falsch ist, man kann sich nicht auf einen Gott verlassen. Anstelle des Glaubens schenkt das Vertrauen in Menschenrechte Kraft.

Heute bin ich mir sicher, dass Religionen ein Geschäft sind, eine Industrie. Es sind Instrumente der Unterdrückung. Die Menschheit würde besser leben, wenn sie nicht an einen Gott glauben würde. Deshalb wünsche ich mir eine Welt ohne Religion."

Der Architekt **Juval Porat**, 30, wurde in Israel geboren und besuchte dort eine jüdisch-orthodoxe Schule. Heute studiert er am Abraham-Geiger-Kolleg in Potsdam, der einzigen deutschen Ausbildungsstätte für Rabbiner und jüdische Kantoren.

» Zum Glauben findet man nicht durch die Betrachtung der Welt. Man kann nicht sagen: ‚Wow, diese Blume ist wunderschön, also muss es einen Gott geben.' Es ist vielmehr eine bewusste Entscheidung, sein Wertesystem zu verändern und künftig den überlieferten Texten und Regeln zu vertrauen.

Früher habe ich Gott manchmal als ungerecht empfunden. Dann habe ich zum Beispiel einen Dönerkebab gegessen, um gegen die jüdischen Speisevorschriften zu verstoßen – wie ein ungehorsames Kind, das sich über seinen Vater ärgert. Heute weiß ich, dass die Botschaften und rituellen Gebote des Judentums zumindest einen Sinn haben: Sie halten unsere Gemeinschaft zusammen.

Mein Anspruch ist das, was auf Hebräisch ‚tikkun olam' heißt – das Ziel, die Welt zu einem besseren Ort zu machen. Denn ich bin davon überzeugt, dass jeder Mensch etwas Göttliches in die Welt tragen kann, wenn er sich Gott zuwendet. Ich behaupte nicht, dass man dafür jüdisch sein muss. Wichtig ist, dass man gut ist. Dass man versucht, sich und seine Umgebung aktiv zu verbessern."

Renée Schroeder, 55, Professorin für Biochemie in Wien, erforscht Ribonukleinsäuren (RNS) – eine Molekülgruppe, die in allen Lebewesen an der Umsetzung der Erbinformation beteiligt ist.

➤➤ „Schon als Kind hatte ich eine Aversion gegen Gott. Ich mochte ihn nicht, fand ihn blöd, ungerecht und bösartig. Es hat auf der katholischen Mädchenschule angefangen: Der Priester behauptete dort, Gott habe zwei Dinge für uns vorgesehen – Kinder zu bekommen oder ins Kloster zu gehen. Ein Allmächtiger, der angeblich alles bestimmen soll, ist eine unglaubliche Belastung! Zum Glück fand ich bald heraus, dass es ihn gar nicht gibt. Das war die Erlösung! Trotzdem fasziniert mich als Naturwissenschaftlerin die Frage, was den ‚Lebenswillen' ausmacht. Warum werden zum Beispiel Bakterien gegen Antibiotika resistent? Was veranlasst sie dazu? Ich nehme an, dass ausschließlich chemische Vorgänge die Ursache sind; Naturgesetze, die wir einfach noch nicht verstanden haben. Wir kennen keine Anzeichen dafür, dass etwas Göttliches dahintersteckt.

Ob es nun aber für die Menschen besser wäre, keine Religionen zu haben? Das weiß ich nicht. Religionen sind ja in gewisser Weise sehr erfolgreich: Durch Dogmen schaffen sie Stabilität. Die hat man nicht, wenn man wie ich nur auf Wissen vertraut, das schon morgen falsch sein könnte."

Warum ich glaube

»**Den Toten läute** ich Frieden und Ruh, die Lebenden ruf ich zur Andacht hinzu«: Sabine Rückert an der Hamburger St.-Pauli-Kirche

Sabine Rückert, 47, ist studierte Theologin und die Gerichtsreporterin der „Zeit".

Nachts liege ich in letzter Zeit häufiger wach. Vielleicht werde ich langsam alt – jedenfalls mache ich mir Sorgen. Habe ich einmal begonnen, den Bekümmerungen die Tür einen Spalt zu öffnen, drängen sie scharenweise herein wie hungrige Verwandte.

Dabei könnte ich sorglos sein: Kriegsgebiete und Terrorstaaten sind weit entfernt, Mangel und Hunger bedrohen mich nicht. Ich bin gesund – und trotzdem suchen mich im Dunkeln, wenn kein Laut die Invasion der Gedanken stört, die elementarsten Ängste heim: Was, wenn ich meinen herzensguten Mann verlöre, der ahnungslos neben mir atmet? Oder – fast noch schlimmer – mein Kind. Das Schicksal kann heimtückisch sein und schnell. Ich kenne Menschen, die solche Verluste erleiden mussten. Manche haben sie nicht ausgehalten.

Einstweilen sind das theoretische Schrecken – und doch habe ich letztlich Recht, mich zu fürchten: spätestens wenn ich selber daliege und wissen werde, dass es aus ist. Vielleicht werde ich dann, mit Schläuchen verkabelt, in einem fremden Bett sein, vielleicht eine lange Schmerzenszeit hinter mir haben. Oder es hat mich überraschend von hinten angefallen und mir nur diesen einen Augenblick der entsetzlichen Erkenntnis gegönnt, dass ich davonmuss.

Wenn ich Glück habe, bleibt mir dann die Zeit für ein Gebet: „Und ob ich schon wanderte im finstern Tal, fürchte ich kein Unglück; denn du bist bei mir. Dein Stecken und Stab trösten mich." Diese Worte des 23. Psalms sind 3000 Jahre alt. Der Religionsphilosoph Martin Buber übersetzt das „finstere Tal" aus dem Hebräischen mit „Todschattenschlucht"; sie umfasst mehr Unheil, als man sich in einer Nacht vorzustellen vermag. Unzählige Generationen vor mir haben den Trost dieser Worte verspürt, weil die Psalmen des Alten Testaments für den sprechen, dem die eigenen Worte ausgegangen sind.

Die Gewissheit, auch im Leid von einer Macht aufgehoben, von einem gewaltigen Kraftfeld getragen zu werden, ist für mich die größte denkbare – und letztlich auch die einzige – Tröstung. Sie stimmt mich zuversichtlich, sie macht mich frei.

„Gott hat uns nicht gegeben den Geist der Furcht, sondern den der Kraft und der Liebe und der Besonnenheit", hat der Apostel Paulus geschrieben. Dass aus der Transzendenz Mut erwächst und die Bereitschaft zur Auflehnung gegen die Depression, haben viele fromme Menschen von Martin Luther bis Martin Luther King erfahren. Die Propheten des Alten Testaments wussten es und die tibetischen Mönche, die sich dem Machtapparat Chinas widersetzen, wissen es auch. Glauben fängt zwar als eine Art intimer Gewissheit im Herzen an, bekommt aber im Prozess des Erstarkens immer auch eine politische, manchmal sogar globale Bedeutung. Glauben ist keine Privatsache, sondern reißt mich aus der Lethargie und lässt es nicht zu, dass ich mich mit den Verhältnissen abfinde.

Das liegt daran, dass für den Gläubigen der Mensch nicht das Maß aller Dinge ist; sein Urmeter ist nicht von dieser Welt. Für mich ist die christliche Religion der Maßstab: Er zeigt mir an, was wirklich groß und was unverhältnismäßig aufgeblasen ist, wo ich zu weit gehe und wo ich nicht weit genug gegangen bin. Ich bin froh, einen solchen Maßstab zu besitzen, in einer Gegenwart, in der das meiste maßlos durcheinandergeht, in der wenige vielen die Luft zum Atmen nehmen und die Solidarität mit den Schwachen schwindet; in der keine Einigkeit mehr darüber herrscht, was wichtig ist und was nicht.

Mein Glaube ruht auf der Botschaft der Bibel. Auf den Geschichten und Liedern, die Menschen im Vertrauen auf einen guten Gott durch die Jahrtausende aufgeschrieben haben. Die Fähigkeit zu glauben ist mir nicht zugefallen, ich habe sie erlernt. Meine Eltern haben mir als Kind die Bibel vorgelesen, ein Buch, das von den zentralen Krisen- und Gotteserfahrungen der Menschheit handelt.

Und sie schenkten mir jedes Mal, wenn ich ein Kirchenlied auswendig konnte, fünf Mark. So eignete ich mir Worte und Reime an, mit denen ich zunächst nichts anfangen konnte. Erst viel später habe ich begriffen, dass meine Eltern mir auf so schnöde und doch vorausschauende Weise einen Schatz an Texten zusammengekauft haben, deren Tiefe und zeitlose Gültigkeit mich eines Tages retten werden.

Heute halte ich es ebenso wie sie. Ich zahle meiner Tochter kein Geld, aber zu jedem Weihnachtsfest und zu jedem Geburtstag habe ich nur diesen einen Wunsch, dass sie mir einen Psalm oder ein Kirchenlied auswendig hersagt.

Ich weiß, der Tag wird kommen, wo diese – jetzt noch schwer eingängigen, mühselig gelernten – Worte aus der Tiefe der Zeit zu ihr sprechen und sie trösten oder ermutigen werden – dann, wenn sie ein finsteres Tal durchschreiten muss und jeder andere Trost zuschanden wird. Auch wenn sie alles verliert, wird ihr doch niemand diese göttlichen Textfetzen entreißen können, die sie wie Haken an der Felswand vor dem Absturz sichern.

Ich liebe die Verse des Schriftstellers und Journalisten Jochen Klepper, der sich 1942 mit Frau und Tochter das Leben nahm. Johanna Klepper war Jüdin, die Familie nicht rechtzeitig aus Nazi-Deutschland geflohen. Klepper, der sich als „Arier" leicht hätte davonmachen können, verließ die Seinen jedoch nicht. Als die Deportation bevorstand, vergifteten sich alle drei. Selbst in der tiefsten Verzweiflung sind Kleppers Texte voller Zuversicht: „Auch wer zur Nacht geweinet, der stimme froh mit ein. Der Morgenstern bescheinet auch deine Angst und Pein."

Ich liebe auch die Kirchenlieder des Pfarrers Dietrich Bonhoeffer, der im Widerstand gegen die Nationalsozialisten kämpfte und im April 1945 im KZ Flossenbürg erhängt wurde. In seiner Zelle dichtete er: „Von guten Mächten wunderbar geborgen, / erwarten wir getrost, was kommen mag. / Gott ist bei uns am Abend und am Morgen / und ganz gewiss an jedem neuen Tag."

Was sind das für Menschen, die auf dem Gipfel ihrer Not solche Texte verfassen? Wie kann einer so über sich und die eigene Angst hinauswachsen? Transzendenz bedeutet: über sich hinaussteigen. Sie ist die Quelle für den Mut der Gläubigen. Wer über sich hinauswächst, kann Dinge sehen, die jenseits der eigenen Möglichkeiten, vielleicht sogar jenseits der menschlichen Wahrnehmung liegen. Davon bin ich überzeugt. Im Sprechen religiöser Texte lichten sich die Nebel, und in der Ausweglosigkeit werden Auswege sichtbar.

Ich weiß, dass ich ohnmächtig bin und dass die Trauergeister, die nachts mein Bett umstehen, sich von dieser Ohnmacht nähren. Ich kann meinem Leben keine Stunde hinzufügen und mein Kind nicht vor allem schützen, was ihm droht. Aber ich kann für es beten, mich also darauf verlassen, dass Mächte es behüten, die größer sind als ich.

> Für den Gläubigen ist nicht der Mensch das Maß aller Dinge: Sein Urmeter ist nicht von dieser Welt

„Breit aus die Flügel beide, / oh Jesus, meine Freude, / und nimm dein Küchlein ein. / Will Satan mich verschlingen, / so lass die Englein singen: / ‚Dies Kind soll unverletzet sein.'"

Paul Gerhardts Worte sind mehr als ein kleines Kinderabendgebet, sie sind eine Beschwörung, geschrieben 1647 in der Apokalypse des Dreißigjährigen Kriegs. Ihre Magie macht, dass auch meine Nachtgespenster weichen und eine große Dankbarkeit mich überflutet. Dankbarkeit ist die Kehrseite der Ohnmacht. Wer um die Fragilität seiner Existenz weiß, wird zufrieden und kann sich freuen an dem, was er hat. Jetzt drehe ich mich um und schlafe ein. Alles ist gut.

□

Harald Martenstein, 55, ist Schriftsteller und Kolumnist in Berlin.

H in und wieder fällt mir dann doch Gott ein, zum Beispiel beim Fußball. Jedes Foul ist im Fernsehen klar erkennbar, jedes Foul könnte geahndet werden. Totale Gerechtigkeit.

Die Mehrheit der Fußballfans möchte aber lieber, dass der Schiedsrichter das letzte Wort hat, obwohl er bisweilen die Bösen davonkommen lässt und die Guten bestraft. Im Grunde ist er eine gottähnliche Figur, und die Spieler haben jemanden, an den sie sich halten können bei ihrem Zorn über die Ungerechtigkeit des Ergebnisses.

Als Kind habe ich gebetet, hatte einen Weihwasserkessel im Zimmer, bin zur Kommunion gegangen. Als junger Erwachsener dann nicht mehr. Ich weiß nicht, ob meine Entscheidung, falls es überhaupt eine bewusste Entscheidung war, endgültig sein wird. Denn fast jeder Gläubige kennt Momente des Zweifels. Solche Momente gibt es auch bei Ungläubigen. Selbst Voltaire, der Titan der Kirchenkritik, hat es sich auf dem Totenbett noch anders überlegt. Er ließ einen Priester kommen und beichtete. Ein Last-Minute-Ticket in den Himmel.

Alle Religionen versorgen ihre Gläubigen mit Richtlinien – gut und böse, richtig und falsch. Der Ungläubige muss seine moralischen Maximen aus sich selber schöpfen oder auf dem Markt der Möglichkeiten nach einer Moral suchen, die ihm passt. Wir Ungläubigen können uns unserer moralischen Prinzipien nie ganz sicher sein, wir müssen unsere eigene Fehlbarkeit einkalkulieren und können uns auf keine höhere Autorität berufen. An die Stelle Gottes hat der Ungläubige den Menschen gesetzt.

Die Idee der universellen Menschenrechte ist wohl der edelste Gedanke, den der religiöse Unglaube hervorgebracht hat. Er wurde im Jahrhundert der Aufklärung geboren. Was hat es gebracht? Immerhin die Abschaffung der Sklaverei, das Ende der Prügelstrafe, die Gleichberechtigung der Frau und noch ein paar Dinge. Leider hat die Aufklärung auch ihre Nachtseite. Die Entzauberung der Welt, den schrankenlosen Egoismus, all dies.

Was du nicht willst, dass man dir tu … In einer Welt ohne Gott muss nicht der Egoismus herrschen

Sonderbar, dass die ähnlich schöne, ähnlich starke christliche Idee der Nächstenliebe in all diesen Jahrhunderten nicht erfolgreicher war. Keine Unterschiede zu machen, die Menschen so zu nehmen, wie sie sind – dieser Gedanke fällt den Ungläubigen vielleicht leichter.

Denn jeder Gläubige, mag er auch noch so duldsam sein, hat doch eine Vorstellung davon, wie die Menschen sein sollten und wie sie sich nach Gottes Willen zu verhalten haben. Für den Gläubigen gibt es immer ein „Wir" – unsere Glaubensgemeinschaft – und ein: „die anderen".

Die meisten Ungläubigen haben durchaus ein Gespür dafür, dass es gut und böse gibt, richtig und falsch. Manche sehnen sich nach Handlungsrichtlinien, viele nach Werten, aber etwas Besseres als Kants kategorischen Imperativ hat der Unglaube bis heute nicht anzubieten. Was du nicht willst, dass man dir tu … Wer erkennt, dass der Egoismus auch in einer Welt ohne Gott nicht das Maß aller Dinge sein kann, wird von Kant wieder an sich selbst zurückverwiesen. Statt Gott: ein Teufelskreis.

So gehen wir Ungläubigen in moralischen Fragen immer wieder mit uns selbst zurate. Oder aber wir wildern bei den zehn Geboten – diesem, wie auch Ungläubige zugeben, unübertroffen klaren und eindringlichen Katalog wünschenswerter Verhaltensweisen. Das Christentum ist, trotz einiger unschöner historischer Details, in den Augen der meisten Ungläubigen ein Glaube, dem man Respekt erweist – einen Respekt, den man als Ungläubiger aber nicht immer zurückbekommt. Denn der Glaube und das Eifern sind leider Geschwister.

Religion formuliert Antworten auf Fragen, die auch unreligiöse Menschen sich stellen. Wer der Religion den Rücken kehrt, sucht sich deshalb oft einen Ersatz – etwa die Wissenschaft. Solche Leute sagen beispielsweise: Eines Tages wird uns die Wissenschaft die sogenannte Schöpfung bis ins letzte Detail erklären.

Tatsächlich aber können wir die Welt nicht verstehen, weil unsere Intelligenz und unsere Sinnesorgane einfach nicht dazu gemacht sind, so etwas wie die Unendlichkeit des Alls wirklich zu begreifen. Und so haben wir aufwendige Glaubensgebäude errichtet, um nicht zuzugeben, dass wir die Welt aus Dummheit nicht begreifen.

Viele sagen Ja zum Glauben, aber Nein zur Kirche. Der Individualismus hat auf die Religion übergegriffen. Jeder bastelt sich privat sein Ding: nach dem religiösen Lustprinzip. Dieser spirituelle Egotrip kommt mir aber ein bisschen zu bequem vor.

Und es ist erstaunlich, wie viele Menschen nur an Weihnachten und zum Heiraten in die Kirche gehen, aber dennoch davor zurückschrecken, den letzten Schritt zu tun und sich als ungläubig zu bezeichnen. Eine vage Angst vor Strafe spielt häufig eine Rolle, in anderen Fällen handelt es sich um lauwarme Unentschiedenheit. Der Ungläubige nimmt da den Glauben ernster als der lau Gläubige.

Bei uns Ungläubigen gibt es zwei verschiedene Antworten auf die Glaubensfrage. Die eine, knallharte, lautet: Atheismus. Die andere, etwas bescheidenere gibt der Agnostizismus. Agnostiker bestreiten keineswegs, dass es ein höheres Wesen geben könnte. Sie sagen lediglich: Gott zeigt sich nicht, er gibt sich mir nicht zu erkennen; deshalb bin ich, als vernunftgesteuertes Wesen, nicht in der Lage, an ihn zu glauben. Bis auf Weiteres halte ich mich an das, was ich erkennen kann, und da sehe ich keinen Gott.

Der Agnostiker macht Gott dafür verantwortlich, dass er nicht an ihn glaubt, eine feine intellektuelle Spitzkehre.

Streiten wir nicht. Auch die meisten Ungläubigen feiern alle Jahre Weihnachten, mit dem vollen Programm. Sie singen die Lieder, sie zünden die Kerzen an, sie freuen sich, und manchmal horchen sie in sich hinein. □

Warum ich *nicht* glaube

»**Es ist erstaunlich,** wie viele Menschen nur an Weihnachten und zum Heiraten in die Kirche gehen, aber dennoch davor zurückschrecken, den letzten Schritt zu tun und sich als ungläubig zu bezeichnen« – Harald Martenstein im Berliner Dom

Benno Kraehahn, 40, ist freier Fotograf in Berlin

---Religionspsychologie---

Spiritualität kann das Ich entlasten

Der Glaube ist kein Willensprozess, sagt der Religionspsychologe Sebastian Murken. Sondern tief im Inneren einer Person verankert. Ein Gespräch über positive und negative Folgen des Gottvertrauens, die Entstehung von »Glaubensstilen« – und darüber, was es bedeutet, Atheist zu sein

GEOkompakt: *Herr Professor Murken, wann beginnt eine religiöse Erfahrung? Wenn jemand sagt: „Ich glaube an Schalke 04" oder „Ich bete meine Frau an" – ist das schon Religion?*
Sebastian Murken: Das kommt darauf an, welchen Begriff von Religion man verwendet. Manche Forscher meinen: Was den Menschen über sich selbst hinausführt und Sinn stiftet, sei religiös. Ich halte das für problematisch, denn dann könnte ja alles Religion sein: Musikhören, Extremklettern. Das spezifisch Religiöse liegt aber im Bezug auf das Transzendente.
Was heißt das genau?
Dass man sich mit einer Instanz verbunden fühlt, die über der diesseitigen Wirklichkeit steht. Religiöse Erfahrung schließt damit immer das Erleben eines höheren Seins, höherer Mächte ein – von denen ich als Religionspsychologe natürlich nicht behaupten kann, dass sie wirklich existieren; aber ich kann untersuchen, wie solche Glaubenserfahrungen das Denken, Fühlen und Handeln der Menschen beeinflussen.
Wie denn?
Eigentlich ist es durchaus gesund, wenn ein Mensch über ein stabiles Selbstwertgefühl verfügt, wenn er überzeugt ist, vieles zu können und zu beherrschen. Aber zum Leben gehört es eben auch, Grenzen zu akzeptieren: Mitmenschen, Krankheit, Leid und Tod. Daher kann die Idee, ein kleines Rädchen in einem sinnvollen „überirdischen" Getriebe zu sein, das Ich entlasten. Es wird bescheidener, ruhiger; in religiösen Worten: demütiger. Ich nenne das „Ego-Deflation", im Gegensatz zur Ego-Inflation unserer Zeit, in der viele Menschen unter Druck stehen, sich selbst wie eine Statue zu modellieren, immer noch toller, schöner, reicher zu werden – und bald unter diesen Anforderungen leiden.
Können Sie die positive Wirkung dieser „Ego-Deflation" noch genauer beschreiben?
Gern. Zwei psychologische Ansätze sind dabei hilfreich. Erstens das Konzept der „Salutogenese". Es fragt, wörtlich übersetzt, nach dem „Ursprung von Gesundheit"; also danach, welche Kräfte das Ich davor bewahren, psychisch krank zu werden. Gesund sind demnach Menschen, die ein „Kohärenzgefühl" haben. Das heißt: Sie können ihr Dasein in dieser Welt verstehen, handhaben und mit Bedeutung aufladen. Und eben das gilt für viele Gläubige. Unsere Befragungen zeigen unter anderem, dass bei ihnen das Risiko etwas geringer ist, an Depressionen zu erkranken.
Der zweite sinnvolle Ansatz…
…ist das „Coping"-Konzept. „To cope" heißt „bewältigen"; es geht darum, dass manche Menschen es besser als andere schaffen, eine leidvolle Lebenssituation anzunehmen – etwa eine Erkrankung oder den Verlust eines Angehörigen. Auch die Frage, was nach dem eigenen Tod geschehen wird, betrifft ja ein Leid; wenn auch nur ein vorgestelltes.
Wichtig ist dabei die subjektive Bewertung der Krise. Die allerdings kann je nach religiöser Vorstellung sehr unterschiedlich ausfallen: Wenn Sie glauben, Sie sind in einer von Gott gelenkten Welt mit ewigem Leben, dann wirkt das tröstend auf Ihre Psyche. Ebenso aber auch in der Umkehrung: Wenn Sie sich als Sünder sehen, tief verstrickt in den Kampf um Erlösung, dann wird es Ihnen womöglich schlechter gehen. Man darf nicht vergessen, dass Religiosität oft auch eine Quelle des Leidens ist. Religiös begründete Schuldgefühle etwa sind für manche Menschen eine enorme Belastung.
Es ist also nicht immer hilfreich, ein religiöser Mensch zu sein?
Psychologisch gesehen, hilft Religiosität durchaus nicht immer bei der Lebensbewältigung. Jede Verallgemeinerung ist hier unangebracht. Fest steht: Unterschiede im Bezug zur Transzendenz können darin Ausdruck finden, wie sich jemand im Verhältnis

Ostergebet in der Grabeskirche zu Jerusalem. »Wenn Gott mir nur ein Zeichen gäbe!«, klagt Woody Allen, Komiker und Ungläubiger wider Willen. »Zum Beispiel die Einzahlung einer großen Geldsumme auf meinen Namen bei einer Schweizer Bank«

zur Welt definiert. Ein Christ kann sich als „Krone der Schöpfung" und damit als geliebter, wichtiger Teil der Welt erfahren – wer sich jedoch im religiösen Sinne als klein, minderwertig, erlösungsbedürftig versteht, wird sich schwer tun, ein stabiles Selbstwertgefühl zu entwickeln.

Woher kommt diese Ambivalenz?

Der Glaube ist kein Willensprozess, sondern tief im Inneren des Ich verankert. Der wichtigste Faktor für seine Entstehung ist die religiöse Sozialisation – in unserer Kultur vor allem durch die Eltern. Selbst Erwachsene, die anscheinend plötzlich konvertieren oder sonstwie gläubig werden, beziehen sich fast immer auf einen Erfahrungspunkt in der Kindheit.

Der Religionskritiker Sigmund Freud sah Gott als vergrößerte Vaterfigur; als erbarmungslosen Richter, der den Gläubigen in kindlichen Ängsten fesselt.

Ich teile diese simple Sicht nicht. Aber es stimmt: Die Beziehungserfahrungen der Kindheit prägen maßgeblich die späteren spirituellen Bilder und Bedürfnisse. Bei manchen Menschen spiegelt die Beziehung zum Übersinnlichen das, was sie früher erfahren haben. Also etwa: Ich fühle mich geliebt und aufgehoben – ebenso baut mein Verhältnis zu Gott auf Vertrauen auf. Oder: Ich bin misstrauisch, empfinde meine Eltern als strafende Instanz – und ebenso Gott.

Der „Glaubensstil" eines Menschen kann aber auch schlechte Erfahrungen, die er als Kind gemacht hat, kompensieren. Wenn Sie immer nur verprügelt worden sind und dann hören, dass

»Die Erfahrungen der Kindheit prägen die spirituellen Bedürfnisse«

Jesus jeden liebt, egal woher er kommt, wird diese Botschaft vielleicht Ihr Leben verändern. Es gibt Forschungen an katholischen Priestern, die seit früher Jugend gemeinsam im Internat aufgewachsen sind, die gleiche religiöse Ausbildung erfahren haben – und dennoch völlig verschiedene Gottesbilder aufweisen. Was sich nur mit früheren Prägungen erklären lässt, also mit Unterschieden beim Charakter und der jeweiligen „Beziehungsbiografie".

Wählen Gläubige eine religiöse Gemeinschaft, die ihrem Gottesbild entspricht?

Wir haben versucht, das herauszufinden. Dabei hat sich gezeigt, dass beispielsweise viele Neumitglieder der Neuapostolischen Kirche ohne Vater aufgewachsen sind. Diese Kirche betont die Person des Stammapostels, der möglicherweise als Vaterfigur wahrgenommen werden kann, ihre Zeitschrift heißt „Unsere Familie"!

Wer sich hingegen einer Freikirche anschließt, scheint eher in einer psychischen Krisensituation zu sein. Und tatsächlich: Die Theologie vieler

Freikirchen ist stark dem Thema „Heilung" verbunden. Möglicherweise befriedigen also religiöse „Anbieter" bestimmte „Wünsche"; wir nennen das „Religion-Bedürfnis-Passung".

Solche Forschungen sind allerdings sehr schwierig. Schließlich stellen sich immer mehr Menschen ihr Glaubenssystem auf dem Markt der spirituellen Angebote individuell zusammen. Von der Bindung an eine bestimmte Glaubensgemeinschaft kann man da oft schon gar nicht mehr sprechen.

Was sagen Sie dazu?

Ich sehe das durchaus kritisch. Spiritualität wird zunehmend aufgefasst als transzendentes Instrument zur Erfüllung beliebiger Wünsche. Der Forderungscharakter von Religionen tritt in den Hintergrund; stattdessen stehen Ich-Fragen im Vordergrund: Was bringt mir das? Was habe ich davon?

Denken Sie etwa an den boomenden Engelglauben. Engel gelten als „himmlische Dienstleister": Sie sollen vielfältige Wünsche erfüllen, sie stellen keine Forderungen, halten sich diskret im Hintergrund, wenn man sie nicht braucht, und lassen sich unendlich multiplizieren – jeder hat seinen eigenen Schutzengel! Ich finde es interessant, dass auch die Kirchen selbst zunehmend diese funktionale Perspektive einnehmen. Sie entwickeln aus ihren Lehrgebäuden und Denksystemen eine Ratgeberlitera-

zu meistern, durch dunkle Phasen zu gehen, sich ein- und unterzuordnen.

Als Psychologe sage ich einerseits: Glücklicherweise verschwindet die „strafende" Seite des Glaubens immer mehr; vor allem bei denen, die nach den 1960er Jahren sozialisiert worden sind. Gute religiöse Erziehung operiert heute nicht mehr mit einem unbarmherzig richtenden Gott oder gar dem Teufel.

Andererseits steigen dadurch aber auch die Schwierigkeiten, religiös begründete Verhaltensregeln zu vermitteln. Wenn Gott jeden immer und überall liebt, scheint es ihm auch gleichgültig zu sein, wie sich der einzelne Gläubige konkret verhält.

Das hieße ja, dass der Weg hin zur Ratgeber- und „Feel good"-Kirche ein Irrweg ist. Weil die sich irgendwann selbst abschafft.

Ich kann Ihre Frage natürlich nur als Religionspsychologe, nicht als Theologe beantworten. Und da lässt sich in der Tat feststellen: Gemeinschaften mit striktem Regime, bei denen der Gläubige das Heil nur durch hohe „Investitionen" erreichen kann, haben durchaus Zulauf. Die anderen, die „Beliebigkeitskulte", verlieren eben irgendwann ihr Profil. Vielleicht bedingt beides einander: einerseits die Entwicklung zur individualistischen, frei flottierenden Spiritualität – andererseits der zunehmende Fundamentalismus. Von allen

die der Glaube haben kann, meist völlig aus – die Bilder vom strafenden Gott, die psychische Unmündigkeit mancher Gläubiger in ihren Kirchen, die religiösen Ängste, die Intoleranz.

Wie gesagt: Ich denke, Religion kann auf der individuellen wie auf der sozialen Ebene sehr hilfreich sein. Aber das Bejubeln alles Spirituellen in der öffentlichen Debatte kann ich mir nur als Gegenbewegung zum Krisenbewusstsein unserer Zeit erklären.

Herr Professor Murken, kann man überhaupt: nicht glauben?

Natürlich. Jeder Mensch hat sein Weltbild und versucht, damit sinnvoll zu leben. Er muss dabei jedoch keineswegs religiös sein! Denken Sie an den enormen Unterschied zwischen Ost- und Westdeutschland. Nach der Wende in der DDR befürchteten viele, allerlei Sekten und Scharlatane würden dort das spirituelle Vakuum ausfüllen. Was nicht geschehen ist. Weil die meisten Ostdeutschen keine religiöse Sozialisation erfahren haben, sind sie bis heute, was Soziologen als „religiös indifferent" bezeichnen. Sie unterscheiden sich von Atheisten, die sich bewusst vom Glauben abwenden, darin, dass sie nicht einmal mehr Stellung beziehen zu spirituellen Fragen.

Und fehlt ihnen dann gar nichts?

Das kommt darauf an, aus welcher Perspektive man es sieht. Ich will es so beschreiben: Manche Menschen machen tiefe, bereichernde Erfahrungen, wenn sie Musik hören. Andere können nichts anfangen mit Beethoven-Sonaten. „Fehlt" ihnen etwas? Ich denke: nein. Die Möglichkeiten des Menschseins und der Sinnschöpfung sind so vielfältig, dass es völlig unangemessen wäre, die Nicht-Gläubigen für defizitär zu erklären. Sie können genauso glücklich leben, genauso erfüllende Beziehungen entwickeln und über die Wunder des Daseins staunen wie religiöse Menschen. ☐

»Wo bleibt die Idee, dass Götter etwas von den Menschen erwarten?«

tur. Jüngst erschien etwa in einem traditionell katholischen Verlag ein Buch mit dem Titel: „Gott tut gut. Sieben spirituelle Wege zum Wohlbefinden".

Was ist daran so schlimm?

Ich frage mich: Wo bleibt die in allen Religionen bekannte Idee, dass Götter etwas von den Menschen erwarten? Wenn das Wohlbefinden zum Maß aller Dinge wird, findet ein echtes Lernen, eine echte persönliche Entwicklung oft nicht mehr statt. Zum Glauben gehört aber auch das: Herausforderungen

religiösen Gruppierungen in unserer Gesellschaft wachsen die Freikirchen ja am stärksten. Die liefern klare Vorstellungen von Richtig und Falsch; und klare Regeln, was man tun und lassen muss, um zum Heil zu kommen.

Gibt es denn eine „Rückkehr der Religion", wie oft behauptet wird?

Es gibt zumindest den Ruf der Medien danach. Schauen Sie sich all die Presseberichte an: Wer spirituell ist, lebe länger und sei glücklicher, heißt es da. Das blendet die negativen Folgen,

Prof. Sebastian Murken, 44, lehrt Religionswissenschaft an der Universität Marburg, leitet die Arbeitsgruppe Religionspsychologie an der Universität Trier und ist Psychotherapeut im St.-Franziska-Stift, einer psychosomatischen Fachklinik in Bad Kreuznach.

Interview: **Malte Henk** und **Claus Peter Simon**, 47, Geschäftsführender Redakteur von GEOkompakt.

Sammelbox + Erstausgabe
Diese praktische Sammelbox schützt Ihre wertvolle Sammlung vor Staub und gibt bis zu 7 Heften einen sicheren Stand. Zusätzlich erhalten Sie die Erstausgabe von GEOkompakt gratis dazu.

3-tlg. Faber-Castell Schreibset »Black Edition«
Dieses edle Schreibset enthält den Kugelschreiber »Grip«, den Design-Bleistift »Grip 2001« aus schwarz durchgefärbtem Holz und den Radierer »Sleeve Mini«. In einer schwarzen Box mit transparentem Deckel.

Mini-Digitalkamera
Auch als Schlüsselanhänger zu benutzen! Kleine Digitalkamera mit 16 MB Speicher für 146 Bilder (176 x 144 Pixel) oder 20 Bilder (352 x 288 Pixel). Maße: ca. 5,8 x 4 x 1 cm, Gewicht: 27 g. Mit Software, Kabel, Tasche und Batterie.

Sichern Sie sich Ihr Wunschgeschenk:
Lesen Sie GEOkompakt frei Haus mit 9% Ersparnis!

Ihre GEOkompakt-Vorteile:
- Dankeschön zur Wahl gratis!
- 9% Ersparnis!
- Lieferung frei Haus!
- Nach 4 Ausgaben jederzeit kündbar!
- Geld-zurück-Garantie für zu viel bezahlte Hefte!

Abonnenten-Service Österreich
Tel.: 0820/00 10 85
Geo-kompakt@abo-service.at

Leser-Service Schweiz
Tel.: 041/329 22 20
Geokompakt@leserservice.ch

Bitte Bestellnummer aus dem Vorteilscoupon angeben.

Weitere Angebote unter www.geokompakt.de/abo

Verlag: Gruner+Jahr AG & Co KG, Dr. Gerd Brüne, Am Baumwall 11, 20459 Hamburg. AG Hamburg, HRA 102257.
Vertrieb: DPV Deutscher Pressevertrieb GmbH, Dr. Olaf Conrad, Düsternstr. 1, 20355 Hamburg. AG Hamburg, HRB 95 752.
*14 Cent/Min. aus dem deutschen Festnetz, Mobilfunkpreise können abweichen.

GEOkompakt-Vorteilscoupon

Ja, ich möchte GEOkompakt selbst lesen oder verschenken für zzt. nur € 7,25 je Ausgabe statt € 8,– (D)/zzt. € 8,15 statt € 9,– (A)/zzt. Fr. 14.20 statt Fr. 15.70 (CH). Als Dankeschön für meine Bestellung erhalte ich ein Geschenk meiner Wahl nach Zahlungseingang gratis. Nach einem Jahr kann ich jederzeit kündigen. GEOkompakt erscheint zzt. 4x jährlich. Alle Preise inkl. Zustellung und MwSt.
Mein Geschenk: ☐ Schuber + Erstausgabe, ☐ Schreibset oder ☐ Mini-Digitalkamera (bitte nur ein Kreuz)

Meine Adresse: Bitte auf jeden Fall ausfüllen!

Name, Vorname | Geburtsdatum
Straße/Nr.
PLZ | Wohnort | E-Mail-Adresse
☐ Ja, ich bin damit einverstanden, dass GEOkompakt und Gruner+Jahr mich künftig per Telefon oder E-Mail über interessante Angebote informieren.

Studentenabo: Bitte Immatrikulationsbescheinigung mitschicken!
☐ 4 Ausgaben für jährlich nur € 24,40 (D). Ich spare über 23% gegenüber dem Einzelkauf.

595790

Ich zahle bequem per Bankeinzug (D: halbjährlich € 14,50):

Adresse des Geschenkempfängers: Nur ausfüllen, wenn Sie GEOkompakt verschenken möchten!

Bankleitzahl | Kontonummer | Name
Geldinstitut | Vorname | Geburtsdatum
Widerrufsrecht: Die Bestellung kann ich innerhalb der folgenden zwei Wochen ohne Begründung beim GEOkompakt Kunden-Service, 20080 Hamburg, in Textform (z. B. Brief oder E-Mail) oder durch Rücksendung der Zeitschrift widerrufen. Zur Fristwahrung genügt die rechtzeitige Absendung.
Straße/Nr.
PLZ | Wohnort
Dauer der Geschenklieferung: ☐ unbefristet (mindestens 1 Jahr) ☐ 1 Jahr (4 Ausgaben)
Datum | Unterschrift
595789 | 595791

 **Vorteilscoupon einsenden an:** GEOkompakt, Kunden-Service, 20080 Hamburg

Oder anrufen unter: 01805/861 80 00*

 **Einfach per E-Mail:** Geokompakt-Service@guj.de

Meditation als Form spirituellen Erlebens: Anhand der Hirnstromkurven belegen Wissenschaftler, dass sich dieser deutsche Zen-Meister in einer Art hochkonzentrierten Wachschlafs befindet. Offenbar gibt es besondere Zustände des Gehirns, die für das Erfahren einer transzendenten Welt wichtig sind

Die Antenne zu Gott

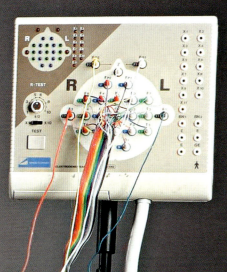

Text: Henning Engeln

Mit bildgebenden Verfahren und Erbgut-Analysen überprüfen Forscher, ob Menschen spezielle Hirnstrukturen für spirituelle Erfahrungen besitzen – und ob vielleicht sogar manche dank bestimmter »Gottes-Gene« empfänglicher für den Glauben sind als andere

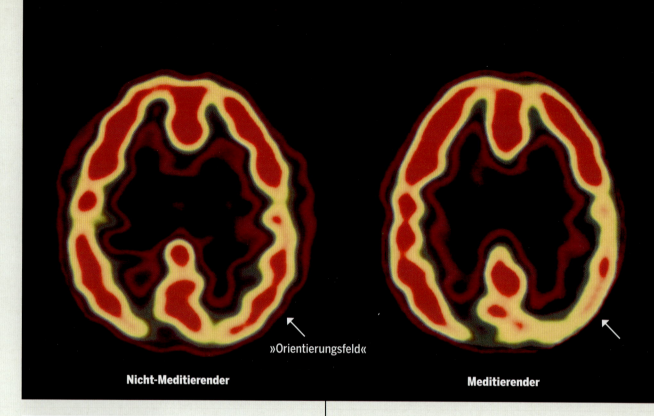

Nicht-Meditierender »Orientierungsfeld« Meditierender

Ein Buddhist namens Robert ruht in einem kleinen abgedunkelten Laborraum des amerikanischen Radiologen Andrew Newberg im Lotossitz und meditiert bei Kerzenlicht und Jasminräucherstäbchen. Seit mehr als 15 Jahren praktiziert er tägliche Übungen nach tibetischer Tradition. Eine Stunde verstreicht. Dann, in der Phase tiefster Versenkung, zieht der junge Mann, wie zuvor verabredet, an einer Schnur, die sich der im Nebenzimmer wartende Arzt um den Finger gewickelt hat.

Auf dieses Signal hin injiziert Andrew Newberg eine schwach radioaktive Flüssigkeit in einen Schlauch, der zu einer Vene in Roberts Arm führt. Während die radioaktiven Atome durch sein Gehirn strömen, erlebt Robert in einer tiefen Meditation ein Gefühl der Zeitlosigkeit und der Unendlichkeit. Er empfindet sich nicht mehr als ein isoliertes Individuum – sondern verbunden mit der gesamten Schöpfung.

Nachdem der Buddhist die Übung beendet hat, registrieren Newberg und seine Mitarbeiter von der University of Pennsylvania in Philadelphia mit einer Spezialkamera die radioaktive Strahlung in Roberts Gehirn. Wo das Organ besonders aktiv war und stärker durchblutet wurde, sollte sich viel Radioaktivität finden, in den weniger aktiven Bereichen dagegen nur eine geringe Strahlung.

Das Ergebnis verblüfft die Forscher: Ein bestimmtes Hirnareal im Bereich des oberen Scheitellappens zeigte während der Meditation eine drastisch verminderte Aktivität. Es handelt sich um das „Orientierungsfeld", das unter anderem für die Selbstwahrnehmung des Individuums im Raum und die Unterscheidung des eigenen Körpers von der Umgebung zuständig ist.

Newbergs Erklärung: Wenn das Orientierungsfeld infolge der Meditation vom Strom eingehender Sinnesdaten abgeschottet sei und dadurch seine Aktivität einschränke, könne ein Mensch die Grenze zwischen sich und der Außenwelt nicht mehr wahrnehmen. Er habe dann das Gefühl, sein Selbst sei endlos und mit allem verbunden, was der Geist erfasst. Auf diese Weise ließen sich spirituelle und mystische Erfahrungen verstehen, bei denen der Betreffende das Gefühl hat, mit der Ganzheit zu verschmelzen, sich mit allem Seienden zu vereinen.

Auf einen solchen Befund stoßen Newberg und sein Team bei weiteren sieben Buddhisten (siehe die Illustrationen oben) – sowie bei einigen Franziskanerinnen, die im Labor der Mediziner inbrünstig beten. Die Schwestern beschreiben ihre intensiven religiösen Momente meist als ein Gefühl der Nähe zu Gott und der Verschmelzung mit ihm: Sie haben also ein ähnliches Erlebnis der körperlichen Entgrenzung wie die Buddhisten.

Für die Mediziner aus Philadelphia sind die Ergebnisse der Hirnuntersuchungen ein Beleg dafür, dass mystische Erfahrungen keine Einbildungen oder Wunschdenken sind. Sondern etwas biologisch Reales und naturwissenschaftlich Wahrnehmbares.

Offenbar gibt es im Gehirn Areale, die beteiligt sind, wenn ein Mensch spirituelle Erlebnisse hat. Hat also

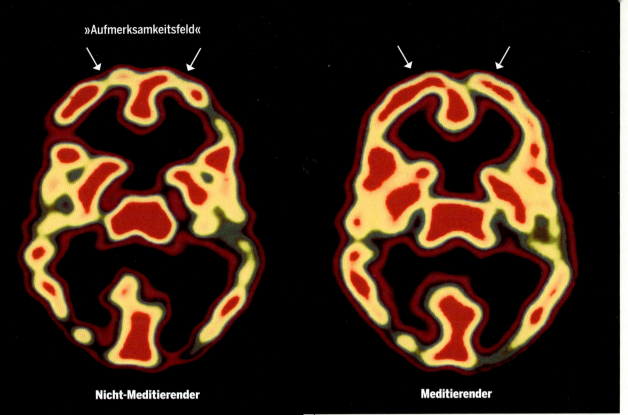

Geistige Versenkung im Labor: Neurologen registrieren, wie sich meditierende Buddhisten von »normalen« Probanden unterscheiden. Dazu messen sie mithilfe eines Tomographen anhand radioaktiver Strahlung die Aktivität des Gehirns (rot = hohe Intensität). Sie ist bei den Meditierenden auf verblüffende Weise verändert: In dem für die Wahrnehmung des Körpers im Raum zuständigen »Orientierungsfeld« ist sie sichtbar vermindert. So lassen sich die Empfindungen von Zeitlosigkeit und unendlicher Weite während der Versenkung erklären. Im »Aufmerksamkeitsfeld« dagegen, das der Konzentration dient, ist die Aktivität bei den Meditierenden deutlich erhöht

der *Homo sapiens* im Verlauf seiner Evolution spezielle Hirnstrukturen entwickelt, die ihm religiöse Erfahrungen ermöglichen? Vielleicht sogar ein besonderes „Organ", mit dem er eine transzendente Welt wahrnehmen kann – eine Art Antenne zu Gott? Oder sind die spirituellen Empfindungen womöglich nur eine Art Zweitverwertung anderer Hirnfunktionen?

Mit solchen Fragen befassen sich die Neurowissenschaftler, um aus ihrer Perspektive zu erklären, weshalb der Mensch glaubt. Andrew Newberg ist dabei nicht der Erste, den der Zusammenhang zwischen Glaube und Gehirn beschäftigt.

BEREITS 1902 ERSCHIEN DAS WERK „The Varieties of Religious Experience", in dem der amerikanische Psychologe und Philosoph William James religiöse Erfahrungen systematisch untersuchte und kategorisierte, sie als psychologische Phänomene, als individuelle Erfahrungen wahrnahm. Persönliche religiöse Erlebnisse hätten, so James, ihre Wurzeln und ihr Zentrum in mystischen Bewusstseinszuständen.

Was für ihn „mystisch" bedeutete, das definierte der Psychologe anhand von vier Kennzeichen: Erstens sei ein solcher Zustand nicht in Worten zu beschreiben; zweitens habe er „noetische Qualität", das heißt, er offenbare sich als unmittelbares Wissen und Wahrheit (von griech. *noētós* = geistig wahrnehmbar); drittens seien mystische Erlebnisse nur vorübergehender Natur; und viertens würden sie passiv erlebt werden – man fühle sich in einer Art Schwebezustand, ja oft, als wenn man von einer übernatürlichen Macht ergriffen und gehalten werde.

„Es ist, als ob es im menschlichen Bewusstsein einen Sinn für die Wirklichkeit gibt, ein Gefühl für die tatsächliche Gegenwart, eine Wahrnehmung von etwas, das man als ‚irgendetwas da draußen' bezeichnen könnte", schrieb James.

Auch mit Drogen lässt sich die Wahrnehmung einer solchen anderen Welt hervorrufen.

Am 20. April 1962, einem Karfreitag, wagte der Arzt und Religionswissenschaftler Walter Pahnke von der Harvard University mit Theologiestudenten

Auch im Drogenrausch sind mystische Erfahrungen möglich

ein spektakuläres Experiment mit der psychoaktiven Substanz Psilocybin. Die wird aus bestimmten Pilzarten gewonnen und löst starke Halluzinationen aus; chemisch ähnelt sie dem Botenstoff Serotonin, der im Gehirn an der Signalübermittlung zwischen Nervenzellen beteiligt ist.

Doch nur die Hälfte der Probanden erhielt die echte Droge – die anderen bekamen Nikotinsäure gereicht. Wer was geschluckt hatte, das wussten die jungen Männer nicht, als sie kurz darauf der Karfreitagsandacht eines Pastors lauschten.

In den Tagen darauf ermittelte Pahnke anhand von Fragebögen und Interviews den Grad an Spiritualität, den die Probanden während des Karfreitag-Gottesdienstes empfunden hatten. Weil es dafür kein verlässliches Maß gab, hatte der Arzt selbst eine Skala entwickelt, hatte die Schriften von Heiligen, Sehern, Yogis, Gelehrten durchgearbeitet und neun Faktoren gefunden, die mystische Erfahrungen charakterisieren – darunter: das Gefühl der kosmischen Einheit, die Transzendenz von Zeit und Raum, das Gefühl von Heiligkeit, die Auflösung von Gegensätzen und die Unaussprechlichkeitserfahrung, also die Unfähigkeit, das Erlebte in Worte zu fassen.

Das Ergebnis: Jene Teilnehmer, die die halluzinogene Droge geschluckt hatten, erzielten auf Pahnkes Spiritualitätsskala im Durchschnitt 64 Prozent der höchstmöglichen Punktzahl. Die anderen Studenten, die das Placebo erhalten hatten, erreichten im Mittel nur 14 Prozent.

EIN WEITERES INDIZ DAFÜR, dass spirituelle Erfahrungen etwas mit dem Zustand unseres Gehirns zu tun haben, stammt von Beobachtungen an Patienten, die unter einer bestimmten Form der Epilepsie leiden.

Bei dieser Form der Hirnerkrankung liegt der Herd des Anfalls in den Schläfenlappen, den seitlich gelegenen Regionen des Großhirns. Ärzten war in den 1970er Jahren aufgefallen, dass diese Patienten häufig auf extreme Weise religiös waren, beispielsweise zweimal täglich die Kirche aufsuchten, im Haus Schreine aufstellten, sich lange mit Gott unterhielten, zum Teil sogar ihren Beruf aufgaben, um sich ganz ihrem Glauben widmen zu können.

Häufig hatten diese Epileptiker auch Halluzinationen in Form von Lichterscheinungen oder geheimnisvollen

Spirituelle Ekstase und sexuelle Lust – sind sie verwandt?

Stimmen. Womöglich, so die Deutung der Nervenärzte, riefen die elektrischen Entladungen der Anfälle Trancezustände und spirituelle Erfahrungen hervor.

Diese Befunde brachten den US-Neurowissenschaftler Michael Persinger in den 1980er Jahren auf eine Idee: Wenn die elektrischen Stürme der Anfälle bei manchen Epileptikern mystische Erlebnisse hervorrufen können – sollten sich diese dann nicht auch mithilfe künstlicher Signale von außen erzielen lassen?

Persinger konstruierte einen Helm, der die Schläfenlappen mit schwachen Magnetfeldern stimuliert. 80 Prozent der Probanden, die diesen „Gotteshelm" aufsetzten, gaben an, eine unerklärliche Gegenwart von etwas zu empfinden – sich nicht mehr allein zu fühlen.

Ein neues Forschungsgebiet war entstanden, für das der US-Religionswissenschaftler James B. Ashbrook 1984 einen Namen prägte: Neurotheologie. Dabei werden jene Hirnprozesse, die während religiöser Erfahrungen ablaufen, mittels moderner neurobiologischer Techniken untersucht.

Eher zufällig auf das Gebiet der Neurotheologie geriet 2001 ein Schweizer Team um den Mediziner Olaf Blanke, als es eine 43-jährige Epileptikerin untersuchte. Weil die Frau seit elf Jahren immer wieder an schweren Anfällen litt, hatten die Ärzte aus Genf und Lausanne ihr rund 100 Elektroden unter die Hirnhaut gepflanzt, um die Anfälle zu registrieren und den Herd zu lokalisieren. Überdies reizten sie verschiedene Hirnpartien mit schwachen Stromstößen.

Das Ergebnis war verblüffend: Zwei der Elektroden lösten bei der Patientin äußerst merkwürdige Erfahrungen aus. Sie spürte zunächst, wie sie ins Bett niedersank und aus großer Höhe ins Leere fiel. Dann erhöhten die Mediziner die Stromstärke – und plötzlich hatte die Frau das Gefühl, außerhalb ihres Körpers zu schweben. „Ich sehe mich selbst im Bett liegen, von weit oben, aber ich sehe nur meine Beine und meinen Unterleib", erzählte sie.

Die beiden Elektroden, die diese „außerkörperliche" Erfahrung hervorriefen, saßen in einer Region im hinteren Scheitellappen (*Gyrus angularis*) an der „Oberfläche" des Gehirns, der Hirnrinde. Diese Gegend ist, so nehmen die Forscher an, eine Art Knotenpunkt innerhalb eines größeren neurologischen Schaltkreises, der für die Wahrnehmung des eigenen Körpers zuständig ist. Offenbar kann seine elektrische Stimulation ein Erlebnis auslösen, das Menschen sonst nur in Extremsituationen, zum Beispiel in Todesnähe, erleben.

EPILEPTISCHE ANFÄLLE, halluzinogene Drogen, magnetische Felder, Elektroden im Gehirn: Die Fähigkeit, spirituelle Erfahrungen machen zu können, scheint tatsächlich eine Funktion des Gehirns zu sein. Um zu beschreiben, was sich dabei im Kopf abspielt, hat der Hirnforscher Newberg eine Art Stufenmodell entwickelt.

Meist beginnen mystische Erlebnisse mit einem Ritual, etwa dem Entzünden von Kerzen oder Räucherstäbchen, oder mit rhythmischen Handlungen wie dem Rezitieren von Gedichten oder Gebeten. Das Ritual aktiviert das Beruhigungssystem des Körpers: Der Hippocampus – ein wichtiges Zentrum für den Informationsaustausch zwischen verschiedenen Teilen des Gehirns – hemmt den Zustrom von Nervenimpulsen zum Orientierungsfeld in der Großhirnrinde. Innere Ruhe, ein leichtes Einheitsgefühl steigen auf.

Als Nächstes folgt ein Willensakt – in buddhistischen Schulen etwa eine Meditation –, mit dem Ziel, den Geist von allen Gedanken, Gefühlen und Wahrnehmungen zu

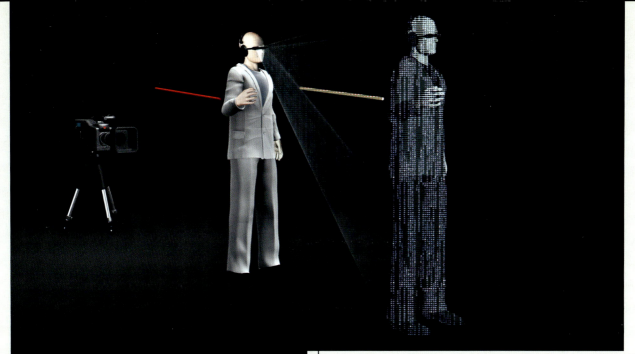

Transzendente Erfahrungen lassen sich mit einer erstaunlich einfachen Versuchsanordnung hervorrufen: Ein Proband wird mit einem Stock rhythmisch angestoßen und dabei von hinten mit einer Kamera gefilmt. Dieses Bild wird ihm mithilfe einer 3-D-Brille vorgeführt, sodass er sein virtuelles Bild zwei Meter vor sich erblickt. Und plötzlich hat er das Gefühl, in der virtuellen Gestalt vor sich zu stecken – er hat die Grenzen seines Körpers verlassen. Offenbar ist die Empfindung der Trennung von Körper und Außenwelt nur ein Konstrukt des Gehirns, das sich durch das Experiment ausschalten lässt. Auch religiöse Erlebnisse können das bewirken, und damit lassen sich möglicherweise übersinnliche Erfahrungen erklären, bei denen der Geist den Körper verlässt

befreien. Eine solche bewusste Entscheidung geht vom „Aufmerksamkeitsfeld" aus, einer Struktur im Stirnhirn, die für willentliche Handlungen zuständig ist.

Dieses Aufmerksamkeitsfeld wiederum wirkt über den Thalamus (eine Sammel- und Umschaltstelle für Informationen von den Sinnesorganen und aus dem Körperinneren) zurück auf den Hippocampus. Der dämpft nun den Strom neuronaler Reize in andere Gehirnregionen immer stärker.

Je tiefer die Meditation, desto stärker die Blockade des Orientierungsfelds – bis der Proband schließlich das Gefühl der Unendlichkeit, der Ewigkeit oder der raum- und zeitlosen Leere hat und kein Selbstempfinden mehr verspürt.

Ein ähnlicher Prozess läuft ab, so Newberg, wenn ein Mensch sich aktiv auf etwas konzentriert, etwa im Gebet. Dann kann das Aufmerksamkeitsfeld sich so sehr auf ein Ziel, etwa das Bild Christi fokussieren, dass das Orientierungsfeld – vereinfacht dargestellt – nur noch diese Impulse erhält und das Bild Jesu letztlich den gesamten Geist ausfüllt.

Der Betreffende erfährt die „unio mystica", die Vereinigung mit Gott.

Doch woher kommt die Fähigkeit des Gehirns zum mystischen Erleben, welche Kräfte der Evolution haben sie hervorgebracht?

Andrew Newberg hat auch dazu ein Modell entwickelt. Der Forscher vermutet, dass sich die Strukturen, mit denen der Mensch die Transzendenz erfährt, aus jenem neuronalen Schaltsystem entwickelt haben, das der Erfahrung von Sexualität und Paarung dient.

Die Gefühle von Freude, Verzückung, Ekstase und Glückseligkeit, das erhabene Erleben der Einheit, die Wonne der Verschmelzung, die Befriedigung aller Wünsche, die Mystiker schildern – all diese Begriffe seien auch dazu geeignet, die sexuelle Lust zu beschreiben. Und die neurologischen Strukturen und Bahnen, mit denen der Mensch Transzendenz erfährt, seien ursprünglich zu einem ganz anderen Zweck entstanden: um die Physiologie des sexuellen Höhepunkts mit starken Empfindungen, mit orgiastischen Gefühlen zu verbinden.

Newberg betont jedoch, dass es sich bei mystischer Vereinigung und sexueller Verschmelzung nicht um die gleiche Erfahrung handelte – und dass beide Gefühle auch nicht die gleichen neurologischen Bahnen nutzten. Aber Erstere habe sich zumindest teilweise aus der Letzteren entwickelt, vergleichbar mit der Evolution des Fliegens: Federn, die zunächst vor Wärmeverlust schützen sollten, erwiesen sich offenbar irgendwann als geeignet, um in der Luft zu gleiten.

Auf ähnliche Weise könnte das spirituelle Erlebnis ein Nebenprodukt jener Gefühle sein, die ursprünglich dazu dienten, die Fortpflanzung mit der Liebe zu vereinen.

Natürlich: Glaube und Religion umfassen mehr als nur die Gefühle von Spiritualität und mystischer Versenkung (mit denen sich Neurobiologen vor allem deshalb beschäftigen, weil sie sich leichter definieren und untersuchen lassen). Zur Religion gehören meist auch eine persönliche Beziehung zu Gott oder zu Geistern, gehören Gottesdienste, Feste oder Rituale, religiöse Institutionen, gemeinsame moralische Normen sowie die Vorstellung einer Seele und einer jenseitigen Welt.

Die heutige Vielfalt der großen Religionen sowie der zahllosen Splittergruppen, Sekten und kleineren Naturreligionen ist die Folge einer langen kulturellen Entwicklung. Doch nehmen viele Hirnforscher und Biologen an, dass sie alle eine gemeinsame Wurzel haben, die in der Evolutionsgeschichte der Menschheit begründet liegt. Der Mensch sei aufgrund seiner Hirnstrukturen sozusagen prädestiniert für den Glauben.

Dafür gibt es mehrere Argumente (siehe auch Seite 24):

• Um zu überleben, mussten unsere Vorfahren aus wenigen Informationen die entscheidenden Schlüsse ziehen – etwa aus zwei Lichtreflexen im Gebüsch auf die Augen eines Raubtieres schließen. Das Gehirn ist darauf angelegt, komplexe Gefahren wahrzunehmen, nach Zusammenhängen und Erklärungen zu suchen, um ihnen zu begegnen. Wenn es jedoch keine rationalen Ursachen für ein Geschehen findet, greift es auf übernatürliche Kräfte als Ursache oder Erklärung für ein Geschehen zurück.

• Menschen sind fähig zur Empathie; sie können sich in die Gedanken und Gefühle anderer hineinversetzen. So lässt sich erklären, dass sie dazu neigen, Körper und Geist, Sichtbares und Unsichtbares zu trennen. Die Idee einer körperlosen Seele entwickelte sich möglicherweise weiter zu Vorstellungen von transzendenten Gottheiten oder Geistern.

• Dank seiner Intelligenz wurde dem Menschen irgendwann bewusst, dass er sterben muss. Doch diese Vorstellung ist erschreckend – und sein Gehirn ist nicht fähig, sich auszumalen, wie es ist, tot zu sein.

Untersuchungen an Zwillingen zeigen: Spiritualität ist erblich

Als Ausweg aus dieser Sorge könnte der Glaube an ein Leben nach dem Tod in die Welt gekommen sein.

• Menschen sind für Machtstrukturen empfänglich; es beginnt mit der Erfahrung des Kindes, auf die Eltern angewiesen zu sein, die mächtig und allwissend erscheinen. Und als Erwachsene ordnen sich Menschen häufig anderen, den Anführern, unter. Das könnte ihre Neigung erklären, auch ein oberstes, allwissendes Wesen

Der Radiologe Andrew Newberg erforscht, was im Gehirn bei Meditationen und beim Beten geschieht

Der Biologe Dean Hamer glaubt an die Existenz eines »Gottes-Gens«, das die Gehirnchemie beeinflusst

anzuerkennen, das sie leitet, behütet und ihnen wichtige Entscheidungen abnimmt.

• Der Mensch ist ein sehr soziales Wesen. Moralisch-ethische Verhaltensregeln, die durch die Religion vorgegeben und von allen akzeptiert werden, erleichtern das Zusammenleben.

Wenn aber die Fähigkeit zum Glauben in Hirnstrukturen liegt, die sich im Verlauf der Menschwerdung herausgebildet haben, dann müssen an dieser Entwicklung auch Gene beteiligt gewesen sein. Denn die Evolution, die Anpassung von Lebewesen an ihre Umwelt, funktioniert nur im Zusammenspiel zwischen Erbgut und natürlicher Auslese.

Religiosität könnte also ein ähnlicher Selektionsvorteil sein wie etwa Intelligenz oder Empathie – und tatsächlich scheint es Indizien dafür zu geben. So gibt es Anzeichen dafür, dass religiöse Menschen länger leben und vielleicht im Alter etwas weniger anfällig für stressbedingte Krankheiten sind als andere (siehe Seite 70). Und möglicherweise sind Gruppen mit einem religiös begründeten Wertesystem besonders stabil und langlebig; schließlich ist eine solche Moral scheinbar unabänderlich, ewig, „nicht von dieser Welt".

Könnte es daher sogar Gene geben, die uns gläubig machen? Ist Spiritualität womöglich so etwas wie ein Instinkt? Es ist genau diese Vermutung, die den Molekularbiologen Dean Hamer vom Nationalen Krebsinstitut der USA Mitte der 1990er Jahre dazu veranlasste, nach Genen für Spiritualität zu suchen. Dass diese zu einem großen Teil erblich ist, hatte bereits ein australisch-britisches Forscherteam anhand von Zwillingsstudien gezeigt. Solche Untersuchungen lassen jedoch keine Rückschlüsse auf einzelne, ausschlaggebende Gene zu, da das Erbgut eineiiger Zwillinge identisch ist.

Deshalb verteilten Hamer und seine Kollegen im Rahmen einer Studie über das Zigarettenrauchen sowie einer über Persönlichkeit und geistige Gesundheit Fragebögen an rund 500 „normale" Geschwister- oder zweieiige Zwillingspaare – Menschen also, deren Erbgut im Schnitt nur zu 50 Prozent identisch ist.

Unter den 240 Fragen waren 33, welche die „Selbsttranszendenz" erfassen sollen. Dieser Maßstab für Spiritualität wurde von dem Psychiater Robert Cloninger entworfen und bezieht sich auf die Fähigkeit von Menschen, über sich selbst hinauszusehen und alles in der Welt als Teil einer großen Einheit zu betrachten.

Mithilfe der Antworten konnte sich Hamer nun auf die Suche nach Genen machen, welche die Spiritualität maßgeblich beeinflussen. Es war jedoch unmöglich, die komplette Erbsubstanz der 1000 Probanden zu analysieren – welche Gene sollten es also sein? Hamer hatte eine Vermutung.

Zum einen wusste er, dass es Medikamente gibt, die mystische Erlebnisse hervorrufen können. Die Wirkstoffe darin ähneln bestimmten Botenstoffen des Gehirns (Neurotransmittern), zum Beispiel Serotonin oder Dopamin. Diese auch als Monoamine bezeichneten Moleküle wirken auf Emotionen, Wahrnehmung und Bewusstsein, wissen Forscher.

Zum anderen kannte Hamer die Forschungen des Genetikers David Comings: Danach sind bestimmte Krankheiten – etwa Alkoholismus, Depressionen, Verhaltensstörungen – möglicherweise auf Variationen von Genen zurückzuführen, die mit dem Monoamin-Haushalt in Verbindung stehen.

Deshalb wählten Hamer und sein Team neun Gene aus, von denen bekannt ist, dass sie den Monoamin-Stoffwechsel im Gehirn beeinflussen, und suchten bei ihren Versuchspersonen nach genetischen Varianten dieser Gene. Anschließend überprüften sie statistisch, ob es Zusammenhänge gab zwischen Genvarianten und dem Maß an Spiritualität bei einer Person.

Die Forscher analysierten ein Gen nach dem anderen, doch sie fanden keinerlei Verbindung. Da erfuhr Hamer durch einen Fachkollegen von einem Gen, das die Zusammenarbeit aller Monoamine steuert. Dieses Gen mit der Bezeichnung „VMAT2" untersuchten die Forscher ebenfalls – und wurden fündig.

Menschen, die eine bestimmte Variante dieses Gens besitzen, hatten im Fragebogen deutlich höhere Werte für „Selbsttranszendenz" angekreuzt. Sie empfinden eine stärkere Liebe zur Natur und zu Gott, verspüren häufiger das Gefühl des Einsseins mit dem Universum und sind eher bereit, für die Weltverbesserung Opfer zu bringen.

Hamer hatte endlich sein „Gottes-Gen" gefunden – und betitelte etwas reißerisch so auch das Buch, in dem er seine These veröffentlichte.

EIN GEN, DAS GLÄUBIG MACHT? Eine solche Zuspitzung muss Widerspruch hervorrufen.

„Es macht wissenschaftlich keinen Sinn, von einem ,Gottes-Gen' zu sprechen", sagt der kanadische Hirnforscher Mario Beauregard von der Universität Montreal. „Es gibt kein Gen, das bestimmt, ob eine Person religiös wird oder nicht."

Auch der Münchner Theologe Friedrich Wilhelm Graf (siehe Seite 20) sieht die Neurotheologie kritisch. Sie könne nichts Seriöses über „das Absolute", „die Transzendenz", das „Seinsganze" oder die „Einheit der Wirklichkeit" sagen. Forscher wie Andrew Newberg

übersteigerten, so Graf, „die experimentelle Erkundung biochemischer Grundlagen mystischen Bewusstseins zu neurologischer Missionspredigt oder religiöser Hirnphysiologie".

Doch weder Persinger noch Newberg oder Hamer sind darauf aus, Gott zu beweisen oder zu widerlegen, das betonen alle drei Forscher immer wieder. Und der Begriff „Gottes-Gen" ist für Hamer einfach nur eine Kurzformel, die deutlich macht, worum es ihm geht (die allerdings auch leicht misszuverstehen ist). Er ist sich im Klaren darüber, dass das von ihm gefundene Gen nur einen begrenzten Einfluss auf die „Selbsttranszendenz" eines Menschen hat. Es könne zahlreiche weitere Gene geben, auch die Umwelt spiele sicher eine Rolle, räumt der Molekularbiologe ein.

Andrew Newberg sagt, er wolle lediglich jenen neurologischen Prozess erforschen, der es uns erlaube, mit einem tieferen geistigeren Teil in uns selbst Verbindung aufzunehmen. Wenn man spirituelle Erfahrungen auf neurologisches Verhalten zurückführe, bedeute das nicht, dieser Erfahrung die Wirklichkeit abzusprechen. Gott könne seinen Weg nur durch die Nervenbahnen des Gehirns in unseren Kopf finden.

VERFÜGT UNSER GEHIRN also über Strukturen, die dazu da sind, mystische Erfahrungen zu erzeugen? Oder sind diese Erfahrungen nur eine notwendige Folge unserer Art zu denken und zu fühlen – also nicht mehr als ein Nebenprodukt?

Diese Frage können die Forscher wegen der mangelnden Datenlage zurzeit nicht beantworten. Auch steht noch nicht genau fest, welche Areale jeweils an den mystischen Erlebnissen beteiligt sind. Wahrscheinlich handle es sich um ein Netzwerk von Strukturen, die in unterschiedlicher Weise aktiviert werden, vermutet Newberg.

Wie man die neurologischen und genetischen Befunde jedoch grundsätzlich interpretiert, ist eine Sache des Standpunktes. Dean Hamer formuliert es in seinem Buch „Das Gottes-Gen" so:

„Atheisten werden wahrscheinlich argumentieren, dass das Gottes-Gen ein Beweis für die Nicht-Existenz Gottes ist – dass Religion nichts weiter ist als ein genetisches Programm zum Selbstbetrug. Gläubige Menschen hingegen betrachten die Existenz eines Gottes-Gens möglicherweise als einen weiteren Hinweis auf den Einfallsreichtum des Schöpfers, eine clevere Art, uns zu helfen, an ihn zu glauben." □

MEMO | GEHIRN & GLAUBE

⟫⟫⟫ **MEDITATIONEN** und mystische Erfahrungen sind mit speziellen Vorgängen im Gehirn verbunden.

⟫⟫⟫ **EPILEPTISCHE ANFÄLLE** lösen bei einigen Menschen religiöses Erleben aus.

⟫⟫⟫ **OB ES SPEZIELLE** Hirnstrukturen nur für mystische Empfindungen gibt, ist bislang nicht geklärt.

⟫⟫⟫ **AUCH DAS ERBGUT** beeinflusst womöglich die spirituelle Empfänglichkeit.

Literatur: Andrew Newberg et al., „Der gedachte Gott", Piper. Dean Hamer, „Das Gottes-Gen", Kösel. Martin Urban, „Warum der Mensch glaubt", Piper. William James, „Die Vielfalt religiöser Erfahrung", Insel.

Zeigen Sie Ihren Kinderr

Diesen Monat wieder neu: GEOlino – das Magazin für junge Entdecker. Und für alle, die noch mehr erlebe

www.geolino.de

Jetzt im Handel

Das große Extra-Heft von GEOlino.

GEOlino. Wissen macht Spaß

die Gesichter der Welt.

ollen, gibt es außerdem GEOlino extra. In der neuen Ausgabe: Alles rund um das Thema Archäologie.

---Spiritualität und Gesundheit---

Im Namen der heilenden Kraft

Text: Martin Paetsch

Gläubige leben länger als andere, ihr Immunsystem sei besser, ihr Blutdruck niedriger: Immer wieder vermelden Forscher in den USA Spektakuläres von ihren Streifzügen im Grenzgebiet zwischen Religion und Wissenschaft. Doch wie verlässlich sind die Studien der Gottesmediziner?

Chauncey Crandall glaubt an die heilende Kraft des Glaubens. Was nicht überraschen würde, wenn er Priester wäre oder Pilger – und nicht ein hoch trainierter Herzspezialist. Crandall arbeitet an der Palm Beach Cardiovascular Clinic in Florida, wo er regelmäßig mit seinen Patienten betet, ihnen die Hand auf die Stirn legt, mit fester Stimme um göttlichen Beistand bittet.

„Ich bin ein christlicher Mediziner", sagt Crandall. „Das Leiden bekämpfen wir mit konventionellen Methoden, aber auch mit Gebeten."

So wie vor zwei Jahren, als ein Mann in der Notaufnahme lag, niedergestreckt von einem schweren Herzinfarkt. 40 Minuten lang war er ohne Puls, kämpften die Notärzte vergebens um sein Leben. „Sein Gesicht, seine Arme, seine Beine waren schon ganz schwarz. Ich sagte, lasst uns aufhören, da ist kein Leben mehr."

Doch dann kam eine Art Eingebung über Crandall. Er kehrte um, sprach ein Gebet über dem leblosen Körper. Bestand darauf, den Mann ein letztes Mal mit Elektroschocks zu behandeln. „Und plötzlich zeigte der Monitor einen perfekten Herzschlag."

Ein Gebet in Jesu Namen, so Crandall, habe den Patienten von den Toten zurückgeholt.

Wie sein spiritueller Hilferuf in der Herzklinik erhört wurde, davon berichtet Crandall gern, etwa auf christlichen Medizinkongressen. Denn gerade in den USA denken viele seiner Fachkollegen ähnlich: Dort betet nahezu jeder fünfte Arzt mit seinen Patienten. Und jeder zweite ist der Meinung, Gott oder ein anderes höheres Wesen könne den Verlauf einer Krankheit beeinflussen.

IN DEN USA IST DIE RELIGION auf dem Weg, sich einen Platz in der Welt der Arztpraxen und Kliniken zu erobern. Gläubige Doktoren wie Crandall wähnen sich in einer „aufregenden und bahnbrechenden Zeit"; vielerorts entstehen „Healing Rooms", in denen sich Kranke von Betern behandeln lassen.

Für das wachsende Vertrauen in die Gottesmedizin sorgt ausgerechnet die Wissenschaft: Mehr Forscher als jemals zuvor widmen sich dem Grenzgebiet zwischen Religion und Gesundheit. In immer neuen Studien versuchen vor allem Gelehrte in den USA, viele von ihnen bekennende Christen, mögliche Heilkräfte des Glaubens messbar zu machen – sei es die Wirkung der Fürbitten anderer oder der selbstheilende Effekt des eigenen Glaubens.

Mit teilweise erstaunlichen Ergebnissen. Demnach kann Spiritualität nicht nur helfen, Depressionen zu vermeiden: Wer regelmäßig zur Kirche gehe, so die frohe Kunde, habe im Alter oft ein robusteres Immunsystem, einen niedrigeren Blutdruck und weniger Atembeschwerden.

NOCH VOR WENIGEN JAHRZEHNTEN wären solche Untersuchungen kaum denkbar gewesen. Zwar waren Religion und Medizin für die längste Zeit der Menschheitsgeschichte untrennbar miteinander verbunden: Von den Schamanen der Steinzeit bis hin zu den großen Religionsstiftern waren Heilige oft auch Heiler. So soll der Prophet Mohammed ein gebrochenes Bein durch Handauflegen kuriert haben, galt Buddha vielen

Wissenschaftler messen den Blutdruck von Nonnen oder erfassen die Glaubensstärke verschiedener Patientengruppen. Selbst zu der Frage, ob eine Fürbitte – also das Gebet für andere – medizinische Wirkung hat, liegt inzwischen eine beachtliche Menge an Literatur vor.

An deutschen Forschern ist das nicht vorbeigegangen. „Auch bei uns gibt es immer mehr Untersuchungen zur Verbindung von Religion und Gesundheit", sagt der Religionspsychologe Sebastian Murken von der Universität Trier – und fügt hinzu: „Doch in Deutschland ist die wissenschaftliche Skepsis deutlich größer als in den USA." (Siehe auch das Interview auf Seite 56.)

Sind religiöse Menschen wirklich glücklicher und gesünder als ihre zweiflerischen Zeitgenossen? Vermag Frömmigkeit tatsächlich Krankheiten vorzubeugen? Wer sich die Studien unvoreingenommen anschaut, ist schnell ernüchtert.

In den USA, diesem Amalgam aus christlicher Gläubigkeit und hoch entwickelter Moderne, hat sich die neue Disziplin rasant entwickelt. 1992 boten nur zwei Prozent aller medizinischen Hochschulen Kurse zur Spiritualität an – 2004 waren es bereits 67 Prozent.

Jeder zweite amerikanische Arzt ist überzeugt, höhere Wesen könnten den Verlauf einer Krankheit beeinflussen

Gläubigen als „höchster Arzt" und „Lehrer der Medizin" – und der chinesische Denker Laozi als Spender des „Elixiers der Unsterblichkeit".

Doch mit der Aufklärung im 18. Jahrhundert löste sich die Medizin von der Religion. Danach vertrauten die meisten Ärzte allein auf das Erfahrungswissen, und die Hoffnung auf himmlische Heilung fand höchstens in der Krankenhauskapelle Platz.

Und nun also Versuche, die beiden Welten wieder zusammenzubringen.

Und an jeder zweiten Ausbildungsstätte gehört dort mindestens eine derartige Lehrveranstaltung zum Pflichtprogramm angehender Mediziner.

Die Studenten lernen dabei, wie sie zusätzlich zur Krankengeschichte eines Patienten auch dessen „Glaubensgeschichte" aufnehmen.

Ein Fragenkatalog (etwa: „Was ist der spirituelle/religiöse Hintergrund des Patienten?", „Sollen spirituelle/religiöse Fragen in der Behandlung berücksichtigt werden?") soll dem Arzt helfen,

GEOkompakt **71**

den Glauben des Kranken zu erfassen und gegebenenfalls in die Behandlung einzubeziehen.

Mehrere US-Universitäten haben Zentren eingerichtet, die sich einzig dem Grenzgebiet zwischen Religion und Medizin widmen. Viele der Forschungsprojekte werden von der John Templeton Foundation mitfinanziert – einer Stiftung, deren Gründer, der gläubige Geschäftsmann Sir John Templeton, in der Wissenschaft eine „Goldmine zur Wiederbelebung der Religion im 21. Jahrhundert" sah.

Entsprechend gehen die Fördergelder von jährlich weltweit etwa 60 Millionen Dollar vor allem an solche Projekte, die sich mit vordefinierten Wunschthemen befassen – etwa „Gebet und Meditation", „Spirituelle Transformation" oder „Neue Gotteskonzepte".

Überwiegend von der Stiftung bezahlt wurde auch eine 2,4 Millionen Dollar teure Großstudie zur möglichen therapeutischen Wirkung von Fürbitten: Ein Forscherteam unter Beteiligung der angesehenen Harvard Medical School untersuchte, welche Auswirkungen das Ferngebet auf Herzkranke haben könnte.

Für insgesamt 1205 Patienten, die sich an US-Krankenhäusern einer Bypass-Operation am Herzen unterziehen mussten, arrangierten die Wissenschaftler spirituellen Beistand. Während eine Hälfte der Untersuchungsgruppe über die Fürbitten anderer für sie informiert wurde, wusste die andere Hälfte lediglich, dass für sie möglicherweise gebetet werde – oder auch nicht.

Fast drei Jahre lang erstellten die Harvard-Forscher an jedem Werktag eine Liste von Patienten, bei denen ein Eingriff kurz bevor stand. Die jeweiligen Vornamen und Anfangsbuchstaben der Familiennamen faxten die Forscher an drei christliche Glaubensgemeinschaften. Jeden der Patienten nahmen die dortigen Bet-Gruppen für 14 Tage in die Fürbitte auf und hielten sich dabei an eine vorgegebene Formulierung.

Die Ergebnisse der aufwendigen Prozedur waren ernüchternd: Das Ferngebet verbesserte die Heilungschancen der Herzpatienten keineswegs. Stattdessen hatten jene, die davon wussten, nach der Operation sogar eher mit Komplikationen zu kämpfen. Möglicherweise setzte sie die spirituelle Unterstützung unter Erfolgsdruck – oder ließ sie gar fürchten, es müsse besonders schlecht um sie stehen.

Dieser Forschungsflop entmutigte die Autoren aber keineswegs. „Untersuchungsfremde Gebete" der Angehörigen könnten ja den Effekt der Fürbitte überlagert haben.

Von jenen Studien, die tatsächliche Heilwirkungen nachzuweisen scheinen, sind zudem viele mit Mängeln behaftet. Der Verhaltensmediziner Richard Sloan von der Columbia University hat solche Veröffentlichungen kritisch geprüft. Sein Urteil: Zahlreiche Untersuchungen wiesen auf „deutliche methodologische Fehler" hin oder hätten zumindest keine eindeutigen Resultate erbracht.

IMMERHIN: ES GIBT EINIGE ZUSAMMENHÄNGE, die selbst die schärfsten Kritiker nicht bestreiten. So stellten mehrere US-Studien fest, dass regelmäßige Kirchgänger statistisch gesehen länger leben – laut einer Veröffentlichung im Schnitt um sieben Jahre.

Zu ähnlichen, wenn auch weniger spektakulären Ergebnissen kam eine dänische Untersuchung, die in einem deutlich weniger religiösen Umfeld, einem Vorort von Kopenhagen, vorgenommen wurde. Keine höhere Lebenserwartung hatten jedoch Studienteilnehmer, die Gottesdienste nur per Radio oder Fernsehen verfolgten.

Auch viele andere positive Effekte, die Verfechter der neuen Forschungsrichtung ins Feld führen, beruhen auf solchen Statistiken: Zwar lassen sich je nach Studie verbesserte Abwehrkräfte des Körpers, ein niedriger Blutdruck oder ein langsameres Nachlassen der Lungenfunktion mit häufigem Gottesdienstbesuch verknüpfen – doch bei genauerem Hinsehen ist keineswegs klar, inwieweit diese Befunde auf den Glauben selbst zurückzuführen sind.

Denn bislang lässt sich nur darüber spekulieren, wie die statistischen Zusammenhänge zustande kommen.

Möglicherweise, so vermuten manche Wissenschaftler, fördern die zahlreichen sozialen Kontakte der Kirchgänger deren Gesundheit. Auch könnte eine höhere Hilfsbereitschaft, wie sie sich bei vielen Gemeindemitgliedern findet, ihrem Leben mehr Sinn verleihen und somit Depressionen vorbeugen.

Zudem scheinen aktive Kirchenmitglieder zumindest in den USA ein risikoärmeres Leben zu führen: Mehreren Studien zufolge sind ihre Ehen stabiler, streiten sie sich seltener, rauchen weniger und meiden häufiger Alkohol oder gar andere Drogen. Das Resultat ist oft ein gesünderer Lebensstil.

Der aber steht auch Atheisten offen. Und Eigenschaften wie Kontaktfreude oder Hilfsbereitschaft finden sich nicht allein bei Glaubensgenossen – davon könnten genauso gut Mitglieder von

Gesangsgruppen oder Sportvereinen profitieren.

Um die Mängel der Untersuchungen zu illustrieren, führt der Verhaltensmediziner Sloan gern ein Beispiel an: „Niemand wird bestreiten, dass Personen, die Streichhölzer in der Hosentasche tragen, häufiger an Lungenkrebs erkranken. Aber wer glaubt schon, dass die Streichhölzer daran schuld sind?"

SELBST OPTIMISTISCHE WISSENSCHAFTLER wie Harold G. Koenig – einer der Leiter des „Center for Spirituality, Theology and Health" an der Duke University und ein Vorreiter der neuen Zunft – räumen ein, die Beweislage für einen Einfluss von Religiosität auf die *körperliche* Gesundheit sei „nicht schlüssig". Allerdings weist er darauf hin, dass es zunehmend Beweise für den Zusammenhang von *mentaler* Gesundheit und Religion gebe.

Noch vorsichtiger fällt das Urteil deutscher Fachleute aus: Demnach gibt es bislang keine Anhaltspunkte dafür, dass der Glaube das körperliche Wohl begünstigt.

„Die Religiosität hat keine nachweisbaren Auswirkungen auf die physische Gesundheit", so der Arzt Arndt Büssing von der Universität Witten/Herdecke. „Allerdings gehen religiöse Menschen mit ihrer Krankheit anders um."

Für sinnlos hält Büssing solche Forschungen deshalb nicht. Denn das sprunghaft gestiegene Interesse zeige, dass wichtige Bedürfnisse der Patienten in der Medizin bislang zu wenig Beachtung fänden – nicht nur in den USA.

Zwar sind die Menschen in Deutschland weniger religiös; viele Gläubige haben sich zudem von den großen Kirchen abgewandt und suchen ihr Heil in der Esoterik. Aber „ein großer Teil der Patienten hat spirituelle Bedürfnisse", so Büssing.

MEMO | GESUNDHEIT

⟫ IN DEN USA gehört an jeder zweiten medizinischen Hochschule ein Kurs zur Spiritualität zum Pflichtprogramm.

⟫ MANCHE ÄRZTE nehmen neben der Krankengeschichte auch die Glaubensgeschichte von Patienten auf.

⟫ REGELMÄSSIGE Kirchgänger leben länger als andere Menschen – womöglich wegen häufigerer sozialer Kontakte.

Immerhin 42 Prozent der von ihm befragten chronisch Erkrankten erhofften sich vom Glauben eine Wiederherstellung ihrer geistigen und körperlichen Gesundheit. „Dennoch kommt der Seelsorger meist erst dann, wenn der Arzt nichts mehr ausrichten kann."

Dass körperliche Genesung allein nicht alles ist – das hat Arndt Büssing bei der jahrelangen Betreuung von Krebskranken gelernt. Eine Patientin mit nicht mehr behandelbarem Lungentumor erzählte ihm, dass sie sich einer Gebets- und Meditationsgruppe angeschlossen habe. „Obwohl der Krebs trotz aller Therapiebemühungen weiter fortschritt, fühlte sie sich dennoch erlöst", berichtet Büssing. „Auch das kann eine Form von Heilung sein, die aber nicht der Erwartungshaltung der konventionellen Medizin entspricht."

Der Glaube kann Patienten beim Umgang mit ihrem Leiden unterstützen, kann Sinn und Halt bieten. Das hat auch der Religionspsychologe Sebastian Murken beobachtet, als er untersuchte, wie Frauen auf die Diagnose Brustkrebs reagierten. „Einigen half die religiöse Verarbeitung der Krankheit, Kraft und Trost zu finden."

DIE WIRKUNG des Glaubens ist aber nicht immer positiv. Einige der von Murken befragten Patientinnen empfanden die Krebserkrankung als Strafe Gottes für vermeintliche Sünden, haderten mit sich und der höheren Macht. „Insbesondere bei Gläubigen mit wörtlicher Bibelinterpretation und einem strafenden Gottes-

bild", so Sebastian Murken, „kann man klare negative Effekte beobachten."

Welche Folgen religiöse Zweifel haben können, zeigen einige der wenigen Studien in den USA zu diesem Thema: Patienten, die Zorn auf Gott verspürten, erholten sich schlechter von ihrem Krankenhausaufenthalt. Und in einer anderen Untersuchung hatten Entlassene, die sich Gott entfremdet oder von ihm ungeliebt fühlten und ihr Leiden dem Teufel zuschrieben, ein um bis zu

---

> **Vielen Patienten bietet der Glaube Sinn und Halt. Aber nicht allen: Manche fassen ihre Krankheit als Strafe Gottes auf**

---

28 Prozent höheres Risiko, innerhalb der nächsten zwei Jahre zu sterben.

Tragische Konsequenzen kann der Glaube vor allem dann haben, wenn aus religiösen Gründen eine medizinische Behandlung abgelehnt wird. In den USA sorgte kürzlich der Fall eines Mädchens aus Wisconsin für Aufsehen: Die Elfjährige starb an den Folgen einer Diabetes-Erkrankung. Ärzten zufolge hätte sie gerettet werden können.

Obwohl sich der Zustand ihrer Tochter über Tage hinweg verschlechterte, sie schließlich gar ins Koma fiel, zogen die Eltern keinen Mediziner zurate: Stattdessen beteten sie über dem Kind, flehten Glaubensgenossen per E-Mail um Fürbitten an – und hofften doch vergebens auf Gottes Heilung. Am Ostersonntag 2008 hörte das Mädchen auf zu atmen.

Selbst als man den Eltern mitteilte, die tote Tochter müsse am nächsten Tag zur Autopsie ins Leichenschauhaus gebracht werden, ließen sie sich in ihrem Wunderglauben nicht erschüttern.

„Das brauchen Sie nicht zu tun", gaben sie dem medizinischen Bericht zufolge zur Antwort. „Denn bald wird sie wieder am Leben sein." □

Martin Paetsch, 37, ist Wissenschaftsjournalist in Hamburg.

3,2 Millionen Menschen, vier Prozent aller Einwohner Deutschlands, sind Muslime. Jeweils etwa 30 Prozent sind katholisch, evangelisch oder konfessionslos

Vielfalt: Lo-Lowengo Botembe, Gründer der Afrikanisch-Ökumenischen Kirche in Berlin

Die vielen Gebete der Deutschen

Wie steht es um den Glauben in Deutschland? Nimmt in der »Alles ist möglich«-Gesellschaft die Religiosität ab, zersplittern die Gemeinschaften in immer kleinere Kulte? Rundreise durch ein Land auf der Suche

Etwa 200 000 Juden leben in Deutschland – die Einwanderer aus dem Osten haben die Orthodoxie gestärkt

Wie stark kann der Monotheismus in einer pluralistischen Gesellschaft sein? Kindergottesdienst in der Grunewaldkirche, Berlin

Jugend ohne Gott? Nicht beim »Freakstock«, dem Musikfestival der »Jesus-Freaks« bei Gotha, Thüringen: Dort lassen sich sogar Ex-Satanisten »taufen«. Denn ein Leben mit dem Erlöser ist das »coolste, heftigste, intensivste und spannendste überhaupt« – finden die Jesus-Anhänger

Moderne Exerzitien: Zen-Buddhisten beim Meditationstraining

Einmal im Jahr tragen Tamilen den Gott Murugan durch die Straßen Berlins – einen der zahllosen Götter im Glaubenskosmos der Hindus

Pilgerin in Altötting: Es geht nicht immer nur um Selbstoptimierung

Die Götter kommen. Sie tragen Namen wie Oxossi, Oxum, Oxalá. Sie sind noch neu in Deutschland, aber es sind viele. Zur Eröffnung ihres Tempels in einer Hinterhof-Remise in Berlin-Kreuzberg tragen die Frauen weiße Gewänder. Männer in bunten Umhängen schlagen mächtige Trommeln. Tänzer tragen Schalen mit Früchten und Blumen auf den Köpfen in den Kultraum. Vorn waltet der Babalorixá, der Leiter des Tempels, auf filigran geschnitztem Thron, eine Kette aus Tierzähnen um den Hals. Im Korbsessel zu seiner Rechten schwenkt Mãe Beata, die legendäre Priesterin aus São Paulo, mit dem Flugzeug herabgeschwebt für diesen Tag, gütig die blütenförmige Rassel.

Gläubige werfen sich flach auf den Boden, küssen Mães Hände und ihr Gewand, spüren die schwer beringten Hände der Frau auf den Stirnen. Die Tänzer singen, schwenken tanzend die Arme, als ruderten sie ein Kanu. Sie tanzen für Nanã, die Mutter Erde, für Yemanjá, die Göttin der Meere, für Oxum, die Göttin der Flüsse. Schweiß beglänzt Arme und Stirnen. Die Luft wird schwer und dicht.

Da ergreift den Mann mit der gelben Mütze ein heftiges Zittern. Krampfend knickt sein Körper ein; er lacht kreischend, es klingt wie das Krähen eines betrunkenen Hahns. Die Gruppe umringt ihn voll Fürsorge, schirmt ihn mit Händen ab, damit er nicht fällt oder sich stößt, führt ihn in einen Nebenraum, um mit dem Geist zu ringen, der den Gläubigen ergriffen hat. Sie hüllen den Mann in einen orangefarbenen Umhang, führen ihn noch einmal durch den Tanzkreis, und die Menge klatscht Beifall. „Wenn der Geist kommt", sagt der Babalorixá, „sind wir bereit, dafür zu danken."

Der Geist kommt noch oft an diesem Nachmittag. Er fährt in Männer und Frauen, zwingt manche so kraftvoll nieder, dass man sie hinaustragen muss. Mãe Beata schaut gelassen aus ihrem Korbsessel zu, klappert nur manchmal wie zerstreut mit der Rassel.

„Wir bekommen zurück", sagt der Babalorixá, „was wir verloren haben."

Die Orixá, Gottheiten westafrikanischen Ursprungs, regieren den Kosmos der afrobrasilianischen Religion Candomblé. Auch anderswo in Berlin wächst von Jahr zu Jahr die Zahl höherer Wesen, die ihrer Huldigung harren: Sucher unterschiedlichster Kulte und Religionen rufen Elfen an, Naturgeister oder altgermanische Asen, können demnächst sogar in einem neuen Hindu-Tempel den elefantenköpfigen Ganesha anbeten.

Und sie müssen sich nicht einmal entscheiden.

„Ich bin evangelischer Christ und Kirchenmitglied", sagt Martin Titzck, Psychotherapeut und Geschäftsführer der Candomblé-Gemeinde. „Aber mit meinem Orixá kann ich wunderbar leben."

Im westafrikanischen Benin hat er bei einem Ritual seinen persönlichen Orixá namens Xango kennengelernt, den Herrn des Feuers. Gemeinsam mit einem brasilianischen Priester fand er dann in Berlin das Gebäude für den Tempel – auch wenn dort, aus Rücksicht auf die Nachbarn, Türen und Fenster während der Rituale versperrt bleiben müssen.

Doch der Geist dringt hindurch. Und erschüttert die Menschen.

„Welcher Pastor", fragt Martin Titzck, „ist schon in der Lage, Menschen so wie hier zutiefst zu berühren?"

MAN KÖNNTE AUCH FRAGEN: Warum wünschen sich Menschen, dass Geister sie ergreifen? Leben wir schon in der Ära des „subjektiven Polytheismus", wie der Soziologe Ulrich Beck konstatiert?

Bekommt im Zeitalter der Individualisierung jeder Mensch einen Privatgott, nur für sich allein? Bringt das „religiöse Melange-Prinzip", wie Beck es nennt, womöglich den Monotheismus ins Wanken: den Glauben an den *einen* Gott, der keinen anderen neben sich duldet?

Es gibt auf diese Fragen keine eindeutigen Antworten – keine Antworten zumindest, die auf dem Fundament von Zahlen und Statistiken beruhen.

Einerseits nimmt die Zahl der Anhänger organisierter Großreligionen ständig ab. 1976 waren fast 27 Millionen Menschen in Westdeutschland Mitglieder einer evangelischen Kirche, wurden 217 540 Kinder evangelisch getauft. 30 Jahre später gab es noch 21,8 Millionen Kirchenmitglieder und 168 702 Kindstaufen. Die

»Gott hat Humor, Alter«: Beim Festival der Jesus-Freaks treffen Hippies auf Punks und Hiphopper. Und mittendrin ein Doppelgänger

Ab wann wird die Wahrheit zum standardisierten, leicht konsumierbaren Produkt? Tischgebet bei McDonald's

Zahl der Katholiken sank unterdessen im Westen von 26,9 auf 24,8 Millionen.

Andererseits ist das kein dramatischer Einbruch, eher ein Tröpfeln; mit jedem Jahr fehlen den Kirchen einige Menschen mehr in der Nettobilanz. Die Dreiteilung wird aber wohl noch bis auf Weiteres bestehen bleiben: Jeweils rund 30 Prozent der Menschen in Deutschland sind katholisch, evangelisch, konfessionslos.

Neue Religionen und esoterische Bewegungen (0,8 Prozent), Buddhismus (0,3 Prozent), kleinchristliche Gemeinschaften (1,42 Prozent) – alles Randgruppen; auch Judentum (0,22 Prozent) und der Islam (4 Prozent) spielen rein zahlenmäßig keine große Rolle.

Und dennoch: Wenn jeder dritte Konfessionslose sich als religiös einstuft, wenn fast jeder vierte Deutsche sagt, man solle sich aus verschiedenen religiösen Lehren seinen eigenen Glauben zusammenstellen, dann mag das den großen

terscheidung zwischen Wahr und Falsch, Wissen und Unwissenheit, Glaube und Unglaube. Der Einzug der Ethik in die Religion – aber auch die Intoleranz gegenüber Andersdenkenden. Der Gewinn menschlicher Autonomie – aber auch der Verlust der Einheit mit dem Kosmos.

Und so hat der Siegeszug des Monotheismus vielleicht eine Leerstelle hinterlassen, eine Art Heimweh nach der einstigen Vielfalt der Gottheiten und der Einbindung des Menschen in ein Universum, dessen Teil er einst war wie ein Blatt oder eine Ameise. Auch wenn, wie Assmann behauptet, uns der Weg zurück in den Mutterleib der Natur nicht mehr offensteht: „Mit dem Auszug aus Ägypten wurde gewissermaßen eine Nabelschnur durchschnitten, und die lässt sich nicht wieder verknüpfen."

Aber man kann es versuchen.

In den Allgäuer Alpen, an der Bergstation der Hochgratbahn, in 1708 Meter

mann in das weiße Gewand, bevor er den schwarzen Talar überstreift. Die Frommen sitzen auf Bierbänken im Halbkreis um den Altar.

„Wir wollen den Wind spüren und die Temperatur", sagt der Protestant. „Wir wollen ein indianisches Gebet beten: Wenn wir die Erde mit Liebe umgeben, wird sie auch für uns sorgen." Er greift zur Gitarre: „Ich lobe meinen Gott", singt er, „der aus der Tiefe mich holt."

Er erzählt vom ersten Licht auf den Gipfeln und dem Schnee, der noch in den Rinnen liegt. „Die Berge können mich befreien von meinen übermäßigen Ansprüchen", predigt er. „Die Berge können Meister sein, von denen ich lerne, meinen Schritt zu gehen." Der Katholik steht neben ihm mit gefalteten Händen.

„Ich darf davon ausgehen, dass ich geliebt werde", sagt der Protestant. „Geliebt von den Strahlen der Sonne, vom Wind, den ich spüre. Gott, in dem al-

Am Chanukka-Fest entzünden Juden den neunarmigen Leuchter

Tradition im Hinterhof: Zum jüdischen Laubhüttenfest errichten die Gläubigen schlichte Behausungen – wie einst beim Auszug aus Ägypten

Glaube als Performance. Ein Hindu hat sich die Wangen durchstochen

Kirchen zu denken geben. Sie müssen also da sein, die Suchenden; auch innerhalb der Kirchen. Martin Titzck, der Candomblé-Geschäftsführer, ist einer von ihnen. Stoßen Menschen wie er den großen, den einen Gott von seinem Thron?

Es hat lange genug gedauert, bis er ihn besteigen konnte. Der Ägyptologe Jan Assmann hat jene Revolution des Denkens beschrieben, die vor rund 3000 Jahren mit der Ablösung der vielen Götter durch einen alleinigen, absoluten Gott allmählich in die Welt kam: die Un-

Höhe, steht an diesem Abend ein Altar. Es ist nur ein Campingtisch mit Tischdecke, darauf Kerzen, Wiesenblumen, ein Kruzifix. Der Himmel leuchtet in glasigem Blau. Im Südosten ragt der Allgäuer Hauptkamm im Dunst. Und im Westen, im Zielkreis der sinkenden Sonne, glänzt der Bodensee in lauterem Gold.

Seit 2007 feiern die Oberstaufener Kirchen hier ihre Sonnenuntergangsmessen. In dieser reinen Luft zählen Unterschiede nicht mehr. Klaus Pfaller, der evangelische Pfarrer, hilft dem katholischen Pastoralreferenten Josef Hof-

len bist du." Und mit einem Mal ist sie wieder da, diese kosmische All-Einheit, die der Monotheismus eigentlich abgeschafft hat mit seiner „Unterscheidung von Gott und Welt", wie der Ägyptologe Assmann es nennt. Die Welt ist plötzlich wieder beseelt. Und die Religion wieder ein kleines bisschen das, was sie zu ihren Anfängen war: ein Kult der Natur.

Kuhglocken läuten von den Hängen hinauf, die Kammberge im Südosten erröten. „Deine Liebe wärmt uns, so wie die Strahlen der Sonne uns jetzt Wärme schenken", betet der Katholik.

GEOkompakt 77

Dann treten die Trettachspitze, die Mädelegabel und die Hochfrottspitze, eben noch im rosa Dunst verborgen, in die blaue Unendlichkeit, in der jetzt ein kühler Mond hängt. Hinter dem Bodensee versinkt die Sonne in einem Meer aus Violett, durchglüht burgunderrote Schleier, hinterlässt einen lachsfarbenen Schlitz in der aufsteigenden Dunkelheit.

Und für einen Moment ist es, als blitze hier, auf den Allgäuer Höhen, jenes „uralte afrikanische Wissen" auf, das der Berliner Candomblé-Adept Titzck beim Auftritt der Geister verspürt – „dass alles miteinander eins ist".

Es ist ein „Zurück zur Natur", das sich hauchzart an jenen Urglauben anlehnt, der dem Mond galt oder der Sonne, dem Donner, dem Meer oder der Mutter Erde.

Ist Gott heute wieder, wie einst in den Zeiten der Asen und Hünengräber, leichter im Wald und auf der Heide zu finden als in den Katakomben der Gotteshäuser? Muss die Religion heute verstärkt das Bedürfnis befriedigen, „dann mal weg" zu sein, wie Hape Kerkelings Pilger-Bestseller verheißt?

„**Du führst mich hinaus** ins Weite" heißt das Motto der 156. Fußwallfahrt von Osnabrück nach Telgte zur Schmerzhaften Muttergottes – auch wenn die Weite nur 43,1 Kilometer beträgt. Telgte ist nicht Altötting, Lourdes, Santiago de Compostela. Der Aufbruch ins Weite währt nur ein Wochenende: am Samstag hin, am Sonntag zurück.

Es sind keine Eiferer, sondern Freizeitmenschen in T-Shirts; und so ist ihr Marsch mehr Familienausflug als spiritueller Trip. Zum Start um drei Uhr früh am Samstagmorgen in Osnabrück versammeln sich rund 850 Teilnehmer – am Ziel werden es 9500 sein. Dazu 150 Helfer und 23 Traktoren mit Wagen, die Koffer und Rucksäcke transportieren.

Das Tempo ist zügig. Auf der B 51 versuchen ein paar Hochleistungspilger, sich vom Feld abzusetzen, um beim Einzug in Telgte an der Spitze zu sein. „Gebet 29", kommandiert ein Mittzwanziger mit braunen Triathlon-Waden, und die Marschierer schicken ihr Gotteslob in die Rapsfelder: „Ehre sei dem Vater, dem Sohn und dem Heiligen Geist."

In der Fußgängerzone von Telgte stehen die Zuschauer am Straßenrand wie bei der Tour de France. In der St.-Clemens-Kirche drängt die Pilgerschlange vor die hölzerne Muttergottes am Ende des Mittelschiffs. Jeder hat zwei Sekunden, um den Fuß der Jungfrau zu berühren und sich kurz zu bekreuzigen – dann steht er wieder auf dem Kirchplatz.

„Maria, breit den Mantel aus", singen die Gläubigen. Und dann kommt er mit Wucht, der Regenguss – nach 43,1 Kilometer Nähe und Nachbarschaft endlich der Einbruch der Weite, der Naturgewalt und des Elementaren.

„**Jede Blume, jedes Tier**, jedes Wesen", sagt vier Tage später ein weißhaariger Mann namens Willigis Jäger, „ist Manifestation dieses göttlichen Hintergrunds."

Es ist „Feier des Lebens" in der evangelischen Kirche St. Johannes in München. Und Willigis Jäger, Zen-Meister und Benediktinermönch, ist ein Star der Esoterik-Szene und bestaunter Gast in evangelischen Kirchen und katholischen Bildungswerken – obwohl die römische Kirche den weitherzigen Glaubens-Sampler 2002 mit Schweigegebot belegt hat.

Natürlich hat sich Jäger, der Rebell, nicht an das Gebot gehalten. Und fast ist der gedrungene Bau am Preysingplatz zu eng für die Fülle, die er in seinen rund 30 Büchern, CDs und DVDs verspricht. Rund 400 Menschen haben sich in die Kirche gedrängt, haben oft nur noch Stehplätze gefunden oder ein Fleckchen auf den Stufen zum Altarraum.

Willigis Jäger betritt die Bühne, der Vereiner der Gegensätze. Sagt mit sanft gurgelnden Konsonanten Dinge wie: „Gott will in mir Mensch sein." „Wir sind Blüten an dem Baum, den wir Gott nennen können." „Wir sind ein Tanzschritt dieses Tänzers Gott, einmalig und unverwechselbar." Und zitiert Meister Eckehart, den großen christlichen Theologen des Spätmittelalters: „Wenn ich nicht wäre, wäre Gott nicht."

Er hält die Versammelten an, auf ihre Körper zu lauschen. Er lässt sie Füße, Becken und Augen spüren, lässt sie horchen „in die unendliche Stille, die unendliche Präsenz". Die Gemeinde räumt Stühle beiseite, dreht sich, singend und

Love & Peace & Jesus Christ. Das evangelikale Woodstock bei Gotha kommt ohne starre Rituale aus. Was zählt, ist die Gemeinschaft

»Höre, Israel, der Ewige, unser Gott, der Ewige ist einzig«: Religionsunterricht an der Jüdischen Oberschule Berlin

schreitend, mit erhobenen Armen. Am Ende gibt die Pastorin Sandra Bach jedem ein paar Dinkelsamen mit auf den Weg („Lassen Sie's sprießen, wachsen und gedeihen!") und schickt die Gemeinde hinaus in den nächtlichen Kosmos – „der Mond über uns, die Erde unter uns".

Zu den spirituellen Nächten in ihrer Kirche pilgern Menschen aus dem gesamten Stadtgebiet – selbst Katholiken.

„Viele dieser Leute waren früher bei buddhistischen Lehrern", sagt Sandra Bach, „aber haben erkannt, dass ihre Wurzeln im christlichen Kontext sind. Die kommen nicht nur zur Meditation, sondern auch bewusst zu den Gottesdiensten."

So zieht sich nicht nur ein Benediktinermönch wie Willigis Jäger auf der Suche nach tieferer Erleuchtung für sechs Jahre in ein japanisches Zen-Kloster zurück. Und üben Protestanten die Atemtechnik der Vipassana-Schule, vertreiben die Stimmen aus ihren Köpfen und martern die Kniescheiben im Lotossitz – um endlich die Lösung aller Probleme zu spüren: „Alles ist schon da. In dir selbst. Du bist Buddha."

Nicht viel anders hat es Jägers Gewährsmann Meister Eckehart formuliert: „Dass ich und Gott eins sind."

In einer Zeit der verschwimmenden Glaubensvorstellungen ist es offenbar

nen Hof zur Bet-, Lehr- und Versenkungsanlage restauriert – mit Gästehaus, Gemüsegarten, Schaf- und Hühnerställen, mit Goldfischen im Hof und rituellen Waschvorschriften auf den Toiletten. Im Lehrzimmer des Konvents sitzt auf einem Sofa Scheich Abdullah Halis Dornbrach und spricht von *akhlaq*, der Moral, und von *yaqin*, der Gewissheit.

Über ihm hängen Kopien der Lehrbefugnisse von fünf Sufi-Schulen, die er während seiner Wanderjahre erworben hat. Mit seinem Bart, seiner roten Samtkappe auf dem Kopf und dem löchrigen T-Shirt über dem mächtigen Bauch erinnert er an einen viel gereisten Seebären, der von seinen Fahrten erzählt.

Seine Zuhörer sitzen neben ihm auf dem Sofa, kauern vor ihm auf den Boden, lauschen in Sesseln oder an die Wand gelehnt. „Kommt *rahma*, die Gnade, von *rahm*, Gebärmutter?", fragt eine Frau. „Ist man in ihr geborgen wie das Kind

Zum Fest des Sri-Kamadchi-Ampal-Tempels in Hamm reisen jedes Jahr bis zu 20 000 Hindus an. Gut 0,12 Prozent der Bewohner Deutschlands folgen dieser Religion

Ferien mit Gott: Das »Jesus Camp« in Niedersachsen bietet IHN als größte Attraktion

Das Schlagwort von der „Patchwork-Religion", die sich ein jeder nach seinem Gusto zusammenbastelt, nimmt sie ernst, ohne sich davon schrecken zu lassen: „Schon immer hat sich jede Religion bei anderen bedient." Während ihres Studiums in Indien habe sie ohnehin die Erfahrung gemacht: „Man kann Christ sein und trotzdem von anderen lernen."

die Mystik, die Lehre vom inneren Gott, die sich als gemeinsamer Nenner der Religionen erweist.

UND SO VERSAMMELN SICH im Lausitzer Dörfchen Trebbus Sucher aus der ganzen Republik, um sich in den Praktiken des Sufismus, der mystischen Schule des Islam, zu üben. Sie haben einen verfalle-

im Mutterleib? Ist Gott männlich und weiblich zugleich? Kann man Allah mit ‚göttliche Einheit' übersetzen?"

„Nein", sagt Scheich Abdullah. „Allah ist das Sein schlechthin."

Mit 19 ist Dornbrach, der Berliner, nach Experimenten mit Buddhismus und Hinduismus zum muslimischen Glauben konvertiert. Seine Liebe zum Orient führte ihn quer durch den Nahen Osten.

Er lernte Türkisch („Es war wie Erinnern"), Arabisch und die alte osmanische Sprache. Er lernte die sufische Lehre und absolvierte das vorgeschriebene Noviziat

GEOkompakt 79

von 1001 Tagen im syrischen Aleppo. Jetzt ist er 63, doch seine Wurzeln hat er nicht vergessen: „Wir waren Protestant", sagt er, „bis wir protestierten."

Wir?

„Wir" sagen die Sufis, wenn sie über sich selbst sprechen. „Wir sind ich, aber nicht nur ich", erläutert der Scheich. „Wir sind Zwitterwesen aus Körper und Geist. Das Ich ist die Abgrenzung, das Wir aber löst sich im Willen Gottes auf. Erst im Gegenüber des göttlichen Willens bekommt der Mensch Individualität. Wir sind ein Teil des Ganzen."

Abdullahs Schülerin Sabriya hat es, bevor sie die Sufis fand, schon mit Quäkern und indianischen Heilungshütten versucht, war in Depressionen und Schmerzen gefallen: „Wir waren krank, und hier gab's gute Medizin", sagt sie.

Heute gibt sie an Berliner Grundschulen islamischen Religionsunterricht und wird nicht müde, den kleinen Muslimen

Der *dschihad* der Sufis findet im Inneren statt. Das Eifern der Orthodoxen, der Hass und die Intoleranz tun ihnen weh. Nach den Anschlägen vom 11. September 2001 flehten Scheich Abdullah und seine Getreuen in einem offenen Brief an die muslimischen Geschwister um ein Ende der Gewalt; sie erhielten keine Antwort.

Das Abendgebet auf den Flokati-Teppichen der Moschee, im Angesicht der Gebetsnische und der 99 Namen Gottes, beginnt als Brise und endet als Sturm. „La ilaha illallah", beten sie wieder und wieder, „es gibt keinen Gott außer Gott", finden allmählich in einen immer drängenderen Rhythmus.

„La ilaha illallah ! La ilaha illallah!"

Die Oberkörper drehen sich im Takt nach rechts und nach links. Nach und nach wird das Gebet zum Raunen – „ya-hu-ya-ha-ya-alla-hai! Ya-hu-ya-ha-ya-alla-hai!" –, die Körper schnellen rhythmisch vor und zurück, und schließlich bleibt

Dann beginnt ein Inferno. Der Gitarrist spielt keine Akkorde, sondern Wände aus Lärm. Der Bassist spielt keine Läufe, sondern ratternde Güterzüge. Der Drummer spielt keine Rhythmen, sondern Maschinengewehr.

Und sie singen auch nicht, sondern schreien, grunzen, röcheln ins Mikrofon: „Glory is near / the Christ is here." In atemlosem Tempo stolpern die Songs übereinander. Kaum einer dauert länger als eine Minute.

Das ist etwas ungewohnt für Menschen, die unter christlicher Popmusik Gospel-Rock oder den Jammer-Soul eines Xavier Naidoo verstehen. Auf dem „Freakstock" aber, dem jährlichen Festival der „Jesus-Freaks" auf dem Boxberg nahe dem thüringischen Gotha, wird Hardcore-Punkrock mit Jesus-Texten nicht weiter bestaunt. Hier erträgt man hoch spezialisierte Extrem-Musik, ohne mit der Wimper zu zucken.

Open-Air-Gottesdienste gehören auf Sylt im Sommer zum Angebot der evangelischen Kirche – wie auch Taufen mit Meerwasser

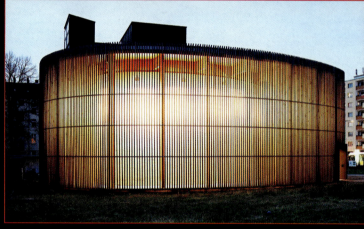

Rund wie eine steinzeitliche Kultanlage ist die Kapelle der Versöhnung in Berlin und errichtet aus gestampftem Lehm

einzuschärfen: „Allah ist barmherzig, barmherzig und noch mal barmherzig."

Es ist ein Tasten, ein Horchen, eine nimmermüde Achtsamkeit, mit der sich die Sufis durch die Welt bewegen, in der sich ihr Gott manifestiert. Sie betreten jeden Raum mit einer Verbeugung, weil Engel darin sein könnten. Sie verlassen ihn im Rückwärtsgang, um niemandem die Kehrseite zuzuwenden. Wenn sie einen Gegenstand aufnehmen oder weiterreichen, küssen sie rasch ihre Hand oder den Gegenstand selbst, um ihren Respekt vor allem Geschaffenen zu bezeugen.

nur noch der reine Atem, ein Hauchen, Hecheln und Schnaufen: „A-hai-a-hai-a-hai! A-hai-a-hai-a-hai!" Und die Oberkörper wiegen und wippen, schwanken vorwärts und seitwärts und pendeln sich ein zur Choreografie der Ekstase.

Als die drei tätowierten jungen Männer auf die Open-Air-Bühne steigen, scheint kirchliches Brauchtum Lichtjahre entfernt. „Wir sind ‚Preacher' aus Hamburg", hackt einer von ihnen knapp ins Mikro und sagt den ersten Song an: „Your Peace."

Es sind junge, frisch aussehende Menschen; sie tragen Piercings und Sonnenbrillen, auf ihren T-Shirts und Kapuzenjacken steht „Fuck the System" und „Alien Sex Fiend", und über die Nietengürtel lugen String-Tangas und Unterwäsche von Calvin Klein.

Abendsonne sickert durch die Bühnenplane. Vor der Bühne rammen sich Punks zum Lärm von „Preacher" die Schultern in die Seiten.

Nach einer halben Stunde ist der Wahnsinn vorbei, taumeln die Musiker, nass vor Schweiß, von der Bühne. Der

Thüringer Wald wogt am Horizont. Violette Wolken jagen über das Gras. Gewitter haben zwischen „Coffee-Zelt" und Feldkirche einen Schlammsee aufgerissen, in dem die frommen Wilden jetzt tollen, ehe sie ockerfarben auftauchen wie aus einer Taufe in der Kläranlage. Im Eichenhain baumeln wispernde Christen in Hängematten.

Auf der Wiese vor der Hauptbühne, vor einem schräg eingepflanzten Holzkreuz, sitzen Freaks unter Schirmen, flechten einander die Dreadlocks nach, liegen mit lässig erhobenen Händen im Gras und holen sich den Segen im Lounge-Modus ab.

Dann tritt Karsten Schmelzer alias „Storch" auf, der Freak-Veteran aus Remscheid, Bärtchen am Kinn und Tribal-Tattoo auf dem Schienbein, stapft hin und her wie ein Rapper. Zitiert den Heiligen Geist („Hey Kind, ich mag dich voll, aber da sind so 'n paar Dinge, die

Wallfahrt nach Telgte: Religion muss heute das Bedürfnis befriedigen, »dann mal weg« zu sein – aber nur für ein Wochenende

solltest du unter die Füße kriegen") und Römer zehn, Vers 17: „So kommt der Glaube aus der Predigt, das Predigen aber durch das Wort Christi."

Hinterher, im „Coffee-Zelt", zeigt Daniel aus Dresden ein Foto, das er am Morgen mit seinem Mobiltelefon direkt vor der Haustür geschossen hat: ein Hundehaufen in Kreuzform. „Alter, da wusste ich: Gott hat Humor", sächselt er. „Der spricht meine Sprache."

Es ist diese widerspruchsvolle Mischung aus Lockerheit und strenger Observanz, die das Leben der Jesus-Freaks beherrscht. Viele von ihnen sympathisieren mit charismatischen und evangelikalen Theologien, mit deren Erweckungs-Furor, deren Buchstabenglauben, deren pharisäischer Sexualmoral.

Doch zugleich sind Amerikas evangelikale Rechte und ihr Präsident Bush auf „Freakstock" etwa so beliebt wie ein Hagelschauer beim Nachmittags-Chillout.

Und wenn beim „Christival" in Bremen, bei dem auch Jesus-Freaks auftreten, Homosexuelle „geheilt" werden sollen, fühlt sich auch Marcus, der Bassist von „Preacher", leicht unwohl in seiner Haut: „Das ist in der Bibel kein wichtiges Thema", wiegelt er ab.

Lieber möchte er über soziale Fragen sprechen – über den Brief des Jakobus etwa, der die Reichen und Ausbeuter verdammt: „Da sollten sich die Christen lieber Gedanken drüber machen. Und mal die nächsten 100 Jahre die Schwulen in Ruhe lassen."

In ihrem Song „Superior" reden „Preacher" nicht nur den Wahrheits-Monopolisten in Kunst und Politik, sondern auch denen im christlichen Lager ins Gewissen. Oder brüllen, kurz und bündig: „Religious leaders – liars."

Im Stuttgarter „Gospel Forum" dagegen ist die Wahrheit ein Produkt – rund und glatt und geliefert wie bestellt. Das „Forum" gehört der BGG, der „Biblischen Glaubens-Gemeinde", der ersten deutschen „Mega-Church" nach amerikanischem Vorbild. Wie ein Möbelhaus steht der Beton- und Glasklotz im Gewerbegebiet des Stadtteils Feuerbach – ein Ikea der Evangelikalen.

Wahrhaftig: Es ist der Geist von Billy, Klippan und Poäng, der hier Reden und Glauben durchdringt. Die vielen Paare in gepflegter Freizeitkleidung; das viele blonde Holz; das weiche Licht wie im Frühstücksfernsehen. Das Du, mit dem die Prediger keine Gemeinde mehr ansprechen, sondern den einzelnen Kunden. Die Unkompliziertheit, die Familienfreundlichkeit, der Massen-Appeal; die Schlangen vor den Eisständen.

Wie bei Ikea, wo von Kinderparadies bis Köttbullar an alles gedacht wird, ist es die Rundumversorgung, die das Leben in der BGG attraktiv macht. Sie betreibt Grundschulen und Pfadfindergruppen, eine Musik- und Kunstakademie und den „Christlichen Sportverein Stuttgart 1999 e. V."; sie bietet Tanzkurse an und Lunchtreffen für Singles. Und der Büchertisch im Foyer verkauft nicht nur Predigt-CDs und Familienratgeber, die vor vorehelichem Sex und Oralverkehr warnen, sondern auch Werke weltlicher Konservativer wie der ehemaligen Fernsehmoderatorin Eva Herman.

Die „Celebrations", die jedes Wochenende angeblich 4000 Menschen anziehen, verleugnen keinen Augenblick lang, dass sie Verkaufsveranstaltungen sind. Kleine Mädchen begrüßen jeden Besucher mit Handschlag. Klavier-Arpeggien und Gitarren-Streicheleinheiten sorgen für Wellness-Klima, und für Neulinge gibt es am Ausgang ein Erfrischungsgetränk umsonst.

Das Publikum hebt die Hände in die Luft oder klatscht mit im Rhythmus einer Softrock-Band. Sagt „Ja" und „Amen" und „Uuuh", sobald der Prediger es begehrt. „Wem das Herz voll ist, dem geht der Mund über", predigt Peter Wenz, Hauptpastor und Leiter der BGG. „Wer das nicht will, kann in einen anderen Gottesdienst gehen. Aber wir", ruft er mit Verve, „wir wollen's würzig."

Wenz trägt ein kurzärmeliges Hemd und das Strahlen eines Mannes, der sich den Sieg erarbeitet hat. Er springt auf die Bühne, erzählt Heilungsgeschichten von dem Mann, der hinkend in den Gottesdienst kam und ihn fußballspielend verließ. Von der Österreicherin, die nach Handauflegen ihre Depressionen vergaß: „Innerhalb von drei Wochen runderneuert! Das ist SO SCHÖN!"

„Uuuuuuh", jubelt die Gemeinde.

„Können wir nicht zu Gott sagen: Ich will, was du für mich hast?"

„Ich will, was du für mich hast!", ruft die Gemeinde.

„Geht es etwas lauter?", fragt Wenz.

„ICH WILL, WAS DU FÜR MICH HAST!"

Er steht jetzt ganz vorn am Bühnenrand; die Schuhspitzen schweben über dem Abgrund. Er zieht alle Register, fleht, seufzt, triumphiert. Läuft auf und ab mit schnurlosem Mikrofon, ballt die Faust, hackt mit der Hand in die Luft. Hält das Mikro in die Menge: „Wer's glaubt, sagt Amen!"

„Amääään!", ruft das Publikum.

„Kann mal jemand Amen sagen heute Nachmittag?"

„Amääään!", ruft das Publikum.

„Hammermäßig!", frohlockt Wenz. „Komm, wir geben IHM mal 'nen richtigen Applaus!"

Es ist eine Religion von Angebot und Nachfrage, die Wenz beschwört: Sein Jesus erfüllt Kundenwünsche. Stellt eine Unfallversicherung für den Urlaub aus, schenkt dem Beter die Frau seiner Wahl und hilft aus der Schuldenfalle.

„Arthritis und Arthrose, Schmerzen im Herzen und den Koronararterien: Weicht jetzt im Namen Jesu!", befiehlt Wenz. „Wenn dein Partner weggelaufen ist: Da ist Hilfe vom Herrn!" Seine Sprache ist schaumig und seine Lehre satt mit den Psychotechniken des „Positive Thinking".

„Wir können jetzt ganz praktisch unsere Dankbarkeit zum Ausdruck bringen", sagt ein zweiter Prediger.

Und während der Spendeneimer durch die Reihen geht, wendet er sich direkt an den Lieferanten: „Wir danken Dir, dass Du jeden segnest, der bereit ist, in Dein Reich zu investieren", sagt er, „und dass Du alles hundertfältig zurückerstattest."

Doch ist ein Gott, der sich auf Handelsgeschäfte einlässt, noch ein autonomer Gott? „Wo der Monotheismus Gott zum Instrument der eigenen Interessen gemacht hat, unterscheidet er sich von seinem heidnischen Hintergrund nicht wesentlich", mahnt Eckhard Nordhofen, Kulturdezernent des katholischen Bistums Limburg. „Er ist, bei Lichte besehen, ein heidnischer Rest."

Ein Rest jenes Polytheismus, der, so Nordhofen, einst „einem tiefsitzenden Tauschprinzip" entgegenkam: „Jedem menschlichen Interesse entspricht eine himmlische Adresse."

Denn die Geschichte des Ein-Gott-Glaubens ist auch die Geschichte einer Zivilisation, einer Abkehr vom Kosten-Nutzen-Prinzip: „Während sich die heidnischen Götter um die Reinheit der Priester, die Korrektheit der Riten und die Fülle der Opfer kümmern, geht es dem Gott der Bibel allein oder vor allem anderen um Gerechtigkeit", behauptet Jan Assmann. Und folgert: „Der Monotheismus ist im Kern politische Theologie."

Es ist ja nichts anderes als Politik, vom Soziologen Max Weber als „langsames Bohren von harten Brettern" definiert, wenn Margot Käßmann, Landesbischöfin der evangelisch-lutherischen Landeskirche Hannover, an einem grauen Julitag die Gemeinden im Kirchenkreis Hildesheimer Land inspiziert.

Es hat keinen Glamour und keinen Style, keine spirituelle Kraft und keine Erlebnisqualität. Es ist nur notwendig.

„Das ist der 49. Kirchenkreis, den ich besuche", sagt sie. „Ich bin jetzt neun Jahre im Amt. Nach zehn Jahren will ich alle 57 geschafft haben."

Die Bischöfin trägt ein lockeres schwarzes Knitterkleid, um das rechte Handgelenk Perlen, um das linke ein schwarzes Armband aus Plastik, darauf der 85. Psalm: „…dass Gerechtigkeit und Friede sich küssen." Sie verkriecht sich mit Laptop und Telefon auf den Rücksitz des Autos: „Mein Büro", sagt sie. Sie ruft ihre Nachrichten ab: Interviewanfragen zu Sterbehilfe und Ehestandsregelung. Sie verfolgt die Route auf der Landkarte, fragt den Fahrer: „Wo sind wir hier?"

Sie fährt durch Gemeinden, die gebeutelt sind von Abwanderung, Arbeitslosigkeit und Austritten. Die kaum noch Bedarf haben für 1406 evangelische Kirchen und 271 Kapellen.

In Hoheneggelsen hört sie die Klagen überlasteter Pastoren an, singt in der Diakoniestation mit demenzkranken Seniorinnen „Im Frühtau zu Berge". Im Pfarrhaus von Hary sitzen Frauen in hellen Blusen und Männer mit Vollbärten, berichten bei Keksen und Apfelsaft von der Gemeindereform, die der Kostendruck erzwungen hat. „Von Herzen Gottes Segen", wünscht die Bischöfin.

Im Sitzungssaal der Verbandsverwaltung in Hildesheim, beim Treffen mit den Bürgermeistern der Flecken und Samtgemeinden (Thema: „Herausforderungen durch den demografischen Wandel"), zieht sie unter dem Tisch die hohen Schuhe aus. Ihr kurzer Schopf ist strubbelig geworden; es gibt Butter- und Streuselkuchen. Die Bischöfin schließt die Augen, fächelt sich mit Statistiken Luft zu. „Die Förderung für unsere Kinderkrippe läuft aus", klagt der Bürgermeister der Gemeinde Holle. Ob da nicht die Kirche einspringen könne?

„Ich hoffe, dass Ihre Krippe weiterfinanziert wird", sagt die Bischöfin diplomatisch. „Ich weiß nur nicht, ob die Synode mir das bewilligt. Wir müssen 80 Millionen einsparen, haben in der Verwaltung 30 Prozent gekürzt und uns von vielen Häusern getrennt."

Doch der Wille, sagt die Bischöfin, sei da. Und zitiert Jeremia 29,7: „Suchet der Stadt Bestes."

Suchet der Stadt Bestes! Ist dies das Handicap des Monotheismus – dass er sich zuständig fühlt? Dass er, wie der Ägyptologe Assmann schreibt, die Gerechtigkeit „erstmals zur unmittelbaren Sache Gottes" macht? Dass er „der Stadt Bestes" sucht, statt sich um spirituelle Sonderangebote und die Erlebnishaushalte von Sinn-Touristen zu kümmern?

Am Abend erreicht Margot Käßmann Elze. Ehrenamtliche Helfer erzählen vom Projekt „Lisa", das 100-Euro-Gutscheine für Lernmaterial an bedürftige Schulanfänger verteilt, vom Freundeskreis für Suchtkranke, von Selbsthilfegruppen für Körperbehinderte.

Und als die Bischöfin anschließend in der Kirche über die 14 Prozent der Kinder in Deutschland redet, die als arm gelten, und über Glaube, Liebe und Hoffnung, von denen die Liebe das Größte sei, und als ihr die Gemeinde anschließend einen Strauß rührend unbunter Gartenblumen überreicht – da fühlt es sich an, als sei hier in Elze der Glaube aus dem Kosmos zum Boden zurückgekehrt, der nun mal aus Asphalt besteht und Laminat und Spannteppichen mit blassbraunen Teeflecken. Der vielleicht kein Humus für Selbstoptimierung ist, aber für Zweifel und Freude. Für die Dinge, die sonst niemand mehr tut, und Gedanken, für die man sich nichts kaufen kann.

Und für den schlichten Trost, den die Bischöfin am Ende des Vortrags in ihren Segen legt: „Und gebe dir Frieden." □

Jörg-Uwe Albig, 48, ist Reporter und Schriftsteller („Land voller Liebe", Tropen Verlag) in Berlin.

Literatur: Jan Assmann, „Die Mosaische Unterscheidung oder der Preis des Monotheismus", Hanser.

Schön einsam. Vor allem einsame Klasse: Kanada.

- - - Stammeskulte - - -

―― Karneval, Haiti ――

Halb Leibeigener in Ketten, halb gehörntes Fabelwesen: Der Eidechsenmann verkörpert als »Teufel« die dunkle Vergangenheit und die alltäglichen Ängste jener ehemaligen Sklaven, die ihre traditionellen Mythen einst aus Westafrika nach Amerika mitbrachten – den Voodoo

84 GEOkompakt

Reisen in magische Welten

Voller bizarrer Kulte sind »Naturreligionen«, fremd und archaisch wirken sie. An vielen Orten der Welt verehren Menschen bis heute Stammesgottheiten oder versuchen, böse Geister zu vertreiben sowie Kontakt zu ihren Ahnen aufzunehmen

—— Ahnenkult, Papua ——

Alle paar Jahre erhalten die Asmat in Neuguinea Besuch von kürzlich verstorbenen Verwandten, die in der Zeit nach ihrem Tod zunächst noch in einem Zwischenreich existieren. Verkörpert von Maskenträgern, werden sie im Dorf bewirtet und tanzen die ganze Nacht – bis sie zufrieden sind und am Morgen endgültig in die Totenwelt entschwinden

—— Heiliger Tod, Mexiko ——

Mit dem Rauch seiner Zigarre segnet dieser Gläubige eine »Santa Muerte«-Statue – eine Figur aus menschlichen Knochen, umhüllt mit Kleidern. Die Verehrung der (illegitimen) katholischen Heiligen geht vermutlich auf uralte aztekische Rituale zurück. Heute bitten sie vor allem die Armen aus den Elendsvierteln um lebensrettende Wunder. Oder darum, dass einer ihrer Feinde sterben möge

——— Traumzeit, Australien ———

Aborigines fühlen sich als Teil der Natur und des Landes – nach ihrem Glauben *sind* sie das Land. Manche ihrer komplexen Rituale dauern Monate. Dabei geben die Älteren, deren Körper mit Farbe bemalt sind, das Stammeswissen an Jüngere weiter. Ihre Berichte kreisen um die »Traumzeit«, als übermenschliche Vorfahren die Welt durchstreiften und Flüsse und Bäume, Felsen und Tiere schufen

——— Heilige Gabe, Haiti ———

Die bösen und die guten Geister des Voodoo sind allgegenwärtig. Sie können Menschen verhexen und in Zombies verwandeln, können Liebesglück schenken und Geld. Deshalb muss man sie gnädig stimmen. Muss etwa in ein Wasserloch steigen und in Trance Kalebassen schwimmen lassen – gefüllt mit Geschenken für die dunklen Mächte ☐

Die neuen Kalender von GEO.

EINFACH BESTELLEN:

PER TELEFON:*
0180 - 506 20 00

PER FAX:*
0180 - 508 20 00

PER E-MAIL:
SERVICE@GUJ.COM

OHNE RISIKO:
14 Tage Rückgaberecht

* 14 Cent/Min. aus dem deutschen Festnetz, Mobilfunkpreise können abweichen. Mo. bis Fr. 8–20 Uhr, Sa. 9–14 Uhr. Bestellungen zzgl. Versandkosten.

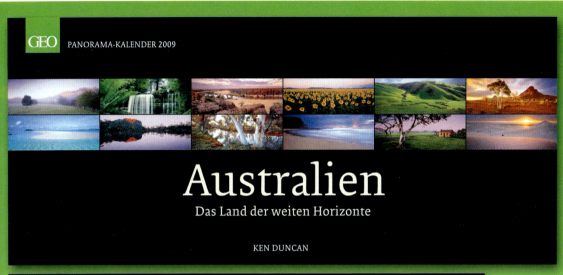

GEO Panorama-Kalender: Australien

Australien, das Land der weiten Horizonte, in zwölf spektakulären Breitwand-Ansichten: Aus 80.000 Panoramen des Fotografen Ken Duncan hat die GEO-Redaktion die ganze Poesie eines grandiosen Kontinents destilliert. Eine Traumreise in zwölf Kapiteln, eine Feier für die Augen des Betrachters.

Format: 137 x 60 cm
Best.-Nr.: G 640200
Preis: € 99,- / € [A] 99,90 / CHF 169.-

GEO-Tischkalender: In 365 Tagen um die Welt

Zum Träumen und Staunen über die Schönheiten der Welt

Entdecken Sie 365 überwältigende Landschaften, Portraits und Kunstschätze auf einer außergewöhnlichen Fotoreise rund um die Welt.

Format: 24 x 21,5 cm
Best.-Nr.: G 641200
Preis: € 29,95 / € [A] 30,20 / CHF 49.90

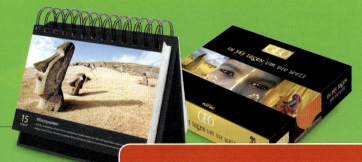

Immerwährendes Kalendarium!

Alle GEO-Produkte im Internet unter www.geoshop.de

GEOShop
Das Beste von GEO

---Psychogramm einer Sekte---

1956 gründet der damals 25-jährige Prediger Jim Jones, hier 22 Jahre später eine der letzten Aufnahmen von ihm, in Indianapolis die Gemeinschaft »People's Temple«. Der charismatische Redner, der den Menschen Gleichheit und Erleuchtung verspricht, gewinnt schnell Zulauf. 1977 zieht er mit seinen Anhängern nach Guyana – wo es zur Katastrophe kommt

Wenn die Weisse Nacht naht und es Zeit wird, zu sterben

Text: Ralf Berhorst

Sie haben sich in den Dschungel von Guyana zurückgezogen, »Father« Jim Jones und rund 1000 seiner Anhänger, um in Frieden zu leben. Doch Jones wähnt sein Reich bedroht durch Abtrünnige, die ihm Gehirnwäsche vorwerfen. Als ein Politiker von ihm Rechenschaft verlangt, geht der Sektenführer am 18. November 1978 mit mehr als 900 Menschen in den Tod

Das Heulen der Sirenen weckt Deborah Layton mitten in der Nacht aus dem Schlaf. Wächter schlagen an die Tür ihrer Holzhütte und drängen zur Eile. Sie stürzt hinaus in die Dunkelheit, vorbei an Erwachsenen und Kindern, die zu einem hell erleuchteten Pavillon in der Mitte des Lagers rennen.

Aus dem Urwald sind Schüsse zu hören. Über Lautsprecher ertönt eine vertraute Stimme. „Weiße Nacht!", ruft Jim Jones, der religiöse Führer, den seine Anhänger als Propheten verehren. Den sie „Father" nennen und dessen Worten sie vertrauen, als wären es unumstößliche Wahrheiten.

„Weiße Nacht": Dies ist das Signal für die rund 1000 Jünger im Lager, sich auf dem festgestampften Lehmboden um den offenen Pavillon und einigen Holzbänken zusammenzukauern. Viele sind noch erschöpft von der Arbeit auf den Zuckerrohrfeldern und wie betäubt vor Müdigkeit.

„Wir werden belagert", ruft Jones in das Mikrofon. Der Gründer des „People's Temple" thront in einem hohen Sessel über seiner Gemeinde. Scheinwerfer erleuchten den Pavillon, der nicht viel mehr ist als ein großes Blechdach, gestützt von Holzpfosten. An einem dieser Balken ist ein Schild angeschlagen: „Wer sich nicht an die Vergangenheit erinnert, ist dazu ver-

909 Menschen liegen tot auf dem Gelände der Sekte, die meisten vergiftet. Nicht alle sind freiwillig gestorben

GEO kompakt 97

Eine Kirche, in der Schwarze neben Weißen sitzen – das ist der Traum von Jim Jones. Und er hat Erfolg damit

dammt, sie zu wiederholen." Wie oft hat Father seine Anhänger gewarnt, sie könne ein ähnliches Schicksal ereilen wie die Juden Europas. Jetzt hebt er an: „Die Regierung der Vereinigten Staaten will nicht, dass wir überleben. Sie droht damit, uns zu umzingeln, zu attackieren, zu foltern und ins Gefängnis zu stecken."

Dann holt Jones zu einer langen Rede über Abtrünnige aus, die die Bewegung verraten hätten. Alles sei verloren. „Wegen ihrer Untreue und kapitalistischen Selbstsucht seid ihr, meine guten Anhänger, zum Tode verurteilt worden. Sterben müssen wir wegen ihnen und dem, was sie über uns gesagt haben."

Während er spricht, streifen Wachen mit Gewehren durch die Gebäude und Zelte des Lagers, prüfen, ob sich jemand versteckt hält. Andere patrouillieren um den Pavillon und zählen die Versammelten durch.

Wieder ertönen Schüsse aus dem Urwald. „Hört ihr das?", fragt der Father. „Die Söldner kommen. Das Ende steht bevor. Die Zeit ist abgelaufen. Kinder, stellt euch in zwei Reihen zu meinen Seiten auf."

Helfer tragen einen großen Aluminiumbottich herbei, gefüllt mit einem braunen Gebräu: „Es schmeckt wie Fruchtsaft, Kinder. Es wird leicht zu schlucken sein", besänftigt Jones seine Anhänger.

Auch Deborah Layton reiht sich in die lange Schlange ein, um das Gift in Empfang zu nehmen. Die Furcht vor Bestrafung, die Isolation im Dschungelcamp, die Verstrickung in das Glaubenssystem des Jim Jones haben sie zum Sterben bereit gemacht.

Und wäre ein Entkommen überhaupt möglich? Die Wächter drohen, jeden zu erschießen, der sich weigert, seinen Becher auszutrinken.

Doch plötzlich sieht sie, wie eine Frau aus der Funkstation des Lagers gelaufen kommt und Jones eine Nachricht zuflüstert. Er neigt ihr den Kopf zu und beugt sich dann wieder über das Mikrofon: „Die Krise konnte abgewendet werden. Ihr könnt in eure Hütten zurückgehen."

Jim Jones ordnet einen Ruhetag an, heute soll niemand mehr auf die Felder ausrücken. Der Pavillon leert sich.

Auch Deborah Layton kehrt wie benommen in ihre Hütte zurück. Über sechs Stunden hat die Todeszeremonie gedauert. Inzwischen dämmert der Morgen.

ES WAR IHRE ERSTE „WEISSE NACHT" in Jonestown, der Kolonie des People's Temple im Dschungel von Guyana. Zum ersten Mal hat sie selbst das Ritual erlebt, mit dem Jim Jones immer wieder die Opferbereitschaft seiner Anhänger auf die Probe stellt.

Später wird sie erfahren, dass der Sektenführer eigene Leute in die Wälder geschickt hat, um die Schüsse abzufeuern. Es gab keine Söldner. Niemand belagerte die Siedlung.

Wenige Tage zuvor, Mitte Dezember 1977, ist Deborah aus San Francisco nach Guyana gereist. Sie hatte gehofft, in eine ideale Kommune zu kommen. Eine Art Paradies inmitten tropischer Vegetation – so wie Father es ihr und den anderen versprochen hatte: ein Refugium, in dem Menschen aller Hautfarben friedlich zusammenleben, geeint durch ihren Glauben an Jim Jones und dessen Lehren.

Allein die Reise von Georgetown, der Hauptstadt des kleinen südamerikanischen Landes, zur Kolonie dauerte mehr als 28 Stunden; erst per Schiff und dann auf einem Lkw ging es immer tiefer ins Landesinnere.

Irgendwann, es war schon Nacht, erblickte Deborah ein Schild über der schlammigen Piste: „Willkommen in Jonestown – Landwirtschaftsprojekt des People's Temple". Ein paar Glühbirnen baumelten an Masten, sie sah einfache Holzhütten und grüne Zelte, verstreut über das Gelände.

Am Morgen danach zeigt sich, wie überfüllt Jonestown ist. Heißes Wasser fehlt, vieles ist improvisiert. Die Menschen in der Mustersiedlung wirken angespannt. Sie müssen jeden Tag zehn Stunden auf den Feldern arbeiten. Die Essenportionen sind karg, gewöhnlich etwas Reis; es gibt Strafkompanien und bewaffnete Wärter,

In den Gottesdiensten vollführt Jones auch »Wunderheilungen« – und lässt sich von seinen Anhängern lobpreisen

die um das Lager ziehen – zum Schutz vor einer Invasion, wie Jones sagt.

In den USA hat Deborah zum Führungszirkel der Sekte gehört, sie kennt Father gut. Nun ist sie überrascht: Er wirkt nervös, sein Gesicht ist aufgedunsen, er scheint krank zu sein. Immer wieder gibt er über die Lautsprecher Anweisungen in das Lager. Wenn er ruht, laufen Kassetten mit seinen Reden.

Abends ruft er seine Jünger zum zentralen Pavillon. Spricht oft bis tief in die Nacht, beschwört die allgegenwärtige Gefahr einer Belagerung. Er lässt Einzelne aus der Menge hervortreten, um sie zur Rede zu stellen oder mit Prügeln zu bestrafen.

Manche lässt Jones tagelang in ein enges Erdloch einsperren. Kinder, die aus der Küche Essen stehlen oder Heimweh zeigen, hängen seine Wächter bei Nacht kopfüber in einen Brunnen, tauchen ihr Gesicht mehrmals ins Wasser. Die Unbelehrbaren kommen auf die Krankenstation, wo man sie mit Medikamenten ruhigstellt. Jones scheint wie besessen zu sein von seinem Verfolgungswahn.

Bald schon wird der Sektenführer seine Jünger alle zwei Wochen zur „Weißen Nacht" rufen.

JAMES WARREN JONES, 1931 in einer Kleinstadt des US-Bundesstaates Indiana geboren, stammt aus einfachen Verhältnissen. Er ist als Kind ein Einzelgänger, oft sich selbst überlassen. Das Gefühl der Gemeinschaft findet er nur sonntags, im Gottesdienst.

Im Ort gibt es sechs verschiedene Kirchen; Jim besucht sie alle und wechselt mehrfach die Konfessionen. Er schließt sich erst den Nazarenern an, dann der Pfingstbewegung. In deren Gemeinschaften scheint sich das Walten des Heiligen Geistes unmittelbar zu manifestieren.

Mehr als ein bestimmter Glaubensinhalt fasziniert Jim offenbar das religiöse Zeremoniell: wenn in vibrierenden Messen der Priester als Prophet spricht oder Heilungen vollführt und die ganze Gemeinde plötzlich in Zungenrede ausbricht.

Der Sektenführer (links) auf dem Höhepunkt seines Ansehens. In San Francisco unterstützt er den Bürgermeister-Kandidaten der Demokraten George Moscone (rechts) und wird in die städtische Kommission für Wohnungsbau berufen

Schon als Halbwüchsiger predigt Jim auf der Straße vor anderen Kindern. Er hat sich entschieden, er will Geistlicher werden.

Und er beginnt in diesen Jahren, sich gegen die Rassendiskriminierung einzusetzen. Das erfordert Mut in einem Städtchen, in das sich kaum

> **Jim Jones predigt die Gleichheit der Rassen und macht sich für Bürgerrechte stark**

je ein Schwarzer verirrt, weil es zu gefährlich wäre.

Mit 18 Jahren heiratet Jones und zieht kurz darauf nach Indianapolis, wo er ohne spezielle Weihe Pastor in einer methodistischen Kirche wird. Viele Gläubige feinden ihn offen an, denn er predigt die Gleichheit der Rassen und macht sich für liberale Bürgerrechte stark – in Indianapolis aber hat der rassistische Ku-Klux-Klan ein Hauptquartier.

Als die Proteste nicht verstummen, sammelt der junge Prediger Spenden. Sein Traum ist es, eine eigene integrierte Kirche zu begründen. In den Gottesdiensten sollen Schwarze neben Weißen sitzen. Ein revolutionärer Gedanke, die Gotteshäuser in Indianapolis praktizieren noch strikte Rassentrennung.

1956 hat Jones genug Geld zusammen, um eine ehemalige Synagoge zu mieten. Seine Kirche trägt den Namen „People's Temple Full Gospel Church". Es ist keine neue Religion, die er stiftet, kein originelles theologisches Lehrgebäude, das er formuliert. Neu und ungewöhnlich aber ist sein Auf-

GEOkompakt 99

treten: Jones ist eine Art Elvis Presley der Religion – ein Weißer, der sagt, er habe eine schwarze Seele. Und der auch so predigt.

Viele Schwarze, aber auch Gläubige anderer Hautfarben strömen in seine Gottesdienste. Weil Jones ihre Stimmung trifft. Und weil er ein charismatischer Redner ist. Er ist viel durchs Land gereist und hat die Auftritte berühmter Prediger studiert. Wie sein großes Vorbild „Father Divine", ein schwarzer religiöser Führer, tritt Jones als Prophet und Heiler auf, verkündet, er sei gesegnet mit göttlichen Kräften.

Jeden Sonntag schleppen sich Kranke und Gebrechliche in den People's Temple, in der Hoffnung auf Erlösung. Jubel erfüllt den Saal, wenn Jones durch eine einfache Berührung seiner Hand scheinbar Wunden heilt oder Krebskranke von ihrem Leiden kuriert.

Seit 1974 baut eine Gruppe Getreuer in Guyana eine Farm auf. Der Sektenführer (mit Sonnenbrille) besucht sie dort

Es heißt, er könne sogar Tote zum Leben erwecken. Rastlos scheint Jones in seinem Einsatz für die Benachteiligten. Er gründet Suppenküchen, verteilt Kleidung an Bedürftige, unterstützt Waisen.

Gemeinsam mit seiner Frau adoptiert er sieben Kinder schwarzer, weißer und asiatischer Herkunft. Mit dieser „Regenbogenfamilie" will er

Hunderte Anhänger siedeln im Sommer 1977 nach Guyana um, doch die Farm der Sekte ist dem Ansturm nicht gewachsen

beweisen, dass Menschen aller Hautfarben in Frieden zusammenleben können. Daraufhin, so berichtet Jones, bewerfen Rassisten sein Haus immer wieder mit Steinen oder attackieren ihn auf offener Straße.

Sind es diese Angriffe, die ihn mit der Zeit misstrauischer machen? Oder nutzt Jones die Vorfälle, um von seinen Anhängern unbedingte Loyalität einzufordern?

Jedenfalls gründet er einen Befragungsausschuss. Hier dringt er stundenlang in seine Jünger: Hegen sie feindliche Gedanken gegen ihn? Planen sie eine Verschwörung?

Einmal, so erzählt man sich, soll Jones die Bibel wütend zu Boden geworfen haben: „Zu viele Leute blicken auf das hier statt auf mich." Father verlangt bedingungslose Liebe.

Als sich Zeitungsartikel häufen, in denen er als Schwindler und Scharlatan verhöhnt wird, verlässt Jones Indianapolis. Weil es zu rassistisch sei.

Es ist 1965, die Zeit des Wettrüstens der Supermächte, drei Jahre erst liegt die Kuba-Krise zurück. Jim Jones erinnert seine Anhänger an eine seiner Prophezeiungen: Ein „nuklearer Holocaust" werde dereinst den Mittleren Westen der USA zerstören. Doch er könne sie erretten.

Gut 140 seiner treuesten Jünger folgen ihm nach Kalifornien, ins Redwood Valley, etwa 200 Kilometer nördlich von San Francisco – einem der wenigen Orte, die angeblich vor der atomaren Auslöschung sicher sind. Dort, inmitten von Weinbergen und Wiesen, will der Father eine neue Gemeinschaft begründen, frei und utopisch und offen für Menschen jeder Hautfarbe.

Der Zeitpunkt ist gut für ein Experiment zur Verbesserung der Welt. Als Jones ins Redwood Valley kommt, hat die Ära des Infragestellens und Ausprobierens begonnen. Kalifornien ist ihr Zentrum. Hier werden neue Lebensformen ausprobiert, neue Gemeinschaften gegründet. Der People's Temple ist nur eine von vielen.

Bewusstseinserweiterung statt bürgerlicher Enge, Arbeit an der Zukunft statt Festhalten an Vergangenem: Immer mehr Menschen zeigen sich empfänglich für die Botschaft der Veränderung. Auch Deborah Layton.

ALS SIE ZUM ERSTEN MAL vom People's Temple hört, ist Deborah 17 Jahre alt. Sommer 1970: Die Amerikaner streiten über den Vietnamkrieg, und Jim Jones hilft Deborahs Bruder Larry bei dem Gesuch, mit dem er erfolgreich den Militärdienst verweigert – ein kleines Wunder.

Deborah ist ein rebellischer Teenager, sie fühlt sich Außenseitern und Ausgegrenzten nah. Sie will den Prediger kennenlernen, der sich so selbstlos um andere kümmert, und fährt nach Redwood Valley. Die Sonne durchflutet an diesem Tag die Glasfenster der Gemeindekirche. Deborah fallen die

Einfache Holzhäuser, harte Feldarbeit, Züchtigungen und Psychoterror: Das ist der Alltag auf der Farm, die nach ihrem Gründer »Jonestown« genannt wird

vielen jungen Gesichter auf – eine bunte, fröhliche Schar.

Dann betritt Jim Jones die Empore. Der Prediger hat eine dunkle Satinrobe übergeworfen. Er ist eine auffallende Erscheinung, findet Deborah. Das schwarze Haar trägt er gescheitelt, seine Züge sind wohlgeformt, und er spricht mit warmer Stimme. Gesten seiner manikürten Hände unterstreichen jedes Wort.

> **Der People's Temple ist eine merkwürdige Mischung aus Sozialismus, Gospel, Religion und Reinkarnation**

Jones scheint direkt zu ihr zu sprechen, sie zu umwerben: „Es ist kein Zufall, dass du heute hergekommen bist", sagt er. „Du bist hier, weil die Welt Größeres für dich bereithält. Du bist dazu bestimmt, ein Teil dieser Bewegung zu werden. Du bist heute hierhergekommen, weil es eine höhere Macht gibt und sie deine Hilfe braucht. Ich möchte, dass du mithilfst, eine bessere Welt zu schaffen."

Die Predigt endet in Lobpreisungen Fathers. Die Jünger springen auf, recken ihre Arme zum Himmel, singen und wiegen sich im Rhythmus der Gospelmusik.

Deborah möchte ein Teil dieser faszinierenden Gemeinschaft sein. Weil Jim Jones ein Versprechen zu verkörpern scheint: dass sich Menschen in seiner Aura zu vollkommeneren Wesen entwickeln können. Hat sich seine Sekte nicht von Beginn an dem Kampf einer guten Sache verschrieben?

Sie macht noch ihren Schulabschluss und schließt sich 1971 dem People's Temple an, wie zuvor schon ihr Bruder. Rasch zieht Jones sie immer tiefer in sein Universum hinein.

SEIT ENDE DER 1960ER JAHRE bekennt er sich in seinen Predigten offen zum Sozialismus. Ein merkwürdiges

Spaß beim Unterricht und ein glückliches Zusammenleben. Solche Idylle spielen die Bewohner der Farm im Oktober 1978 einer Abordnung von US-Beamten vor. Tatsächlich aber herrschen hier Misstrauen, Angst, Gewalt. Und immer wieder gibt es »Weiße Nächte«, in denen die Bewohner sich bereit zum Selbstmord zeigen müssen

Amalgam ist entstanden, aus lauter bereits vorhandenen Versatzstücken, aber verknüpft zu einer einzigartigen Kombination aus Gospel, Gesundbeterei, Kapitalismuskritik, Rassenintegration – und Reinkarnationslehre.

Denn Jones behauptet nun auch, er sei schon mehrfach auf Erden gewandelt: als Jesus, als persischer Religionsführer Bab und zuletzt als Lenin. Stets habe er für Gerechtigkeit gekämpft und für das Wohl der Menschheit.

Religion, so behauptet Jones mit Karl Marx, sei Opium zur Unterdrückung der Massen. Aber er bedient sich weiterhin ihrer Formen und Rituale, um Menschen an sich zu binden und sie dann, wie er sagt, zur nächsten Stufe der Erleuchtung zu führen: „Ich bin hier auf Erden, um Großes für die Bedürftigen zu tun. Ich bin hier, um göttliche Taten zu vollbringen."

Er trägt eine Robe wie ein Priester, wirft sich in die Posen des Verkündigers und Wunderheilers, verwandelt Wasser in Wein, macht Lahme gehend – alles sorgsam inszenierte Wunder: Eine Sekretärin etwa spielt eine Rollstuhlfahrerin.

Aber er schleudert auch die Bibel vor aller Augen zu Boden – das Buch habe nur dazu gedient, Schwarze zu unterdrücken. Und er verbietet seiner Gemeinde, zum Gott des Christentums zu beten. In seiner politischen Theologie ist es der Sozialismus, der schließlich an die Stelle des Allmächtigen rückt. Und er selbst, Jim Jones, sei dessen Prediger und Prophet.

Eine Ideologie, schreibt die Philosophin Hannah Arendt, sei nichts wei-

GEOkompakt **101**

Mitte November 1978 reist der US-Abgeordnete Leo Ryan mit Reportern (rechts) nach Jonestown, um Gerüchten über die Methoden der Sekte nachzugehen

ter als die Logik einer Idee. Wer genug Zeit in der Gemeinde des Jim Jones verbringt, dem kommen die Gedankenketten des Predigers stimmig vor.

Es ist eine Welt fester Regeln, in der Deborah nun lebt, geprägt von Strukturen, wie sie Psychologen später als typisch für religiöse Sekten bezeichnen werden (siehe Kasten Seite 107).

Über allem steht die unanfechtbare Autorität des charismatischen Anführers. Niemand darf Fathers Worte in Zweifel ziehen, seine Botschaften gar kritisieren. Niemandem ist es erlaubt, über Unterredungen mit Jones zu anderen zu sprechen.

Obwohl stets in Gemeinschaft von Mitgläubigen, sind die Mitglieder des „Temple" doch voneinander isoliert. Es gibt keine vertraulichen Gespräche, keine Freundschaften.

Jones kontrolliert sämtliche Beziehungen. Er löst und arrangiert Ehen. Zugleich zwingt er seine Jünger, enthaltsam zu leben, es sei denn, er erlaubt eine Ausnahme. Sex, so lehrt Jones, sei egoistisch und schädlich. Er lenke davon ab, anderen zu helfen.

Ohnehin seien alle Männer homosexuell veranlagt – mit einer einzigen Ausnahme: Jones beansprucht für sich das Privileg, sich immer wieder jungen Frauen und Männern der Gemeinde sexuell zu nähern.

Die Welt, glauben seine Jünger, ist klar geschieden in Gut und Böse. Alles außerhalb der Sekte gilt ihnen als feindlich. Jeder muss den Kontakt zu Freunden und Verwandten abbrechen, darf sie allenfalls in Begleitung anderer „Temple"-Mitglieder besuchen.

Jede freie Minute gilt der Bewegung – zu viel Schlaf ist verpönt. Die Anhänger besuchen den Sozialismus-Unterricht, einige absolvieren ein paramilitärisches Training, um als auserwählte Elite für die Zeit nach dem Atomkrieg gerüstet zu sein, oder kommen zu stundenlangen Läuterungstreffen zusammen.

Dort stellt Jones jeden zur Rede, der eine der Regeln verletzt hat, demütigt ihn und befiehlt körperliche Züchtigungen, etwa Schläge und Bespucken. Es ist verboten, sich zu rechtfertigen. Die Bestraften sollen sich schuldig fühlen, weil sie der großen Vision nicht gerecht geworden seien.

Manche Methoden kopiert Jones von anderen Sekten. Seine Rhetorik etwa orientiert sich an der aus Korea stammenden Mun-Sekte und an „Scientology": Aussteiger verdammt er als Verräter, droht ihnen mit Vergeltung und sogar mit dem Tod.

Jeder ist aufgefordert, in regelmäßigen Berichten „verräterische" Gedanken aufzuschreiben – obwohl Jones behauptet, ohnehin jeden Gedanken lesen zu können. Jeder soll die anderen Jünger beobachten, Anzeichen von Schwäche oder Abfall melden. Denunziation gilt als Beweis der Loyalität.

So gibt es bald keine Zeit, keinen Raum mehr für eigene Reflexionen, für ein selbstständiges Urteil.

Und die Abhängigkeit wächst: Es wird erwartet, dass Mitglieder ihre Ersparnisse, Lebensversicherungen oder Häuser der Sekte überschreiben, ihr auch das Gehalt überweisen. Sie erhalten dafür ein kleines Taschengeld.

Jedes zweite Wochenende steigen Hunderte Jünger in die elf Greyhound-Busse des People's Temple und machen sich auf den Weg nach San Francisco, Los Angeles oder in eine andere Stadt, um neue Anhänger zu rekrutieren. Sie verteilen Broschüren, laden Neugierige zum Gottesdienst ein, jubeln Jones zu, der mehrere Stunden lang predigt und Wunderheilungen vollbringt.

Die Arbeit in der Mission führt dazu, dass sich die Jünger noch stärker mit dem People's Temple identifizieren. Und sie lernen, einander im Eifer zu überbieten: Jeder Zweifel ist ein Zeichen der eigenen Schwäche, ein Verrat an der guten Sache.

1972 verlegt Jones den Hauptsitz seiner Sekte nach San Francisco. Die Stadt an der Westküste ist aufgeschlossen für alternative Lebensformen und spirituelle Bewegungen. Von hier aus hat sich um 1960 der Zen-Buddhismus im Westen verbreitet, hier haben die Hippies 1967 den „Summer of Love" ausgerufen. Hier liegt eines der Zentren der Flower-Power-Bewegung, sympathisieren viele mit den Bürgerrechtlern, lesen Aktivisten die Schriften von Karl Marx. Und gerade

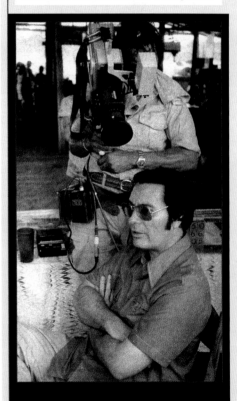

Das letzte Interview: NBC-Reporter befragen Jones am 18. November 1978 zu angeblichen Folterungen und Zwangsarbeit

102 GEOkompakt

beginnen sich neue esoterische Bewegungen zu entwickeln.

Doch zugleich greift Ernüchterung im Land um sich. Die Attentate auf Robert Kennedy und die schwarzen Bürgerrechtler Martin Luther King und Malcolm X haben die politische Atmosphäre vergiftet. Die US-Regierung unter Richard Nixon lässt Demonstrationen gegen den Vietnamkrieg niederknüppeln, sie hört ihre Gegner ab, bricht die Verfassung.

Die Bewegung des Jim Jones scheint indes etwas vom utopischen Elan der 1960er Jahre wachzuhalten. Unverdrossen verkündet der Prediger: Eine bessere Welt ist möglich. Nur wenige wissen von den Züchtigungen, der rigiden Sexualmoral der Sekte, in der auch Alkohol und Drogen tabu sind.

So ist es leicht, neue Jünger zu rekrutieren. Nach eigenen Angaben zählt der People's Temple bald 7500 Mitglieder – wichtige Wählerstimmen. Jones sucht in San Francisco die Nähe zur Politik, unterstützt erfolgreich den Wahlkampf des demokratischen Bürgermeister-Kandidaten George Moscone.

Zur Belohnung wird er 1976 in die städtische Kommission für Wohnungsbau berufen. Im Jahr darauf lädt ihn die zukünftige Präsidentengattin Rosalynn Carter zur Amtseinführung ihres Mannes nach Washington ein.

Jones ist auf dem Höhepunkt seines Ansehens.

Doch immer mehr Menschen stellen sich nun die Frage: Wer eigentlich ist Jim Jones? Vielen in San Francisco ist sein Einfluss suspekt. Es erscheinen erste kritische Berichte über den Geistlichen mit der Sonnenbrille, der sich mit Leibwächtern umgibt, über seine Wunderheilungen und das autoritäre Innenleben der Sekte.

Fortan nimmt Jones die Medien als Teil einer Verschwörung wahr. Seine Rhetorik wird immer schriller. Die Regierung plane Konzentrationslager für Bürgerrechtler, Schwarze und den People's Temple. Das Land werde von Faschisten regiert. Als das FBI Büros der Scientologen durchsucht, rechnet auch Jones mit einer Razzia.

In den USA haben sich seit dem Abflauen der Hippie-Begeisterung zu Beginn der 1970er Jahre Kritiker zu einer Bewegung formiert, die vor religiösen Kulten wie Hare-Krishna, Scientology oder der Vereinigungskirche des koreanischen Sektenführers San Myung Mun warnt. „Kult" ist zum Inbegriff einer gefährlichen Pseudoreligion geworden, die ihre Anhänger mit Gehirnwäsche gefügig macht.

Ähnliche Vorwürfe sind in den Zeitungen jetzt auch gegen den People's Temple zu lesen.

Jones bereitet die Flucht vor. In seinem Auftrag reisen Deborah Layton und andere Mitglieder des Führungszirkels ins Ausland und deponieren illegal mehrere Millionen Dollar auf Konten.

Am 1. August 1977 erscheint im „New West"-Magazin in San Francisco ein Enthüllungsbericht über den People's Temple, gestützt auf die Aussagen von zehn Aussteigern: Jones sei ein Betrüger und Scharlatan, er manipuliere die Menschen in seiner Gemeinde. Sie würden unter Druck gesetzt, finanziell ausgebeutet und auch physisch misshandelt.

Jones hat seine politischen Kontakte mobilisiert, um die Veröffentlichung zu verhindern. Vergebens.

Kurz vor Erscheinen des Artikels setzt er sich nach Guyana ab. Es ist der

> **1977 zieht sich die Sekte in den Dschungel zurück – kurz bevor ein Magazin einen Enthüllungsbericht publiziert**

Beginn eines großen Exodus. Binnen weniger Wochen folgen ihm Hunderte von Anhängern nach Südamerika. Die meisten verschwinden spurlos, ohne Abschied von ihren Angehörigen – wie von Father befohlen.

Nach einer Messerattacke auf Leo Ryan, bei der sich ein Sektenmitglied selbst verletzt hatte, klebt Blut am Hemd des Abgeordneten

Schon 1974 hat Jim Jones in der früheren britischen Kolonie 27 000 Morgen Land gepachtet, mitten im Dschungel. Guyana wird von einer sozialistischen Regierung geführt – ein idealer Zufluchtsort für den People's Temple. 50 Pioniere sind noch im selben Jahr zu dem Vorposten in der tropischen Wildnis gereist; haben den Urwald gerodet, Felder angelegt, erste Gebäude errichtet.

Doch dem Massenansturm vom Sommer 1977 ist die Siedlung nicht gewachsen. Verwandte und Freunde von Jones-Jüngern in den USA erreichen alarmierende Gerüchte aus „Jonestown", wie die Siedlung nun genannt wird: über schlechte Behandlung, Züchtigungen, Strafarbeit – und über die Weißen Nächte.

Als Deborah Layton klar wird, dass harte Feldarbeit und Selbstmord-

Kurz bevor Leo Ryan, die NBC-Reporter Don Harrison und Bob Brown sowie Greg Robinson vom »San Francisco Examiner« ihre Maschine für den Rückflug besteigen, eröffnen mehrere Sektenmitglieder auf dem Dorfflugplatz das Feuer und erschießen den Politiker, die Journalisten und ein abtrünniges Sektenmitglied

übungen zum Alltag in Jonestown gehören und selbst älteren, kranken Anhängern wie ihrer Mutter schwere Bestrafungen drohen, entschließt sie sich zur Flucht. Seit beinahe sieben Jahren ist sie nun Mitglied des People's Temple; sie genießt Jones' Vertrauen. Lange hat sie jeden Zweifel verdrängt. Jetzt aber will sie Jonestown für immer verlassen.

Doch es gibt kein Entkommen – zu abgelegen ist die Siedlung, nirgendwo ein Telefon, ringsum nur dichter Dschungel. Es dauert Monate, bis sich ihr eine Gelegenheit bietet: Im Mai 1978 soll sie in der 240 Kilometer entfernten Hauptstadt Georgetown einen Auftrag für Jones erledigen. In der US-Botschaft vertraut sie sich dem Konsul an. Zwei Tage später besteigt Deborah ein Flugzeug nach New York.

Bald darauf wendet sie sich mit einer Erklärung an die Öffentlichkeit.

Sie berichtet von den Züchtigungen und den bewaffneten Wärtern. Und von den Weißen Nächten.

Der Bericht alarmiert den kalifornischen Kongressabgeordneten Leo Ryan – ein Mitglied seiner Familie war ebenfalls einer Sekte verfallen. Seit einiger Zeit steht der Politiker der demokratischen Partei in Kontakt mit Angehörigen, deren Ehepartner, Geschwister oder Kinder sich der Sekte angeschlossen und jeden Kontakt abgebrochen haben. Einige Aussteiger beschreiben den People's Temple als pseudoreligiösen Kult, in dem Gehirnwäsche praktiziert werde. Nach Deborah Laytons Bericht ist Ryan entschlossen, den Vorwürfen auf den Grund zu gehen.

Am 14. November 1978 macht sich Ryan auf den Weg nach Jonestown, begleitet von einem Tross aus Fernsehreportern, Zeitungsjournalisten, Aussteigern und Angehörigen von Sektenmitgliedern. Er hat ein Telegramm nach Guyana gesendet, das seinen Besuch ankündigt.

Für Jim Jones ist es jener feindliche Vorstoß in das Innenleben des People's Temple, den er immer wieder prophezeit hat: eine angebliche Verschwörung von Politikern, Abtrünnigen und Journalisten, die sich anschicken, Jonestown zu okkupieren und zu vernichten.

Eine Bedrohung, der er sich mit seinen Jüngern nur auf eine einzige Weise entziehen kann: durch „revolutionären Selbstmord".

Niemand, auch Leo Ryan nicht, nimmt die Warnungen ernst.

Am 15. November 1978 landet Leo Ryan mit seinen Begleitern in Georgetown. Jim Jones kann nicht verhindern, dass die Gruppe zur Kolonie aufbricht. Am 17. November setzt ihr gechartertes Flugzeug auf einer Rollbahn in der Nähe von Jonestown auf.

Es regnet, als die Besucher nachts das Lager erreichen. Die Stimmung ist feindselig. Jim Jones empfängt die Delegation im zentralen Pavillon. Er trägt trotz der Dunkelheit eine Sonnenbrille. Schweiß rinnt von seiner Stirn, der Sektenführer wirkt erschöpft – wie jemand, der unter großem Druck steht.

Alles ist vorbereitet für eine verzweifelte Inszenierung der Fröhlich-

> »Wenn wir nicht in Frieden leben können, dann lasst uns wenigstens in Frieden sterben«, sagt Jim Jones

keit. Eine Band spielt auf, die Jünger stampfen und klatschen im Takt.

Doch die Fassade bekommt noch an diesem Abend erste Risse. Eine Frau steckt einem TV-Reporter heimlich eine Nachricht zu: „Bitte, helfen Sie uns, aus Jonestown herauszukommen", der Zettel trägt vier Unterschriften. Die Besucher ahnen nicht, welches Risiko die Sektenmitglieder damit eingehen.

18. November. Am Morgen lässt Jones den Politiker und die Journalisten durch die Siedlung führen – stets von Aufpassern begleitet. Mit bedrückten und furchtsamen Mienen, so erscheint es Ryan und seinen Begleitern, versichern die Bewohner von Jonestown, dass sie in einem Paradies lebten.

Doch immer mehr Ausstiegswillige geben sich im Lauf des Tages zu erkennen. Schließlich sind es etwa 20 Menschen, die hervortreten und den Wunsch äußern, Jonestown im Schutz des Kongressabgeordneten verlassen zu wollen.

Jim Jones muss es geschehen lassen. Die Zahl erscheint gering – aber für den Sektenführer ist es „der Verrat des Jahrhunderts", wie er später sagt. Die Abtrünnigen würden in den USA Lügen über das Lager berichten. Die Ereignisse entgleiten seiner Kontrolle.

Am Nachmittag steht ein Lkw bereit, der die Gruppe zum Flugfeld bringen soll. Kurz vor der Abfahrt entsteht im Pavillon ein Tumult. Ein Sektenmitglied attackiert Leo Ryan mit einem Messer. Doch der Politiker erreicht unverletzt den Transporter.

Auch Larry, Deborahs Bruder, steigt im letzten Moment auf den Lkw – er wolle aus Jonestown fort. Keiner weiß, dass Jim Jones ihm einen besonderen Auftrag erteilt hat. Larry soll nach dem Start des Flugzeugs den Piloten erschießen: um die Maschine über dem Dschungel zum Absturz zu bringen; mit allen Eindringlingen und Verrätern an Bord.

16.20 Uhr. Zwei kleine Maschinen warten auf dem Flugfeld. Als Leo Ryan einsteigen will, nähert sich vom anderen Ende der Piste ein roter Traktor mit Männern des People's Temple – Jim Jones hat Larry Layton offenbar nicht vertraut. Drei, vier Männer der Sekte springen herunter und eröffnen mit Gewehren das Feuer.

Leo Ryan wird im Gesicht getroffen und ist sofort tot. Auch drei Journalisten und eine Abtrünnige sterben; neun weitere Menschen sinken verletzt auf das Rollfeld.

Dann entfernen sich die Angreifer mit dem Traktor. Auch Larry Layton hat Schüsse abgefeuert und zwei Aussteiger der Sekte verwundet. Guyanische Soldaten eilen herbei, verhaften Larry und versorgen die Verletzten.

FÜR JIM JONES GIBT ES JETZT kein Zurück mehr. Gegen 18 Uhr ertönen in Jonestown die Sirenen, Father ruft seine Jünger zur letzten Weißen Nacht. Wachen durchkämmen das Lager und umzingeln den Pavillon.

„Wenn wir nicht in Frieden leben können, dann lasst uns wenigstens in Frieden sterben", sagt Jones. Applaus brandet auf. Ein letztes Mal spricht Father als Prophet zu seinen Jüngern. Das Flugzeug mit Ryan werde in den Dschungel stürzen. Dann würden Fallschirmjäger zur Siedlung kommen, die Kinder und Alten foltern und alle abschlachten. Er wisse dies genau.

„So lasst uns gütig gegenüber den Kindern und Alten sein und das Gift nehmen, wie es die alten Griechen taten, und friedlich hinübertreten." Ihr Tod sei kein feiger Selbstmord, beharrt er, sondern ein revolutionärer Akt des Protestes gegen eine inhumane Welt. „1000 Menschen bekunden damit, dass sie die Welt nicht ertragen, so wie sie ist."

Nur ein Sektenmitglied wagt es, sich ihm zu widersetzen. Eine Frau steht auf und tritt ans Mikrofon: Ob es denn keinen Ausweg gebe? Sie sei noch nicht bereit zu sterben. Und ob nicht wenigstens die Säuglinge es verdienten, zu überleben?

„Viel mehr noch verdienen sie Frieden", entgegnet ihr Jones. Ein kleines Wortgefecht entsteht, bald geht es unter im Protestgemurmel der anderen. Die Frau setzt sich und verstummt. Es war die letzte Chance, die Stimmung zu wenden.

Viele der mehr als 900 Menschen im Pavillon sind Jones seit etlichen Jahren gefolgt, über Tausende Kilometer, sie haben Eltern und Freunde verlassen, ihr altes Leben für ihn aufgegeben. Sie haben verinnerlicht, dass sein Wort die Wahrheit ist. Und sie folgen ihm auch jetzt. Glauben wohl tatsächlich, dass faschistische Truppen Jonestown erstürmen werden.

Und jene wenigen, die zweifeln, trauen sich nicht mehr, ihre Stimme zu erheben.

Father drängt zur Eile. „Lasst uns etwas Medizin nehmen. Es ist einfach, es wird keine Krämpfe verursachen." Die Kinder sollen zuerst sterben. Helfer haben Limonade in Bottichen mit Zyankali vermischt, verabreichen ihnen einen Becher des Giftes oder spritzen es mit Injektionsnadeln in den Mund.

Während die ersten sterben und sich dabei in Krämpfen winden, treten Frauen und Männer ans Mikrofon und danken Jim Jones für sein

Auf dem Bohlenweg steht noch ein Bottich mit dem Zyankali-Gemisch. Wer sich weigerte, das Gift zu trinken, dem drohte eine Kugel. Sterben mussten auch rund 270 Kinder und Jugendliche

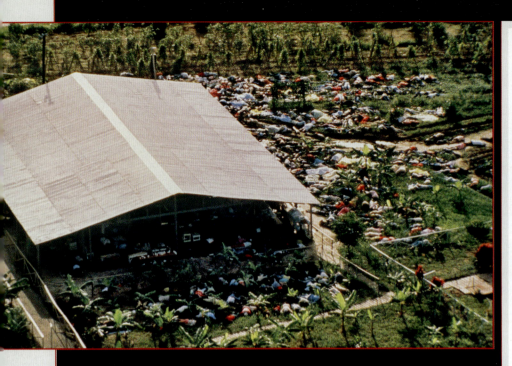

In dem zentralen Pavillion findet auch die letzte Versammlung statt. Ihr Tod sei kein feiger Selbstmord, sondern ein revolutionärer Akt des Protestes gegen eine inhumane Welt, verheißt Jones seinen Getreuen. Als Erste sterben die kleinen Kinder

Lebenswerk. Dann stellen sich die Erwachsenen in Reihen auf. Die bewaffneten Aufpasser stehen bereit, jeden zu erschießen, der fliehen will.

„Sterbt mit Würde", ermahnt Jones, als die Klagelaute um ihn lauter werden. „Keine Hysterie!"

Nur ganz wenigen gelingt es, sich zu verstecken oder fortzulaufen in das Dickicht des Urwalds. Von dort beobachten sie, dass qualvolle fünf Minuten vergehen, bis das Gift wirkt.

Der Sektenführer selbst trinkt das Gift nicht. Vermutlich lässt er sich durch eine Getreue erschießen

Viele der Todgeweihten umschlingen einander in den letzten Minuten.

909 Menschen sterben an diesem Tag in Jonestown – ein Massenselbstmord? Niemand vermag zu sagen, wie viele wirklich aus freiem Entschluss den Tod gewählt haben.

Irgendwann ertönt ein Schuss. Jim Jones hat das Gift nicht getrunken, sondern sich wahrscheinlich von einer Anhängerin erschießen lassen.

Dann liegt Stille über Jonestown.

DEBORAH LAYTON ERFÄHRT in den USA von dem „revolutionären Massenselbstmord". Ihr Bruder Larry wird als Einziger der Verschwörung zum Mord an einem Kongress-Abgeordneten angeklagt; die Angreifer vom Rollfeld haben sich in Jonestown vergiftet. Larry Layton sitzt bis 2002 in Haft.

Seine Schwester lebt heute in der Nähe von San Francisco. Fast 15 Jahre vergehen, in denen sie die Frage verdrängt, was sie so lange im Bann von Jim Jones gefangen hielt. Dann, 1993, hört Deborah Layton im Radio, dass das FBI die Ranch der Davidianer-Sekte in Waco, Texas, erstürmt. Mehr als 70 Menschen sterben in dem Feuer, das ausbricht. Sofort sind ihr wieder die Bilder aus Jonestown präsent, die „Weißen Nächte".

Es bleibt nicht die einzige Erinnerung: Während der 1990er Jahre nehmen sich mehr als 70 Mitglieder der Sonnentempler-Sekte in der Schweiz, Kanada und Frankreich das Leben. 1997 sterben 39 Jünger der kalifornischen Heaven's-Gate-Bewegung von eigener Hand, weil sie das Erscheinen des Hale-Bopp-Kometen für ein kosmisches Signal halten.

Für das gleiche Jahr erwarten die Anhänger der japanischen Aum-Sekte den Weltuntergang – und haben schon zuvor, 1995, mit einem Giftgasanschlag in der Tokyoter U-Bahn Terror verbreitet, um eine geplante Razzia auf ihr Hauptquartier zu vereiteln. Dabei sterben zwölf Menschen, Tausende werden verletzt.

Und im April 2008 evakuiert ein Sondereinsatzkommando in Texas 468 Mädchen und Jungen von der Ranch der „Fundamentalistischen Kirche Jesu Christi, der Heiligen der Letzten Tage". Dort, im „Gelobten Land" des „Propheten" Warren Jeffs, sind die Kinder missbraucht und zwangsverheiratet worden.

Doch nichts hat so wie die Katastrophe von Jonestown die Vorstellung davon geprägt, worin die Gefahren eines religiösen Kults liegen. Der Prediger Jim Jones hat vorgeführt, wie sehr ein charismatischer Anführer Gläubige zu manipulieren vermag. Menschen, die noch an jenem Novembertag im Dschungel von Guyana überzeugt waren, einer guten Sache zu folgen.

Er habe sein Beispiel gegeben, sagt Jim Jones in den letzten Minuten ins Mikrofon. Aber die Welt sei nicht reif für ihn gewesen. Er, wie auch seine Jünger, seien vor der rechten Zeit geboren. „Das beste Zeugnis, das wir ablegen können, ist, diese verfluchte Welt zu verlassen."

An dieser Stelle ertönt auf dem letzten Tonband aus Jonestown lauter Jubel. □

Dr. Ralf Berhorst, 41, ist Autor in Berlin und schreibt regelmäßig für GEOkompakt.

Literatur: Deborah Layton, „Selbstmord im Paradies. Innenansichten einer Sekte", Parthas. Marshall Kilduff, Ron Javers, „Der Selbstmord-Kult", Goldmann.

Im Sog der Heilserwartung

Ab wann eine religiöse Gemeinschaft zu einer gefährlichen Sekte wird, lässt sich schwer sagen. Wissenschaftler sind sich jedoch darüber einig, welche Merkmale eine sektenartige Gemeinschaft kennzeichnen

Für Wissenschaftler hat der Begriff „Sekte" eine eher wertfreie Bedeutung. Er bezeichnet eine Gruppe, die sich von einer größeren Religionsgemeinschaft abgespalten hat, von ihr in Lehre oder Kultus abweicht. Doch in der Öffentlichkeit überwiegt ein anderer, negativ besetzter Sprachgebrauch: Mit „Sekten" sind meist Gruppen gemeint, die sich um einen charismatischen Anführer sammeln, mit absolutem Wahrheitsanspruch eine Heilslehre propagieren, ihre Mitglieder in psychische Abhängigkeit verstricken, sich jeglicher Kritik verschließen und Aussteiger bedrohen.

Viele solcher Organisationen sind keine Abspaltungen – mithin auch keine Sekten im wissenschaftlichen Sinn –, sondern Neugründungen. Manche, wie etwa Scientology, gelten Experten nicht einmal als religiös motivierte Gemeinschaften, sondern eher als getarnte Wirtschaftsunternehmen.

So unscharf und belastet ist mittlerweile der Sekten-Begriff, dass viele Theologen und Forscher ihn kaum noch verwenden – um „religiöse Sondergemeinschaften" (so die neutrale Bezeichnung) nicht zu dämonisieren und weil derzeit solche Gruppierungen immer vielfältiger, unübersichtlicher werden.

Zugleich aber sind sich Experten einig, dass es durchaus Kriterien gibt, die erkennen lassen, ob eine Gruppe sektenartige Züge in dem heute allgemein verbreiteten Verständnis trägt – auch wenn nicht jede dem „Urmodell" einer gefährlichen Sekte so klar entsprechen mag wie Jim Jones' People's Temple.

Der Schweizer Sektenexperte Hugo Stamm hat beschrieben, welche typischen Phasen ein Novize durchläuft, der in den Bann solch einer Gemeinschaft gerät.

1. Anwerbung. Verlockend erscheinen die Versprechungen der Heilslehre; häufig verheißen sie Antworten auf alle existenziellen Fragen. Es sind Botschaften, die ein offenbar tief verwurzeltes Bedürfnis nach metaphysischer Welterklärung, Lebenssinn und Gemeinschaft zu stillen vermögen. Für Menschen in Lebenskrisen müssen sie besonders attraktiv erscheinen. Verführerisch ist dabei die spirituelle Anmutung vieler Kulte mit ihren Ritualen und Zeremonien, aber auch die Aussicht auf eine persönliche Fortentwicklung. Viele Menschen mögen zwar nicht anfällig sein für derartige Heilsversprechen, doch wohl niemand, so glauben Experten, ist gänzlich vor einem solchen psychologischen Sog gefeit.

2. Indoktrination. In vielen Gruppen weihen erfahrene Mitglieder den Neuling tiefer in die Heilsbotschaft ein, um ihn enger an die Gemeinschaft zu binden. Seminare, die Lektüre von Schriften sowie persönliche Unterweisungen durch den Anführer dienen dazu, die Lehre des Kultes zu verinnerlichen. Der Jünger lernt, Verstand und Urteilsfähigkeit auszublenden – nichts soll das beglückende Gefühl trüben, zu einer verschworenen Elite zu gehören.

3. Einbindung in die Gruppe. Der Angeworbene schlüpft in eine neue Identität, ist durch Kritik von außen kaum mehr zu erreichen und somit ideologisch für den beschwerlichen Sektenalltag gerüstet: Er besteht aus Missionierung, Spendensammeln, Besprechungen, religiösen Ritualen.

4. Entfremdung von der Außenwelt. Der psychische Druck erhöht sich mehr und mehr: Die Mitglieder sollen ihre bisherige Existenz als Verfehlung begreifen, fortan ausschließlich für die Ziele der Gruppe verfügbar sein – bis sich ihr Leben nur noch um die Ideologie des Kultes dreht und Freunde und Angehörige keinerlei Einfluss mehr haben.

Erlösung durch Sex: Anhänger der Komaja-Sekte meditieren nackt

Ekstatische Flusspassage: Gläubige der sibirischen Sekte Wissarions

5. Festigung der Heilslehre. Diese letzte Phase wird zum Dauerzustand: Fortgesetzte Indoktrination soll verhindern, dass die Jünger beginnen, an der Botschaft des Gurus zu zweifeln – zumal die versprochene Erlösung stets ein fernes Ziel bleibt.

Eben diese Kluft zwischen Anspruch und Wirklichkeit kann auch in Enttäuschung münden – und so mit der Zeit wieder zu eigenständigem Nachdenken führen. Viele Sektenanhänger, so Michael Utsch von der Evangelischen Zentralstelle für Weltanschauungsfragen, schafften durchaus aus eigener Kraft den Ausstieg, wenngleich oft erst nach Jahren.

Zugleich beobachten Experten wie Utsch in den vergangenen anderthalb Jahrzehnten einen auffallenden Trend: Die Mitgliederzahl der großen, „klassischen" Kulte wie Scientology, der Zeugen Jehovas oder der Neuapostolischen Kirche stagniert in Deutschland bei insgesamt etwa 540 000. Zulauf finden dagegen kleinere, oft lediglich lokal organisierte Gruppen um selbst ernannte Gurus, Propheten, Geistheiler oder Schamanen, angesiedelt irgendwo zwischen Esoterik, Lebenshilfe, Wellness und Coaching.

Viele dieser Gruppen zählen kaum 100 Mitglieder. Ihr Erfolg ist Utsch zufolge Ausdruck eines spirituellen Bedürfnisses, das sich stark individualisiert hat. Die Mini-Sekten versprächen zwar nicht mehr die große Welterlösung – seien aber keineswegs harmlos: Die Gefahr einer psychischen Abhängigkeit im ungleichen Verhältnis zwischen Meister und Jünger bleibe weiterhin bestehen.

Ralf Berhorst

--- Cargo-Kulte ---

Frachtgut aus der Ahnenwelt

Als der Anthropologe Harvey Whitehouse ein Dorf in Papua-Neuguinea besucht, verehren ihn die Bewohner als Vorfahren und Boten einer Welt voller begehrter Waren. So begreift er die Vielfalt menschlicher Glaubensweisen

Text: Gesa Gottschalk

Die Bewohner von Dadul sind verblüfft. Der Fremde, der an diesem Oktobertag 1987 ihr Dorf im Regenwald von Papua-Neuguinea erreicht, ist ganz sicher einer ihrer Ahnen aus dem Jenseits. Er hat seine irdische braune Haut abgestreift und ist weiß. Er stellt viele Fragen – wahrscheinlich, um sie, die Menschen von Dadul, zu prüfen. Und er erscheint zu einer besonderen Zeit: Die Zeichen mehren sich, dass das Ende der Welt bevorsteht. Ein merkwürdiger Ahn: Er sieht aus wie ein Junge – seine Wangen sind nackt. Und er fürchtet sich vor harmlosen Tieren.

Harvey Whitehouse kommt nach Dadul mit glatt rasiertem Gesicht und einer ausgeprägten Spinnenphobie.

Schon als Teenager wollte der 23-jährige Brite Anthropologe werden, um die großen Fragen der Menschheit zu beantworten. Aber erst hier, im Regenwald, wird er auf sein Lebensthema stoßen: den Glauben. Dabei interessiert er sich zunächst für etwas ganz anderes. Er will herausfinden, wie die Menschen im Dschungel ohne Geld und Industriegüter leben. Dazu zieht er in eine der Strohhütten am Dorfplatz. Doch wann immer er die Menschen über ihren Umgang mit Geld und Waren befragt, sprechen die ihn umgekehrt auf Übernatürliches an: Was erwarten die Ahnen von ihnen? Wann werden sie wiederkommen?

Es dauert eine Weile, bis Whitehouse herausfindet, weshalb die Dorfbewohner in ihm einen Abgesandten aus dem Jenseits sehen. Gleich nach seiner Ankunft hat er sein Forschungsstipendium mit den Worten erklärt: „Ich bekomme Geld von der Regierung." Er weiß nicht, dass „Gavman", das Pidgin-Wort für „Government", im Glauben der Menschen von Dadul jene „Regierung" bezeichnet, die eines Tages zur Erde zurückkehren wird, um hier über die Lebenden zu herrschen.

Und auf die Frage, wann er geboren wurde, antwortet Whitehouse: 1964. Manche Dorfbewohner schlagen sich daraufhin überrascht die Hand vor den Mund: In jenem Jahr wurde ihre Glaubensgemeinschaft gegründet, die Pomio Kivung, die „Versammlung der Pomio".

Die Lehre der Pomio Kivung gehört zu den „Cargo-Kulten". Die haben sich in Melanesien vor allem während des Zweiten Weltkriegs verbreitet, als die US-Armee auf den Inseln Militärstützpunkte errichtete und aus Flugzeugen Waffen, Kleidung und Nahrung in Kisten abwarf, auf denen „Cargo" („Frachtgut") stand. Die verschiedenen Kulte verbindet der Glaube daran, dass nach dem Ende der Welt die Verstorbenen wiederkehren werden, um Reichtum und Frachtgut zu verteilen.

Bei der Pomio Kivung heißt diese Endzeit „Die Zeit der Firmen": Die als hellhäutige Finanzinvestoren getarnten Ahnen werden den Regenwald in ein Dorado verwandeln, mit Luxusgütern für alle.

Minutiös notiert Whitehouse, welche Rituale die Gläubigen von Dadul während der Wartezeit auf die Rückkehr der Ahnen befolgen: Täglich kochen sie ihnen eine Mahlzeit und decken ihnen Tische im Tempel; zweimal pro Woche versammeln sie sich zur Predigt im Gemeinschaftshaus, alle zwei Wochen arbeiten sie im Gemeinschaftsgarten, dessen Früchte den Ahnen gehören.

Mit diesen Ritualen soll das Gavman, die Regierung im Jenseits, dazu bewegt werden, endlich die Zeit der Firmen anbrechen zu lassen. Seit 1964 soll sie kurz bevorstehen. Als Harvey Whitehouse 1987 nach Dadul kommt, warten die Gläubigen immer noch.

Doch einen Monat zuvor hat ein junger Mann, Tanotka, einen Traum gehabt: Ein Ahn hat ihm darin verkündet, die neue Zeit sei nah – und Dadul, das kleine Dorf im Dschungel, ein erwählter Ort. Gemeinsam mit seinem Bruder hat Tanotka daraufhin die Dorfbewohner davon überzeugt, sich von den anderen Gruppen der Pomio Kivung zu lösen und eine eigene Sekte zu gründen.

Und ausgerechnet jetzt taucht der erste weiße Ahn auf, ausgerechnet in Dadul, ausgerechnet nach Tanot-

CARGO-KULTE sind in entlegenen Regionen der melanesischen Inselwelt verbreitet. Die Gläubigen verehren etwa Flugzeuge und deren hölzerne Nachbauten – sie hoffen auf Frachtgut (Cargo) aus dem Überfluss der Ahnen

108 GEOkompakt

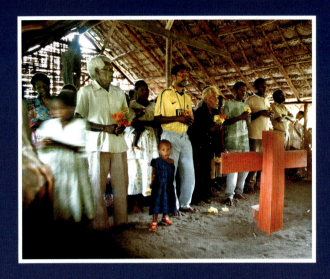

AUF TANNA, einer Insel des Pazifikstaats Vanuatu, erwarten die Menschen das Heil von einem roten Kreuz: US-Soldaten haben es als Symbol der Medizin bekannt gemacht

kas Traum. Ohne es zu ahnen, ist Harvey Whitehouse eine Art Prophet des nahenden Weltendes geworden.

Die Abweichler beginnen zu handeln. Beim täglichen Mahl der Ahnen sitzt traditionell immer ein Zeuge in einer Ecke und wartet auf Zeichen, ob die Verstorbenen zum Essen erschienen sind – etwa, dass ein wenig von dem Mahl fehlt. Bleibt das Zeichen aus, deutet dies auf Vergehen der Dorfbewohner hin. Nun aber wird die Rolle des Zeugen erweitert: Die Ahnen können direkt mit ihm Kontakt aufnehmen, in Form von Gedanken. Tatsächlich empfangen die Zeugen Signale, die Tanotkas Traum vom Beginn einer neuen Zeit im Sinne der beiden Brüder deuten.

Whitehouse sitzt dabei, er protokolliert alles. Vier Monate lang empfangen die Zeugen mehr als 80 Botschaften von den Ahnen. Einige gratulieren dem Dorf, einige warnen vor dem Einfluss des Satans. Die meisten fordern die Bewohner auf, sich moralisch zu bessern, und unterstreichen die Autorität der beiden Brüder, hinter denen sich die Gläubigen versammeln sollen.

Anfangs fragen die beiden Anführer der neuen Sekte Whitehouse noch um Rat. Machen sie alles richtig? Was sollen sie als Nächstes tun?

Der Brite antwortet stets ausweichend. Dennoch zweifeln die Menschen von Dadul nicht daran, dass er aus dem Jenseits kommt – denn anders als alle anderen Weißen, die sie kennen, schätzt er es nicht, mit „Master" angesprochen zu werden, und besteht darauf, sein Wasser selbst zu holen.

In Erwartung des Weltendes schlachten die Einwohner ihre Schweine für ein letztes Fest: eine Feier, um alle Feiern zu beenden. Aus wirtschaftlicher Sicht ist ihr Handeln unsinnig, doch Whitehouse hat es längst aufgegeben, die Ökonomie der Dorfbewohner ergründen zu wollen. Viel mehr interessiert ihn jetzt deren Religion.

Er wird Zeuge, wie die Menschen immer weniger in ihren Gärten arbeiten und immer häufiger Gottesdienste abhalten. Wie sie neue Rituale erfinden – etwa Bierflaschen ringförmig in den Boden stecken und abends in diesem Kreis zusammenkommen. Nächtelang wachen sie in einer eigens gebauten Rundhütte und warten auf Wunder. Niemand darf die Hütte verlassen, Kinder weinen, Erwachsene erbrechen sich.

Doch das Weltende bleibt aus, und nach einem Jahr verlässt Whitehouse das Dorf. Die Bewohner sind enttäuscht, als ihr Ahn geht. Aber sie haben wichtigere Probleme: mit den Behörden, die besorgt sind um ihr Wohlergehen. Denn die Menschen von Dadul haben kaum noch etwas zu essen. Ihre Gärten haben sie vernachlässigt, ihre Schweine geschlachtet. Kinder drohen zu verhungern.

Daheim in Cambridge entwickelt Whitehouse eine Theorie von der Religiosität des Menschen. Demnach haben Religionen zwei Möglichkeiten, ihre Lehren weiterzugeben.

Sie können diese mit häufig wiederholten, aber nicht sehr aufwendigen Ritualen überliefern. Die Gläubigen verinnerlichen dabei die Inhalte ihrer Religion und den korrekten Ablauf der Kulthandlungen, ohne sich später bewusst an den Zeitpunkt zu erinnern. Diese „dogmatische Form" ist typisch für große, anonyme Bewegungen, etwa die katholische Kirche. Oder den Cargo-Kult der Pomio Kivung.

HARVEY WHITEHOUSE, 44, lehrt Sozialanthropologie in Oxford und leitet das Forschungsprojekt »EXREL«

Die Sekte in Dadul geht einen anderen Weg: Sie setzt auf seltene, außergewöhnliche Ereignisse. Ihre Anhänger erinnern sich genau an jedes einzelne Ritual, denn es ist stets mit starken Emotionen verbunden: Ekstase, Scham, Schmerz.

Und Hunger. Lange halten die Dorfbewohner die Entbehrungen nicht aus. Nach wenigen Monaten löst sich die Sekte auf, reißen die Menschen von Dadul die neue Rundhütte ab, geben alle eigenen Rituale auf und schließen sich wieder dem Cargo-Kult der Pomio Kivung an.

Es waren besondere Monate für Dadul, und ein Fremder hat sie miterlebt. „Aber als Ahn", erinnert sich Harvey Whitehouse, „war ich eine ziemliche Enttäuschung." □

Gesa Gottschalk, 27, arbeitet als Journalistin in Hamburg.

GEOkompakt 109

Petersplatz, 2. Mai 1999: Johannes Paul II. spricht den italienischen Kapuziner Padre Pio selig. Sechs Jahre später studiert die »Congregatio de Causis Sanctorum« in einem anderen Fall Akten – im Seligsprechungsverfahren für den nunmehr verstorbenen polnischen Papst

- - - Heiligsprechung im Vatikan - - -

Die Verwalter der Wunder

*Wer im Leben Übermenschliches vollbracht hat, den kann der Papst selig-
oder heiligsprechen. Doch zuvor unterziehen die Bürokraten des Vatikans den
Fall einer genauen Prüfung. Das kann Jahre dauern – oder Jahrzehnte*

Text: Alexander Smoltczyk

Menschen wollen Wunder. Was hätte man sonst von all dem Beten, Glauben, Kerzenspenden, ganz zu schweigen von der Kirchensteuer? Das Wunder ist der Gebrauchswert Gottes, das Sonderangebot des Metaphysischen. Es geht nicht an, dass der Allmächtige und Allgegenwärtige sich gemütlich zurücklehnt und die Menschen machen lässt. Wenn es nicht zumindest vorstellbar wäre, dass ER mal fünfe gerade sein ließe, und sei es nur ein einziges Mal, dann wäre alles Beten vergeblich. Eine Welt ohne Wunder wäre eine Welt ohne Gott, also eine leere Welt. Wenn alles erklärbar wäre, brauchte es keinen Glauben, sondern nur ein gutes Lexikon.

Das ist die Küchentheologie der einfachen Leute, und wer wollte es ihnen verdenken? Nur Trost reicht nicht, nur Hoffen aufs Jenseits ist zu wenig. Glauben heißt Glauben an die Möglichkeit des eigentlich Unmöglichen.

Für den amtierenden Papst hingegen scheinen Wunder keine sonderliche Bedeutung zu haben. In seiner „Einführung in das Christentum" taucht das Wort nicht auf, kein einziges Mal. Doch Joseph Ratzinger würde vermutlich auch dann an Gott glauben, wenn sich keine Wunden von selbst schlössen, keine Lahmen wieder gehend würden und die Erde überhaupt ein Höllental wäre. Benedikt XVI. ist ein an der Aufklärung geschulter Gläubiger, und seit der Aufklärung sind Glaube an Gott und der Glaube an Mirakel zweierlei.

Aber wer ist schon so glaubensstark wie Joseph Ratzinger?

Für die meisten Nicht-Päpste ist es schwer hinnehmbar, dass der Arzt am Bett des Todkranken das letzte Wort haben soll. Jetzt helfe nur noch ein Wunder? Dann soll es kommen! SEINE Souveränität ist schließlich grenzenlos und stärker als Erfahrung und Wahrscheinlichkeit. Auch Lottospielen ist absurd, sagen uns die Statistiker. Dennoch werden zweimal pro Woche Gewinner präsentiert.

Und außerdem gibt es eine Adresse, wo Wunder gesammelt, sortiert, von allem Aberglauben und sonstigen heidnischen Rückständen gereinigt und gefiltert werden. Das ist die „Congregatio de Causis Sanctorum", Piazza Pio XII, 10, in 00193 Rom, telefonisch erreichbar unter 0039-06-6988-4247.

Die päpstliche „Kongregation für die Selig- und Heiligsprechungsprozesse" hat ihr Hauptquartier gleich am Petersplatz, gegenüber dem südlichen Kolonnadenarm. Es ist ein diskret postfaschistisches Gebäude aus sienagelbem Ziegelstein, das laut Inschrift von PIUS XII PONT MAX im Jubeljahr MDCCCCL (1950) errichtet wurde.

Hier, im dritten Stock, oberhalb einer Filiale des pontifikalen Reisebüros, werden Heilige gemacht, sechs Tage die Woche zu den üblichen Bürozeiten von acht bis zwölf und dann wieder ab 17 Uhr.

Die Kongregation ist eine Art TÜV für Selige und solche, die es werden sollen. Die Prüfungskammer ist streng, sehr streng sogar, aber manchmal gibt es hier auch Wunder. Und wer ein Wunder vorweisen kann, der darf sich selig schätzen.

„Causa dei Santi" steht am Fahrstuhldrücker. Der Mann am Eingang studiert die Sportzeitung, ansonsten scheint das Amt aus zwei mit glänzendem Travertin gefliesten Fluren zu bestehen, an die sich dunkle Bürotüren mit Art-déco-Messinggriffen reihen. Die meisten Büros sind verschlossen, auf kleinen Tischen liegen Heiligenbilder aus wie Werbeprospekte, daneben ist der „Osservatore Romano" aufgeschlagen, mit der Schlagzeile des Tages: „Brüderlichkeit und Versöhnung zwischen den Völkern".

Durch eine halb geöffnete Tür ist ein Mann im klerikalen Anzug zu sehen, der am Schreibtisch Akten liest. Das ist einer der fünf Relatoren, wohl damit beschäftigt, ein Verfahren voranzubringen oder in einer Schublade zu begraben, *sine die*, auf unbestimmte Zeit.

Jemand telefoniert, auf dem stillen Gang ist es kaum zu überhören: „Meine ganze Argumentation für das Martyrium hat er akzeptiert... Doch, doch, das hat er mir über den Tisch gesagt: Wenn ich nicht da gewesen wäre, wäre die Causa durchgefallen..."

Aus einem anderen Zimmer ist zu hören: „Da kann ich Ihnen erst einmal keine Hoffnung machen. Die Causa steckt fest, weil dieses Buch von ihm bekannt geworden ist, das vergessen die Journalisten nicht und werden es spätestens bei der Heiligsprechung wieder vorziehen..."

Büroalltag im Amt für Seligsprechungen.

„Causa" – so wird hier jeder Vorgang genannt, jedes der eintreffenden Verfahren, jeder Antrag auf die Berechtigung, einen Verstorbenen selig oder heilig nennen zu dürfen, bis ans Ende der Zeiten.

Und damit fängt es an: Falls ein verschiedener Gottesdiener im Ruch der Seligkeit steht – also etwa bei Anrufung seines Namens gelegentlich Wunder bewirkt oder gar als Märtyrer gestorben ist –, bedarf es zunächst eines Antragstellers, um das Verfahren zu eröffnen. Dieser Aktor, etwa ein Gläubiger oder eine Ordensgemeinschaft, beauftragt einen Postulator mit Nachforschungen über das Leben und den „Ruf der Heiligkeit" des Anwärters.

Der Sachverständige erstellt eine genaue Biografie des Kandidaten und eine Liste von Zeugen, die über das tugendhafte Leben und eine eventuelle Wundertätigkeit oder ein Martyrium Auskunft geben können. Anschließend prüft der zuständige Diözesanbischof das Werk und holt weitere Gutachten ein. Wenn der Bischof nach gründlicher Analyse aller Daten den Vorgang als erfolgversprechend einstuft, bündelt er das Material zu einer Causa und schickt es nach Rom. Die Kosten des Verfahrens trägt der Antragsteller.

In einem der hinteren Zimmer sitzt der Dominikanerpater Ambrosius Eßer in seinem Drehstuhl, massig und schwer atmend. Pater Eßer ist Generalrelator – eine Art Dispatcher, der die wöchentlich eintreffenden Anträge auf Seligsprechung an die Relatoren verteilt, sortiert nach Landsmannschaft und Sprachkenntnis.

Ambrosius Eßer liest an diesem Morgen gerade in der „Zeit", nur einmal unterbrochen von einem Bittsteller, der sich erkundigt, wie weit der Prozess irgendeines Kandidaten gediehen sei.

Hinter ihm verdecken Dokumentenbände die Wand. Briefe, Akten, Broschüren in Polnisch, Deutsch, Französisch ruhen auf dem Schreibtisch. Vor sich hat er einen nachgedunkelten Aktenschrank, mit Dutzenden Schubkästen, in denen in uneinsichtiger Ordnung die Namen der Causae geschrieben sind. Hier reifen sie, die Seligen.

> *Ein* **SELIGGESPROCHENER** *darf nur lokal verehrt werden – ein Heiliger überall auf der Erde*

Es gibt zwei Grade der höchsten Gottgefälligkeit: selig und heilig. Ein Seliggesprochener darf nur lokal verehrt werden, der Heilige überall und von der ganzen Kirche. Selig sind etwa Papst Johannes XXIII., der „Gesellenvater" Adolph Kolping oder seit 2003 Mutter Teresa aus Kalkutta.

Ein Seligsprechungsverfahren darf frühestens fünf Jahre nach dem Tod der Person eingeleitet werden. Der Papst kann allerdings eine Ausnahme erteilen. Im Falle von Johannes Paul II. war der Druck der Gläubigen so stark (auf dem Petersplatz wurde gerufen: „Santo subito" – „heilig sofort"), dass Benedikt XVI. bereits drei Monate nach dem Tod seines Vorgängers den Dispens erklärte.

Um heiliggesprochen zu werden, muss der Kandidat bereits zu den Seligen zählen; und ein zweitinstanzliches

Mehr als 100 Weggefährten haben den frommen Lebenswandel Karol Wojtyłas bezeugt. Nun sind die Akten aus der polnischen Heimat Johannes Pauls II. in Rom eingetroffen

112 GEOkompakt

Feierliche Zeremonie in Rom am 28. Juni 2005: Auf Drängen vieler Gläubiger leitet Papst Benedikt XVI. bereits knapp drei Monate nach dem Tod seines Vorgängers den Prozess zur Seligsprechung Johannes Pauls II. ein – eigentlich hätten zunächst fünf Jahre vergehen müssen

Verfahren ist notwendig, das Kanonisationsverfahren, das feststellt, ob der bereits Seliggesprochene noch weitere Wunder bewirkt hat. Dann erst kann ein Diener Gottes in das „Verzeichnis der Heiligen" aufgenommen werden und bekommt seinen Feiertag.

Zu den Heiligen des 20. Jahrhunderts zählen die von den Nationalsozialisten ermordete Nonne und Philosophin Edith Stein, Pater Maximilian Kolbe, der sich 1941 im Konzentrationslager Auschwitz für einen Mithäftling opferte, und Padre Pio, ein italienischer Priester des Kapuzinerordens, dem zahlreiche Wunderheilungen zugeschrieben werden.

Pater Eßer ist schon seit vielen Jahren Generalrelator. Er habe, so wird berichtet, schon weit über 100 Prozesse betrieben. Gerade ist er zurück aus Slowenien, wo er „einen seligen Bischof hatte". Eßer ist eine jener selbst wunderbaren Personen, denen man nur im Vatikan begegnet. Polyglott und allseitig gebildet. Als er einmal über die Geschichte der armenischen Dominikaner zu forschen hatte, habe er selbstverständlich auch Armenisch gelernt, sagt der Pater und setzt an zu einem längeren Exkurs über die türkische Kriegsführung. Beiläufig kommt die Rede auf Abchasien, wobei er ebenfalls detaillierte Kenntnisse zeigt. Nur die Gesundheit sei nicht mehr wie früher, seufzt er, aber der Heilige Vater lasse ihn einfach nicht gehen.

HEILIGGESPROCHEN ZU WERDEN ist zwar nicht ganz so schwierig, wie Papst zu werden oder Formel-1-

GEOkompakt 113

Weltmeister, aber doch ziemlich schwer. Zumal es nicht nur vom frommen und fehlerfreien Leben abhängt: Das Regelwerk zur Selig- und Heiligsprechung füllt samt Kommentaren mehrere Bände. Zurzeit ist die Version „Divinus perfectionis Magister" vom 25. Januar 1983 gültig, samt ihrer jüngsten Aktualisierung „Sanctorum Mater", gegeben zu „Romae A. D. MMVII" mit dem Ziel, die Ermittlung von Heiligen effizienter zu machen.

Zuerst beginnt die Beweiserhebung. Sie wird am Tatort durchgeführt, unter strikter Anwendung der Normen

Ist die Materialsammlung abgeschlossen, werden die Akten in doppelter Ausführung nach Rom, zur Kongregation geschickt. Die überprüft, ob alle Regeln und Normen eingehalten worden sind und sich nicht etwa ein Hörensagen in die Zeugnisse gemogelt haben könnte.

Daraufhin beauftragt der Generalrelator Pater Eßer einen Relator, einen Ermittlungsrichter, die „Positio super vita et virtutibus" aufzustellen, quasi die Beweisakte. Sie kann leicht mehr als 1000 Seiten umfassen. Darin müssen Leben und Tätigkeit des Kandidaten in chronologischer

---

Für jedes Verfahren fertigen die Bürokraten im Vatikan einen eigenen FRAGENKATAOLOG *an – mit bis zu 100 Erkundigungen*

---

und in der Zuständigkeit der örtlichen Bischöfe. Diese sammeln alle Nachrichten zur Feststellung des „heroischen Tugendgrades" oder des Martyriums eines mutmaßlichen Seligen.

Benedikt XVI. hat dies noch einmal bestätigt: Eine herausragende christliche Lebensführung allein oder besondere kirchliche oder soziale Leistungen allein seien noch kein hinreichender Grund, um die Einleitung eines Verfahrens zu rechtfertigen – notwendig sei die Bedingung des „Rufs der Heiligkeit". Sehr wichtig sind auch sachdienliche Hinweise auf etwaige Wunder, die der Fürbitte des Verstorbenen zugeschrieben werden.

Jeder katholische Zeuge muss, an einem Altar kniend, die Evangelien berühren und seine ewige Seligkeit als

Eine Seligsprechung ist kompliziert, auch die eines Papstes: Die Eröffnung des Prozesses in der Lateranbasilika im Juni 2005, an der viele Bischöfe teilnehmen, ist nur der erste Schritt

Pfand für seine Wahrhaftigkeit einsetzen – das ist nicht wenig. Dann muss er schwören, die Wahrheit zu sagen. Wenn ihm später etwas einfallen sollte, was gegen den künftigen Heiligen sprechen könnte, so muss er seinem Bischof davon Mitteilung machen. Vor einem weltlichen Gericht wird Meineid nur mit Gefängnis bestraft. Vor dem Kanonisierungstribunal drohen dafür Höllenstrafen, und das nicht nur als Metapher.

Reihenfolge dargelegt und die Zeugnisse für seine Heiligkeit dokumentiert werden.

Alsdann geht das Verfahren an einen „Promotor fidei", einen Glaubensanwalt, und an die acht theologischen Konsultoren. Sie untersuchen noch einmal die Beweisakte auf Glaubwürdigkeit, Vollständigkeit und Kohärenz und entscheiden dann, ob die Causa den Kardinälen und Bischöfen des Dikasteriums vorgelegt werden kann.

An dieser Versammlung nimmt auch der Sekretär der Heiligenkongregation teil, der später den Bericht für den Papst, als oberstem Richter, schreiben muss. Denn nur der Heilige Vater kann in einem Dekret den heroischen Tugendgrad oder das Martyrium feststellen.

Wie überall sind auch in der Kongregation nicht alle Protoheiligen gleich. Wenn die Antragsteller über weltweite Vernetzungen und die entsprechenden Mittel verfügen, um reichlich Gutachten von Medizinern, Historikern und Theologen beizubringen, kann die Causa stark beschleunigt werden. So dauerte es nur 27 Jahre, bis der Gründer des strengkonservativen „Opus Dei", Josemaría Escrivá de Balaguer, nach seinem Tod 1975 heiliggesprochen wurde.

EINIGE TÜREN ENTFERNT von Ambrosius Eßer sitzt Monsignor José Luis Gutiérrez, ein emeritierter Professor für Kirchenrecht aus Spanien. Er ist seit 15 Jahren mit Seligen befasst. Aus einem Ordner zieht er eine grünweiße Plastiktüte mit der Aufschrift „Galeria Kaufhof". Darin verbirgt sich ein telefonbuchdicker Stapel Papier.

„Das ist ein Priester aus Bologna", sagt Gutiérrez. „Die Abschrift sämtlicher Zeugenaussagen des Prozesses. Wenn Sie fragen, was ich den ganzen Tag mache, dann ist es das: lesen, lesen, lesen." Auf das Deckblatt hat er sich eine Notiz geschrieben, eine Lappalie vielleicht, doch möglicherweise ein Hindernis auf dem Weg zur Seligsprechung: „Es gab einen Konflikt zwischen diesem Diener Gottes und seinem Bischof. Eine Sanktion. Ich muss den Postulator fragen, ob es da Akten in der Kurie gibt zu dem Vorfall."

In der Regel, sagt Gutiérrez, hätten die Kandidaten eine sehr gute Chance, irgendwann einmal seliggesprochen zu werden. „Wenn ein Postulator auch nur einigermaßen intelligent ist, wird er nichts verschweigen. Jedes Tricksen würde ans Tageslicht kommen und die Causa nur beschädigen." Es sei im Grunde wie an der Uni: Abschreiben kommt irgendwann raus.

Die Ermittlung kann Jahre dauern. Nichts darf ausgelassen werden – auch nichts, was einen Schatten auf den Menschen werfen könnte. Erst im Februar 2008 hat der Vatikan die Diözesen aufgefordert, mehr „Strenge" und „Nüchternheit" walten zu lassen. Offenbar hatte der Seligkeitstaumel hier und da überhandgenommen.

Sobald die Akte von einem Relator durchgearbeitet ist, bringt er sie in eine Druckerei und lässt sie in kardinalsrotes Leinen binden, Din A4 und in einer Auflage von 80 Exemplaren. In Goldprägung steht dann auf dem Einband: „Positio super vita, virtutibus et fama sanctitatis" – amtlich geprüfter Bericht „über das Leben, die Tugenden und den Ruf der Heiligkeit".

Neben dem Schreibtisch von Gutiérrez lehnt ein halbes Hundert dieser Folianten. Sie müssen jetzt vom Glaubensanwalt und den acht Theologenkonsultoren studiert werden. Das kann dauern. Er nimmt den Band „Hyacinthe Alegre Pujals" aus dem Regal, die Causa eines 1930 verstorbenen spanischen Jesuitenpaters: 350 eng bedruckte Seiten, auf denen jeder Brief, jede fromme Tat, jeder Selbstzweifel dokumentiert sind. Fotokopien von Briefen an die Gemeinde, Fotos, Auszüge aus Bistumsakten. Kein Geheimdienstarchiv könnte ausführlicher sein.

„Es gibt zwei Wege zur Seligkeit. Den langen und holprigen Dienstweg und, sagen wir: die Autobahn", sagt José Gutiérrez. „Sobald ein Wunder geschehen ist, geht alles sehr viel schneller. Ein Wunder ist wie eine Dissertation *summa cum laude*. Obwohl", fügt er hinzu, „auch eine Autobahn manchmal verstopft sein kann."

Für jedes Verfahren werde ein Fragenkatalog aufgesetzt – „aber maßgeschneidert, nicht von der Stange". Das sind bis zu 100 Erkundigungen des Typs: „52. Betrachtete sie sich selbst als Sünderin vor Gott, unwürdig Seiner Liebe?" So steht es etwa in der Causa der Emilia Engel, Oberin der Schönstatt-Bewegung. Auf diese Fragen müssen die Zeugen wahrheitsgemäß und unter Eid antworten. Und es gibt keinen Publikumsjoker.

Im „Index ac status causarum" wird laufend über den Stand der aktuellen Verfahren berichtet, zurzeit sind es mehr als 1000, davon einige Hundert ernsthaft. Manch eine Angehörigenfamilie verfolgt die Index-Berichte wie andere die Fußballbundesliga.

NACH ERFOLGTER SELIGSPRECHUNG muss mindestens ein (meist medizinisches) Wunder nachweisbar sein, damit aus dem Seligen ein Heiliger wird. Ein Rat von Ärzten, die *Consulta medica*, muss ein gerichtsmedizinisches Gutachten über die vorgelegten Heilungen oder Wiederauferstehungen erarbeiten.

Wiederauferstehungen. Gutiérrez hat kein Problem damit. Gott ist allmächtig, warum soll er nicht auch dazu

Auch griechisch-orthodoxe Geistliche sind zur Einleitung des Verfahrens nach Rom gekommen. Noch aber fehlt ein vom verstorbenen Papst vollbrachtes Wunder

in der Lage sein? Im Übrigen, wer nicht an Wunder glauben will, der sollte nicht in den Raum 313 gehen, ein paar Bürotüren weiter: „Kommen Sie…"

Zwei Schwestern wachen dort über eine der wohl sonderbarsten Bibliotheken. Es ist das Archiv der Wunder, quasi lückenlos geführt seit dem Jahre des Herrn 1588. Hier biegen sich die Regale unter der Masse von Zeugnissen – da lehnen Folianten aneinander, deren Etiketten so alt sind, das sie selbst schon den Sepia-Ton des Leders angenommen haben.

In dürrer Kanzlistenschrift stehen die Jahreszahlen auf den Buchrücken, „1642", „1761" etc. Es duftet nach Pergament, nach altem Papier und Maroquin-Leder.

Gutiérrez zieht einen offensichtlich kaum gelesenen Band aus der Spätrenaissance hervor: Hunderte handgeschriebener Seiten aus dem Leben eines Heiligen, der außerhalb dieser Räume gewiss längst vergessen ist. „Lei-

GEOkompakt 115

2. April 2007, Lateranbasilika in Rom: Ende der ersten Verfahrensphase. Die Seligsprechung Johannes Pauls II. rückt näher: Eine Wunderheilung ist dokumentiert worden!

der hat Napoleon einen Teil des Archivs nach Paris mitgenommen", sagt er, und es klingt, als wäre das erst gestern geschehen. „Manches Dokument liegt wohl noch bei irgendwelchen Bouquinisten." Durch ein Fenster ist der Verkehr auf der Via della Conciliazione, die auf den Petersplatz zuführt, zu sehen, fern wie ein anderer Planet.

Das Archiv der Heiligenkongregation ist eine Anti-Enzyklika. In diesen Archiven steht nicht geschrieben, was ist – sondern was eigentlich nicht sein kann.

Hier werden Heilungen von Blinden berichtet sowie die erstaunliche Verlängerung eines Beines um zwölf Zentimeter. Menschen mit Rückgratverkrümmungen, die 20 Jahre lang nur im Staub kriechen konnten, erhoben sich plötzlich und liefen aufrecht davon, ausgelaufene Augen wurden wieder sehend.

Nichts ist hier gewöhnlicher als eine Bilokation – die Fähigkeit, an zwei Orten zugleich anwesend zu sein – oder das Reden in fremden Sprachen. Weissagungen und plötzliche Heilungen gehören zur Grundausstattung vieler hier verzeichneter Mitmenschen. Wer hier nicht übers Wasser gehen kann, der wird kaum ernst genommen. Es gibt unerklärliche Fischzüge, nachwachsende Arme und die Wiederauferstehung eines Ertrunkenen.

„Als ich mir das Kreuz auf den Magen gelegt hatte, hörte ich und auch die Anwesenden hörten das laute Geräusch, wie der Darminhalt in die unteren Eingeweide hinabstieg, und ich hatte einen sehr leichten Stuhl", so gibt ein Marius Anton de Ciarpaglini die Heilung seines Darmverschlusses bekannt, nachdem er die heilige Margareta von Cortona angerufen hatte.

In der „Positio" der Causa Don Bosco findet sich auf Seite 782 die Aussage des Salesianerpaters Johannes Branda, der im Januar 1886 in der Nähe von Barcelona weilte und dennoch mehrmals nachts von „unserem lieben Vater Don Bosco" geweckt und durch die Säle seines Internats geführt wurde, obwohl der sich nachweislich in Turin aufhielt.

Im Fall eines Neugeborenen aus Chicago, dem am 14. März 1921 versehentlich eine 50-prozentige Silbernitratlösung ins Auge geträufelt worden war, erklärte der begutachtende Professor Armando Colangeli die Heilung der Hornhaut nur durch „ein höheres Eingreifen, das Eingreifen Gottes. So urteile ich aufgrund meiner langen Erfahrung und nach bestem Wissen und Gewissen".

Im Verfahren der ehrw. Klara Isabella Gherzi (gestorben 1800) wurde auf Fragepunkt 24 („Vermehrungswunder") von Zeugin V, Professschwester Paula Maria Fanucci, wie folgt geantwortet: „...begab ich mich am Vigiltage des hl. Laurentius um den halben Vormittag an das Bett der Dienerin Gottes, um ihr zu sagen, dass es unmöglich gewesen sei, in den Läden oder sonstwo gesalzene oder andere Fische zu bekommen. Ich war damals Köchin, und zu meiner Aufgabe gehörte es, für den Tisch der Nonnen zu sorgen. Die Dienerin Gottes war eine kurze Zeit still, wie wenn sie mit sich zurate ginge, dann antwortete sie: ,Sind da nicht noch die Fische, die gestern gekauft wurden?' Ich brachte also in einer Schüssel mit Wasser die besagten Fische, die darin lagen, und ich sah und stellte fest, dass es genau dreieinhalb Pfund sein konnten, und ich hielt sie der Dienerin Gottes hin. Die legte ihre rechte Hand in das Wasser, und indem sie etwas zwischen den Fischen rührte, sagte sie nur: ,Es ist genug, genug, nehmt sie und kocht sie.' Ich beobachtete, dass die Fische, als sie sie berührte, mehr wurden. Sicher ist, dass das Wasser unter meinen Augen weniger wurde und die Fische mehr."

ES GIBT NATÜRLICH KEINEN BEWEIS, dass es sich bei all diesen Fällen um Wunder handelt. Niemand kann gezwungen werden, sie für wahr zu halten. Man kann aber auch niemandem verbieten, sie für Wunder zu halten, solange es keine rationale Erklärung für sie gibt.

Nun könnte eine anscheinende Wunderheilung auch durch Faktoren bedingt sein, deren Wirkung noch unerforscht ist. Monsignor Gutiérrez ist zu sehr Wissenschaftler, um diesen Einwand einfach beiseitezuwischen.

Er sagt: „Wir können solche hochkomplexen Prozesse natürlich nie ausschließen. Durchs Fenster weht ein bestimmter Fichtenpollen hinein, der zusammen mit anderen Faktoren eine heilende Wirkung hat. Das ist denkbar. Unser Wissen ist endlich, wir können nie mit Sicherheit sagen, ob Gott ein Wunder bewirkt hat. Wir können allein mit allen unseren gegenwärtig vorhandenen Mitteln prüfen, ob es eine Erklärung gibt. Wir sind nicht allwissend."

Wunder gehörten schon zur Jobbeschreibung der Apostel. „Heilt Kranke, weckt Tote auf, macht Aussätzige rein, treibt böse Geister aus" (Matthäus 10, 8). Das sind schon starke *unique selling points*. Das erklärt, weshalb die Leute in Scharen kamen.

Zumal Jesus nicht nur redete, sondern ohne jedes Aufheben Lazarus auferstehen ließ und beiläufig einen Aussätzigen heilte: „...rührte ihn an und sprach zu ihm: Ich will's tun; sei rein! Und sogleich wich der Aussatz von ihm, und er wurde rein" (Markus 1, 41–42). Noch nach seiner Auferstehung versprach Jesus jede Menge Wunder: „Sie werden Teufel austreiben in meinem Namen; sie werden in neuen Sprachen sprechen. Schlangen werden sie aufheben und tödliches Gift trinken, und es wird ihnen nicht schaden. Kranken werden sie die Hände auflegen, und sie werden gesund werden" (Markus 16, 17 f.).

So reden heute nur noch evangelikale Prediger oder Provinz-Illusionisten. Liberale Theologen interpretieren solche Passagen als bloße Metaphern: Blinde sehend zu machen hieße, Ungläubigen „die Augen zu öffnen". Der Theologe Rudolf Bultmann forderte die Entmythologisierung des Neuen Testaments – und wunderte sich, dass die Kirchen leer blieben.

Nein, ohne Wunder geht es nicht. Das hat Benedikt XVI. im April 2006 bekräftigt, trotz erheblichen Lobbyings von „Beatifikations-Gruppen" und gegen den Rat einiger seiner Experten. Reformer hatten eingewandt, dass sich ein vorbildliches Leben an der Schwelle zum 21. Jahrhundert nicht mehr durch unerklärliche Genesungen zeige.

Da war die Causa des Volksmissionars und Jesuitenpaters Rupert Mayer, eines engagierten und couragierten Mannes. Er hatte früh vor den Nazis gewarnt und war wegen einer Predigt nach Sachsenhausen ins Konzentrationslager geschickt worden. Mayer wurde schon zu Lebzeiten als der „15. Nothelfer" verehrt.

Noch heute rufen ihn Tausende täglich betend an, um ihre Ehe zu retten, einen Neffen von den Drogen loszubringen oder eine Krankheit zu heilen. Die Zeugnisse über nachweisliche Gebetserhörungen gehen mittlerweile in die Tausende. Nur das medizinische Wunder ist ausgeblieben. So wird aus Rupert Mayer so schnell kein Heiliger.

Nicht, dass der Papst aus Bayern etwas gegen Pater Rupert hätte. Er möchte nur dem inflationären Gebrauch der Beatifikationen (Seligsprechungen) und Kanonisationen (Heiligsprechungen) etwas Einhalt gebieten: Unter Johannes Paul II. wurden insgesamt 1338 Menschen selig- und 482 heiliggesprochen; das sind mehr Seligsprechungen als in den fast 400 Jahren zuvor, seit der Einführung des Kanonisierungsverfahrens 1588. Und fast doppelt so viele Heiligsprechungen.

BEI JOHANNES PAUL II. selbst brauchte man nicht lange auf ein Wunder zu warten. Schon bald nach seinem Tod meldete sich Marie Simon-Pierre aus Aix-en-Provence, eine Ordensschwester der „Kleinen Schwestern der Katholischen Mutterschaft".

Bei ihr war im Jahr 2001 die Parkinsonkrankheit festgestellt worden. Nach dem Tod Johannes Pauls II. verschlimmerte sich ihr Zustand derart, dass sie nicht mehr leserlich schreiben konnte. Ihre Mitschwestern begannen, den Verstorbenen um Fürsprache auf Heilung ihrer Mitschwester anzurufen. Zwei Monate später, in der Nacht vom 2. auf den 3. Juni 2005, soll die Schüttellähmung dann plötzlich verschwunden gewesen sein.

Ein Neurologe, der Schwester Marie seit Jahren behandelte, stellte nach Angaben von „Radio Vaticana" fest, dass alle Symptome der Krankheit vollständig verschwunden seien. „Ich war krank, und jetzt bin ich geheilt. Es kommt der Kirche zu, dies zu verkünden und es als Wunder anzuerkennen", sagte die Nonne im März 2007 auf einer Pressekonferenz. „Es ist das Werk Gottes auf die Fürsprache von Johannes Paul II. Das ist etwas ganz Besonderes und schwer in Worte zu fassen."

Während der **AMTSZEIT** *von Johannes Paul II. wurden 1338 Verstorbene selig- und 482 heiliggesprochen*

Natürlich gibt es auch eine Art Giftschrank in der Kongregation, wo die heiklen Causae liegen. Zum Beispiel die jenes Pius' XII., der das schöne sienagelbe Gebäude im Jubeljahr 1950 erbauen ließ.

Seit mehr als 40 Jahren läuft das Seligsprechungsverfahren für Pius XII., geboren als Eugenio Pacelli. Weshalb so lange? Weil Pacelli doppelt Pech gehabt hat in seinem Leben. Er wurde Papst, als auf Erden die Hölle los war, als Hitler über den Kontinent herrschte, Stalin wütete und der Kirchenstaat einem megalomanischen Hitler-Vasallen ausgeliefert war, der sich Duce nennen ließ. Da war es schwer, Papst zu sein.

Dann – zweites Pech – kam 1963 in der Berliner Schaubühne ein Sieben-Stunden-Stück zur Uraufführung. Es hieß „Der Stellvertreter" und war geschrieben von einem Lektor bei Bertelsmann, der gerade sehr erfolgreich die gesammelten Werke von Wilhelm Busch verkauft hatte: Rolf Hochhuth. Die drei Monate Sonderurlaub für den Bestseller hatte Hochhuth genutzt, ein Drama über das Schweigen Pius' XII. zum Holocaust zu schreiben.

„Der Stellvertreter" wurde nicht nur ein Welterfolg. Es ist bis heute das einzige Theaterstück, das auch im Himmel Wirkung hatte. Sozusagen. Denn das Bild eines kaltherzigen, diplomatisch lavierenden Papstes, dem das Überleben seines Hofstaats wichtiger war als das Leiden der Juden, ist seit

Marie Simon-Pierre glaubt: Ihre Parkinsonkrankheit verschwand auf Fürbitte des toten Papstes

dem „Stellvertreter" nicht mehr aus den Köpfen heraus-zubekommen.

Für die einen ist Pacelli „Hitlers Papst" – so die Sach-buchautoren John Cornwell und Daniel Goldhagen. Für die anderen ist er ein Held und „Defensor Civitatis" – so steht es in Stein gehauen am Pius-XII.-Platz.

Jedenfalls war es bislang unmöglich, den üblichen Seligsprechungsprozess abzuschließen. Seit mehr als 40 Jahren wird durchleuchtet und abgeklopft, bewogen und gezögert, werden Expertenvoten eingezogen und

Verfahren. Das war mit dem alten Vorgehen nicht mehr zu schaffen."

Seit 30 Jahren beschäftigt sich Gumpel nun schon mit Pius XII. Niemand kennt die Unterlagen so gut wie er, keiner hat die noch nicht veröffentlichten Dokumente so genau studiert. Deshalb kann er sich auch aufregen über all die angeblichen Archivforscher und die Enthüllungs-bücher über „Hitler's Pope".

Für Pater Gumpel, den selbst von Hitler Vertriebenen, besteht kein Zweifel, dass Pacelli gerade *wegen* seiner Hal-

Je nüchterner sich die Welt da draußen zeigt, desto mehr wollen die Menschen an WUNDER glauben

Nachuntersuchungen verlangt. Der Vergleich mit dem TÜV ist nicht ganz abwegig.

Im Mai 2007 gab es dann den ersten Stempel. Pius XII. bekam von der Congregatio den „heroischen Tugend-grad" zugesprochen. Damit gilt er als *venerabile*, als ver-ehrungswürdig. Das ist die erste Voraussetzung für eine Seligsprechung.

Zu verdanken hat Pius dies nicht zuletzt der Hart-näckigkeit seines Relators, des Jesuitenpaters und Profes-sors Peter Gumpel. Der 1923 in Hannover geborene Gum-pel ist kaum weniger sagenumwoben als sein verehrtes Studienobjekt.

Er soll aus preußischem Hochadel stammen und 1933 von der Familie ins vermeintlich sichere Exil nach Hol-land geschickt worden sein. Eine Widerstandsgruppe ha-be ihn sogar als König eines befreiten Deutschlands einge-plant. Pater Gumpel ist eine zu noble Person, um sich zu solchen Legenden zu äußern.

Er sei am Berliner Lietzensee zur Schule gegangen, das sei schon rich-tig, sagt er nur, mit leicht niederlän-dischem Akzent. Pater Gumpel ist eine hagere, aufrechte Gestalt, mit Manieren und einer Sprechweise, die aus vergangenen Zeiten stammen, und die Rolle eines Königs hätte er gewiss gut ausgefüllt. Er hat schon 20 Causae erfolgreich durchgebracht und gehört zu denen, die 1983 eine Reform der Heiligsprechungen vorangetrieben haben.

Bis dahin musste jede Causa direkt der Kongregation vorgelegt werden, streng klassisch mit Relator und Advo-catus Diaboli. Doch eine globalisierte Kirche hat zu viele Kandidaten.

„Wissen Sie, als das System vor 200, 300 Jahren er-funden wurde, gab es vielleicht zehn bis 15 Verfahren. Die konnte ein Einzelner schon noch bewältigen", sagt Pater Gumpel. „Heute haben wir aber weit über 1000

tung gegenüber den Nazis den Status des Seligen, ja des Heiligen verdient hat. Er weiß, was es heißt, verfolgt zu sein. Genau deshalb empfinde er das Verhalten vieler Kri-tiker des Papstes als schäbig, „die in den USA leben, keine Ahnung von Diktatur haben und nicht im Entferntesten nachempfinden können, was Leben in einem Polizeistaat wirklich heißt".

Aber die Gegenwart ist mächtig. Mit jeder Öffnung des vatikanischen Geheimarchivs tauchen neue Dokumente auf, jedes muss gewichtet, gewertet, gewürdigt werden, und all dies im Fall Pius' XII. vor den Augen der Weltöf-fentlichkeit. Um da schnell seliggesprochen zu werden, bedürfte es schon eines veritablen – Wunders.

JOSÉ LUIS GUTIÉRREZ, der Relator, steht im Archiv der Kongregation, zwischen jahrhundertealten Pergamenten und Stahlregalen. Er schaut durch ein niedriges ovales Fenster auf das Gedränge der Touristen und Pilger draußen auf dem Petersplatz.

„Die Leute wollen Wunder", sagt er. Daran werde sich so schnell nichts ändern, umso weniger, je er-nüchterter sich die Welt da draußen gebärde.

Nein, ihm selbst sei noch nie ein Wunder widerfahren. Selbst-verständlich, sagt er, würden sich manche Heilungen nach heutigem Kenntnisstand anders darstellen.

Aber: „Was heute unerklärlich ist, wird es auch in 20 Jahren sein. Natürlich verschwinden Infektionen heute wie durch ein Wunder, wenn Penicillin verabreicht wird. Aber wie erklären Sie Heilungen aus der Zeit vor der Entdeckung des Penicillins? Es bleibt ein Wunder." □

MEMO | HEILIGSPRECHUNG

⟫⟫ NUR VERSTORBENE können selig- oder heiliggesprochen werden.

⟫⟫ DEN ANTRAG dazu stellt ein Gläu-biger oder eine Ordensgemeinschaft.

⟫⟫ EIN POSTULATOR ermittelt zunächst die Lebensdaten des Kandidaten.

⟫⟫ EIN RELATOR stellt eine „Beweis-akte" zusammen – oft über 1000 Seiten.

⟫⟫ DER PAPST entscheidet den Ausgang des Verfahrens per Dekret.

Alexander Smoltczyk, 49, ist der Korrespondent des „Spiegel" in Rom.

Literatur: Alexander Smoltczyk, „Vatikanistan. Eine Entdeckungsreise durch den kleinsten Staat der Welt", Heyne, erscheint im Oktober 2008.

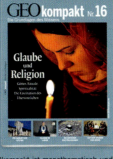

GEO berichtet in exklusiven und aktuellen Reportagen über die wichtigen Themen unserer Zeit. Erscheint 12x im Jahr.

GEOkompakt ist monothematisch und widmet sich den großen Fragen der Allgemeinbildung in außergewöhnlicher visueller Opulenz. Erscheint 4x im Jahr.

GEOSpecial berichtet jeweils über ein Land, eine Region oder eine Stadt. Erscheint 6x im Jahr.

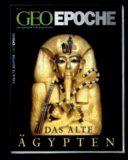

GEOSAISON zeigt die schönsten Reiseziele rund um den Globus. Erscheint 12x im Jahr.

GEOlino ist das Erlebnisheft für Kinder von 8 bis 14 Jahren. Erscheint 12x im Jahr.

GEOEPOCHE ist das Geschichtsmagazin von GEO. Erscheint 6x im Jahr.

Bergmann-Uhr »1988«
Die Uhr wirkt durch ihr lichtgelbes Zifferblatt und das schwarze PU-Lederarmband mit weißer Naht sehr elegant. Die schwarzen Zeiger sind mit Leuchtmasse ausgelegt, die klassischen Ziffern sind aufgesetzt. Mit Mineralglas, Qualitätsquarzwerk und Einzelnummerierung. Gehäusedurchmesser ca. 35 mm.

Lesen Sie jetzt Ihre Wunschzeitschrift:
bis zu 14% sparen und ein Geschenk für Sie!

Ihre Vorteile:
- Bis zu 14% sparen!
- Bergmann-Uhr »1988« gratis!
- Lieferung frei Haus!
- Nach 1 Jahr jederzeit kündbar!
- Geld-zurück-Garantie für zu viel bezahlte Hefte!

Abonnenten-Service Österreich
Tel.: 0820/00 10 85
Geo-kompakt@abo-service.at

Leser-Service Schweiz
Tel.: 041/329 22 20
Geokompakt@leserservice.ch

Bitte Bestellnummer aus dem Vorteilscoupon angeben.

Weitere Angebote unter www.geo.de/abo

Verlag: Gruner+Jahr AG & Co KG, Dr. Gerd Brüne, Am Baumwall 11, 20459 Hamburg. AG Hamburg, HRA 102257.
Vertrieb: DPV Deutscher Pressevertrieb GmbH, Dr. Olaf Conrad, Düsternstr. 1, 20355 Hamburg. AG Hamburg, HRB 95 752.

*14 Cent/Min. aus dem deutschen Festnetz, Mobilfunkpreise können abweichen.

GEO-Familienangebot-Vorteilscoupon

Ja, ich bestelle die angekreuzten Zeitschriften. Zum Dank für meine Bestellung erhalte ich **die Bergmann-Uhr »1988«** nach Zahlungseingang **gratis.** Die Lieferung aller Hefte erfolgt frei Haus. Ich gehe kein Risiko ein, denn ich kann nach einem Jahr jederzeit kündigen. Das Geld für bezahlte, aber nicht gelieferte Ausgaben erhalte ich zurück.

GEO (12 Hefte) für mich, Bestell-Nr. ☐ **595794**, als Geschenk ☐ **595795**
Erscheint 12x jährlich zum Preis von zzt. € 5,30 (D)/€ 6,– (A)/Fr. 10.50 (CH) pro Heft.

GEO EPOCHE (6 Hefte) für mich, Bestell-Nr. ☐ **595798**, als Geschenk ☐ **595799**
Erscheint 6x jährlich zum Preis von zzt. € 7,50 (D)/€ 8,15 (A)/Fr. 14.70 (CH) pro Heft.

GEO Special (6 Hefte) für mich, Bestell-Nr. ☐ **595802**, als Geschenk ☐ **595803**
Erscheint 6x jährlich zum Preis von zzt. € 6,95 (D)/€ 8,10 (A)/Fr. 13.60 (CH) pro Heft.

GEO SAISON (12 Hefte) für mich, Bestell-Nr. ☐ **595796**, als Geschenk ☐ **595797**
Erscheint 12x jährlich zum Preis von zzt. € 4,20 (D)/€ 4,90 (A)/Fr. 8.15 (CH) pro Heft.

GEOlino (12 Hefte) für mich, Bestell-Nr. ☐ **595800**, als Geschenk ☐ **595801**
Erscheint 12x jährlich zum Preis von zzt. € 2,75 (D)/€ 3,05 (A)/Fr. 5.35 (CH) pro Heft.

GEOkompakt (4 Hefte) für mich, Bestell-Nr. ☐ **595792**, als Geschenk ☐ **595793**
Erscheint 4x jährlich zum Preis von zzt. € 7,25 (D)/€ 8,15 (A)/Fr. 14.20 (CH) pro Heft.

☐ Ja, ich bin damit einverstanden, dass GEO und Gruner+Jahr mich künftig per Telefon oder E-Mail über interessante Angebote informieren.

Widerrufsrecht: Die Bestellung kann ich innerhalb der folgenden zwei Wochen ohne Begründung beim GEOkompakt Kunden-Service, 20080 Hamburg, in Textform (z.B. Brief oder E-Mail) oder durch Rücksendung der Zeitschrift widerrufen. Zur Fristwahrung genügt die rechtzeitige Absendung.

Datum Unterschrift

Meine Adresse: (Bitte auf jeden Fall ausfüllen.)
Name
Vorname Geburtsdatum
Straße/Nr.
PLZ Wohnort
Telefon-Nr. E-Mail-Adresse
Ich zahle bequem per Bankeinzug:
Bankleitzahl Kontonummer
Geldinstitut

Anschrift des Geschenkempfängers: (Nur ausfüllen, wenn Sie einen GEO-Titel verschenken möchten.)
Name
Vorname Geburtsdatum
Straße/Nr.
PLZ Wohnort
Dauer der Geschenklieferung:
☐ unbefristet (mindestens 1 Jahr) ☐ 1 Jahr

Vorteilscoupon einsenden an: GEOkompakt, Kunden-Service, 20080 Hamburg

Oder anrufen unter: 01805/861 80 00*

Einfach per E-Mail: Geokompakt-Service@guj.de

--- Biblische Geschichte ---

••• *Das Letzte Abendmahl* •••
Jesus weiß: Häscher jagen ihn, ihm droht der Tod. Mit seinen Anhängern schließt er einen Bund über alles
Sterben hinaus – aber in Wahrheit wohl eher im Liegen: Tische gibt es erst in späterer Zeit

Die französische Fotokünstlerin **Bettina Rheims**, 55, übersetzte mit ihrem Partner Serge Bramly Szenen des Neuen Testaments in die moderne Bildsprache der Videoclips und der Werbung

Wer war Jesus?

Text: Cay Rademacher; Fotos: Bettina Rheims

Er veränderte die Welt, Milliarden Menschen berufen sich auf seine Lehre, sein Ethos, seine Gebote. Forscher haben sich auf die Spuren jenes Mannes gemacht, der als Sohn Gottes verehrt wird – und zeichnen ein erstaunlich genaues Bild seines Lebens und seiner Zeit

Jerusalem, 2. April des Jahres 30. Was für ein Gedränge in den Gassen und auf den Plätzen, was für eine Ausgelassenheit im Gewirr aus flachen, meist zweigeschossigen Häusern rund um den heiligen Ort der Juden: den Tempelberg.

Rund 40 000 Menschen leben hier. Doch heute sind fast viermal so viele in der Stadt: Pilger. Das Passahfest naht, eine der wichtigsten Feiern im Jahr.

Pontius Pilatus, Roms Präfekt in Judäa, hat Legionäre an den Stadttoren und auf der Festung Antonia oberhalb des Tempelberges stationiert. Denn er befürchtet eine Rebellion. Wird das Passahfest nicht zum Gedenken an die Befreiung des Volkes Israel aus ägyptischer Knechtschaft begangen? Und ächzt dieses Volk nicht seit Jahrzehnten unter dem römischen Joch? Eine religiös erregte Menge, verhasste Besatzungstruppen, ein heiliger Tag in einer unübersichtlichen Stadt – es fehlt vielleicht nur noch ein Funke, um den Flächenbrand auszulösen.

Da beobachten einige Soldaten einen Mann, der mit einer Anhängerschar über den Ölberg kommt und in die Heilige Stadt einzieht – einen Mann, den sie hier nie zuvor gesehen haben.

„Hosanna!", rufen die, die ihm vorauseilen. „Gelobt sei, der da kommt im Namen des Herrn!"

Der Pilger heißt Jesus von Nazareth. Und er hat noch 120 Stunden zu leben.

DER MANN AUS GALILÄA begründete durch seine Kreuzigung die größte Religionsgemeinschaft der Welt. In seinem Namen gingen Menschen in den Tod oder verübten Morde. Ihm zu Ehren wurde gefoltert, ihm zu Ehren errichteten unzählige Namenlose als fromme Helfer Kirchen und Hospize. Und heute berufen sich rund zwei Milliarden Menschen auf ihn.

Wer war dieser Mann, in dessen Namen seit zwei Jahrtausenden Liebe und Leid in die Welt kommen?

Seit rund 300 Jahren bemühen sich Wissenschaftler, einen Blick auf den „wahren", den historischen Jesus zu werfen. Historiker und Theologen, Philologen und Archäologen haben aus verstreuten Funden und wiederentdeckten Texten, aus Mauerresten eines Hauses, Münzen, Inschriften und Gefäßen ein faszinierendes Puzzle zusammengefügt. Haben rekonstruiert, wie die Menschen einst in jener Gegend am Ostrand des Imperium Romanum lebten und dachten, was sie hofften, woran sie glaubten.

Dieses Bild ist nach wie vor ein Fragment, aber doch präzise genug für eine Zeitreise auf den Spuren Jesu.

Vom Neuen Testament gibt es mindestens 5000 Abschriften – aber kein Original

Die wichtigste, aber auch problematischste Quelle zum Leben und Wirken Jesu ist das Neue Testament. Jesus selbst hat keinen einzigen Text hinterlassen. Auch seine Weggefährten haben das, was ihnen wichtig erschien, nur weitererzählt. Brauchbare biografische Informationen finden sich erst bei drei der Autoren des Neuen Testaments: Markus, Matthäus und Lukas.

Die meisten Wissenschaftler sind sich inzwischen darin einig, dass Markus kurz vor dem Jahr 70 aus mündlich überlieferten Berichten seine „Frohe Botschaft" (griech. = *euaggélion*) niederschrieb. Matthäus und Lukas haben, unabhängig voneinander, aus dem Markus-Evangelium und weiterem Material dann zwischen dem Jahr 75 und 100 ihre Werke verfasst.

Diese drei eng miteinander verwandten, sogenannten synoptischen Evangelien liefern mehr Informationen als das um das Jahr 100 und wohl unabhängig von ihnen verfasste Johannes-Evangelium.

Rund 5000 vollständige Manuskripte oder Textfragmente des Neuen Testaments aus der Antike sind bis heute entdeckt worden. Doch kein einziges Original ist erhalten – es gibt nur antike Abschriften. Schon die ersten christlichen Gemeinden ließen „bearbeitete" Fassungen erstellen, etwa mit einer einheitlichen Schreibweise. Um das Jahr 150 wurde das Neue Testament dann in seiner heutigen Form zusammengestellt; andere alte Texte wurden fortan nicht mehr kopiert und schließlich vergessen.

Die wichtigste Quelle ist also eine mehr als 100 Jahre nach der Kreuzigung bearbeitete Textsammlung. Deshalb ist es ungemein schwierig, Authentisches von später Verändertem zu unterscheiden. Und deshalb vermittelt keiner dieser Texte allein viel von Jesus und seiner Welt.

Aber alle zusammen, kombiniert mit anderen Ergebnissen der Althistoriker und Archäologen, ergeben doch ein überraschend präzises Porträt des Mannes und seiner Epoche.

UM DIE ZEITENWENDE leben etwa 400 000 Juden in den zwei Regionen Judäa (dem Land rund um Jerusalem) und Galiläa, dem kaum 40 Kilometer durchmessenden Landstrich westlich des Sees Genezareth. Ihr Herrscher ist Herodes der Große, ein Emporkömmling und König von Roms Gnaden. Herodes führt einen Teil der Steuern an die Weltmacht ab, für die es günstiger kommt, einen unruhigen Landstrich wie Judäa durch einen einheimischen Klientelkönig regieren zu lassen.

Herodes herrscht brutal, mit Gewalt setzt er seine Politik durch. Beim Verdacht auf Widerstand droht die Hinrichtung. So lässt der König sogar sieben eigene Söhne ermorden, weil er sie für Verschwörer hält.

Doch als der König im Jahr 4 v. Chr. stirbt, droht ein Flächenbrand. Zwar haben sich die Sadduzäer – die traditionelle Elite, die den Hohepriester des Jerusalemer Tempels und den lokalen Adel stellt – mit Rom

122 GEOkompakt

··· *Petrus, der Felsen* ···
Er ist um die 30 Jahre alt, Fischer am See Genezareth, wohlhabend.
»Auf diesen Felsen will ich meine Gemeinde bauen«, sagt Jesus angeblich über seinen Gefährten,
in dessen Haus am See er sein Basislager aufgeschlagen hat – die mutmaßlichen Ruinen
werden Archäologen rund 1900 Jahre später ausgraben

arrangiert. Im Volk aber sind die Sadduzäer verhasst. An vielen Orten sammeln sich Unzufriedene; Aufstände brechen los.

Roms Kaiser entsendet Truppen – und fügt das Land enger ins Imperium ein: Nach mehrjährigen Wirren schwingt sich Herodes Antipas, ein Sohn Herodes' des Großen, zum Herrscher über Galiläa und die Nachbarregion Peräa auf. Judäa regiert seit 6 n. Chr. ein römischer Präfekt.

Für die Juden sind es Jahrzehnte einer tiefen Krise: Das auserwählte Volk Gottes ist offensichtlich von ebenjenem Gott verlassen worden – weshalb würde es von den Römern sonst so gedemütigt?

Wie aber kann es wieder erlöst werden?

Viele selbst ernannte Propheten, Wundertäter und Magier ziehen in Judäa und Galiläa umher. Ihnen allen, aber auch den Pharisäern – Schriftgelehrten, welche die Bücher Mose und der Propheten studieren und aus ihnen Gesetze für die Gegenwart ableiten – ist eines gemein: Sie wähnen sich am Vorabend der Apokalypse. Es wird, glauben sie, bald den Endkampf geben, die finale Schlacht Gottes gegen das Böse, die mit der Befreiung Israels gekrönt werden wird.

Ein Erlöser wird erscheinen, vielleicht schon morgen.

Er wird aus Bethlehem kommen, so steht es bei einem altbiblischen Propheten.

JEDER CHRIST KENNT die Weihnachtsgeschichte von Lukas: Joseph und Maria brechen von ihrem Heimatort Nazareth gen Bethlehem auf, da der römische Kaiser eine Steuerschätzung befohlen hat und sich jede Familie dafür zu ihrem Stammsitz begeben muss. Dann die Geburt im Stall und die Anbetung der Hirten.

Matthäus dagegen überliefert eine andere Version: Jesus wird in Bethlehem geboren. Doch dann ordnet Herodes nach dem Auftreten der drei Weisen die Ermordung aller Kinder unter zwei Jahren in seinem Reich an. Die Familie flieht ins ägyptische Exil, kehrt nach dem Tod des Despoten zurück und lässt sich diesmal in Nazareth nieder.

Beides nichts als fromme Legenden, so vermuten Theologen heute. Womöglich erzählen Matthäus und Lukas ihre Geschichten, um das Wirken Jesu den Prophezeiungen anzupassen. Aus ähnlichen Motiven erzählen sie von der Jungfrauengeburt: Bei den Griechen und Römern galten außergewöhnliche Menschen, etwa der Sagenheld Herakles, als Abkömmlinge eines Gottes mit einer (Jung-)Frau.

Tatsächlich wird Jesus wohl in Nazareth geboren. Vermutlich in der Endzeit des Herodes, also kurz vor dem Jahr 4 v. Chr.

> *Jesus kommt nach Jerusalem. Er erwartet Schwierigkeiten, nicht aber seinen Tod*

124 GEOkompakt

··· Die Tempelreinigung ···
5. April 30 – das größte Vergehen: Im Allerheiligsten der Juden stößt Jesus Buden und Tische der Händler um.
Ruft: »Macht meines Vaters Haus nicht zum Kaufhaus!« Ein Verzweiflungsangriff auf die religiösen Traditionen seiner
Zeitgenossen – die Händler verkaufen Opfertiere, die vor Gott auf die Flammen des Altars gelegt werden

Nazareth: Das sind einige Hütten aus Steinmauern, isoliert mit Stroh, Lehm und Dung. Ein paar Zisternen, eine Quelle, ein paar Mühlsteine und Kornspeicher. Weinstöcke, Getreidefelder, Olivenbäume. Mehr können Archäologen aus jener Zeit nicht rekonstruieren.

Gerade mal 400 Menschen haben wohl in Nazareth gelebt. Eines der Häuser gehört vermutlich Joseph und seiner Frau Maria. Jesus (aramäisch: Jeschua = „Gott hilft") ist der älteste Sohn; er hat vier Brüder und mindestens zwei Schwestern. „Tekton" sei Joseph gewesen, berichten die Evangelien, was unzureichend mit „Zimmermann" übersetzt wird. „Baumeister" wäre besser – ein Handwerker, der mit Steinen und Stroh genauso umgehen kann wie mit Holz. Jesus wird, als erstgeborener Sohn, das Handwerk seines Vaters erlernt haben. So, wie es die Tradition vorsieht.

Was sonst seine Kindheit, seine Jugend, seine frühen Erwachsenenjahre bestimmt – alles Spekulation. Nichts darüber ist in den Evangelien zu finden, nicht einmal, wie Jesus ausgesehen hat (die ersten Bildnisse werden einige Jahrhunderte nach der Kreuzigung gemalt). Vermutlich hat Jesus als Gehilfe seines Vaters gearbeitet. Hat in der Synagoge die Geschichten der Thora und die Weissagungen der Propheten gehört und sie auswendig gelernt.

Das alles ist nicht beweisbar, aber plausibel: weil Söhne in Galiläa eben so aufwuchsen.

WAS ABER IST DAS UNGEWÖHNLICHE

an dieser Biografie? Was formt Jesus, macht ihn zum Prediger? Was treibt ihn schließlich hinaus aus Nazareth, bringt ihn dazu, sich den Unreinen, den Zöllnern und Prostituierten zuzuwenden?

Markus berichtet, wie Jesus später in Nazareth predigt und ihn seine ehemaligen Mitbürger „Sohn der Maria" nennen. Das, so der (unter Fachkollegen allerdings umstrittene) Theologe Gerd Lüdemann, sei auffällig, denn üblich sei in jener Zeit die Vatersbezeichnung, also „Sohn des ...". Gilt Jesus deshalb in Nazareth etwa nicht als Sohn des Joseph?

Ist er also ein illegitimes Kind, ist seine Mutter bei seiner Geburt noch unverheiratet gewesen? Hätte dies nicht dazu geführt, dass Jesus in jenem winzigen Dorf von allen als Außenseiter angesehen wurde? Und würde das nicht erklären, weshalb er sich später gerade den Außenseitern zuwandte?

Einigermaßen sicher ist nur, dass Jesus, wohl im Jahre 28 oder 29, etwas Unerhörtes tut: Er verlässt seine Familie.

Joseph ist um diese Zeit vermutlich schon tot, zumindest wird er in den Evangelien danach nicht mehr erwähnt. Wenn der Vater aber verstorben ist, hat der älteste Sohn die Pflicht, für die Mutter und die Geschwister zu sorgen. Wer seine Familie in dieser Situation verlässt, der verstößt gegen das vierte Gebot und verhält sich nach den Maßstäben der Zeit so rücksichtslos wie ein Mörder oder Ehebrecher.

Die Althistoriker werden wohl niemals erfahren, weshalb Jesus damals Nazareth verlassen hat – aber die Evangelien berichten, wohin er ging: zu Johannes dem Täufer. Der ist einer jener Prediger aus dieser unruhigen Zeit: ein Prophet, der am Jordanufer vor dem drohenden Weltengericht warnt. Und nur den Bußfertigen, die sich von ihm taufen lassen, die Ewigkeit verspricht.

Dem Lukas-Evangelium zufolge tritt Johannes „im 15. Jahr des Kaisertums Kaisers Tiberius" auf, wahrscheinlich zwischen Herbst 28 und Herbst 29. Schnell scharen sich Anhänger um den Mann, der am Wüstensaum über das Ende der Welt predigt – und über die moralischen Verfehlungen des Herrschers.

Für eine kurze Zeit, vielleicht nur ein paar Wochen, gehört der Mann aus Nazareth zu den Anhängern des Johannes. Lässt sich von ihm taufen. Löst sich aber wohl bald danach von ihm.

Und im Frühjahr 29 verkündet in Galiläa ein neuer Prediger seine Botschaft.

BERGPREDIGT, GLEICHNISSE, WUNDER – was um

Jesus danach geschieht, gehört zum überlieferten Kanon des Abendlandes. Doch die Evangelisten bleiben in ihren Beschreibungen vage. Seriös zu rekonstruieren ist Folgendes: Jesus predigt wohl nur etwa ein Jahr lang. Er zieht durch einen Teil Galiläas, markiert durch die Städte Kapernaum–Bethsaida–Chorazim, ein Dreieck am See Genezareth, das sich in gut fünf Stunden umwandern lässt. Hier erzählt er die Gleichnisse; hier gewinnt er seine Anhängerschaft.

Jesus ist also von seiner Herkunft her, der Dauer seines Wirkens und dem Ort seines Auftretens in jeder Hinsicht eine Randfigur. Insofern ist es nicht verwunderlich, dass die annähernd zeitgenössischen heidnischen Autoren, dass Roms Politiker und Schreiber so wenig über ihn berichten.

In den Evangelien ist es einfach: Jesus tritt auf, befiehlt jedem der von ihm erwählten Jünger „Folge mir nach!" – und sie verlassen Familien, Haus und Hof und schließen sich ihm an. Dass sich ihm Menschen tatsächlich bedingungslos ergeben, ist sehr wahrscheinlich. Schließlich werden einige von ihnen noch Jahrzehnte nach der Kreuzigung in seinem Namen in den Tod gehen, etwa Petrus. Wird sich die Botschaft Jesu nicht zuletzt wegen des Beispiels, welches die frühen Christen mit ihrem Märtyrertum geben, so schnell im Römischen Weltreich verbreiten.

Aber für den ersten Schritt zur Jüngerschaft wird eine simple Aufforderung allein nicht ausgereicht haben.

Seine Taten in Jerusalem wirken wie ein Herbeiwünschen seines Endes

··· *Der Erlöser* ···
Er behauptet, der »Messias« zu sein, der »Gesalbte«, der das Volk Israel zum Heil führt.
Zu Lebzeiten ist er vor allem eines: ziemlich erfolglos. Einer von vielen Predigern, die umherziehen
und – ohne große Wirkung zu erzielen – ihre apokalyptische Botschaft verkünden

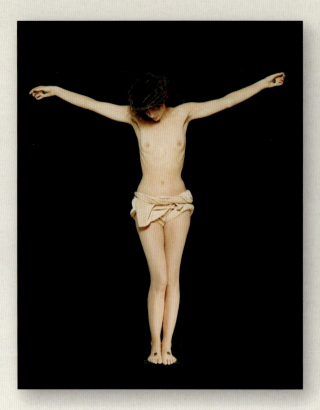 

··· Die Kreuzigung ···
Die qualvollste, schändlichste Hinrichtungsart im römischen Recht, vorgesehen für Sklaven und Verbrecher: Hat Jesus, wie die Christen glauben, diesen Tod erlitten, um die gesamte Menschheit von ihren Sünden zu erlösen?

Petrus und dessen Bruder Andreas, die ersten beiden Jünger, sind nach der Johannes-Version auch Anhänger, zumindest Sympathisanten von Johannes dem Täufer. Es ist also nicht auszuschließen, dass Jesus seine beiden wichtigsten Gefolgsleute schon dort getroffen und für sich gewonnen hat.

Das Haus des Fischers Petrus in Kapernaum am Ufer des Sees Genezareth war eine Art Basislager für Jesus: ein Refugium, in dem er sein zweites Wunder vollbringt (die Heilung der Schwiegermutter Petri), in das er sich zwischen seinen Wanderungen zurückzieht – und das Archäologen womöglich wiederentdeckt haben.

1906 fanden sie unter einer byzantinischen Kirche antike Reste, die jedoch erst Jahrzehnte später genauer analysiert wurden. Die Forscher legten unterhalb des byzantinischen und den Ruinen eines noch älteren Gotteshauses die Reste eines Wohngebäudes frei. Kapernaum war zur Zeit Jesu eine blühende Fischerstadt mit rund 1000 Einwohnern.

Rund 2000 Jahre alt ist das Haus, das die Archäologen entdeckten: eine Ansammlung blockförmiger Gebäude aus Lehm, Stroh und Holz, die einen Innenhof umschlossen. Einer der Räume aber war anders als die anderen: Immer wieder war er in der Antike neu verputzt worden – und in den Lehmputz waren Hunderte Graffiti eingeritzt.

Es waren fromme Wünsche christlicher Pilger, die wohl schon seit dem 2. Jahrhundert dieses Haus besucht hatten. Das ist noch kein Beweis, aber doch ein recht plausibles Indiz dafür, dass die frühen Christen niemals vergaßen, wo das Haus des Petrus gelegen hatte – und dass spätestens ein Jahrhundert nach seinem Tod Wallfahrten dorthin stattfanden.

Von den anderen Jüngern kennen die Historiker kaum mehr als die Namen. Simon der Zelot, Philippus, Judas Iskariot – die meisten Anhänger sind wahrscheinlich einfache Menschen aus Galiläa. Es ist in der Antike üblich, dass sich jüdische Schüler einem berühmten Schriftgelehrten oder Rabbi anschließen.

Unter den Anhängern hebt Jesus zwölf Männer heraus, die Apostel – in Anspielung auf die symbolische Dutzendzahl, etwa auf die legendären zwölf Stämme des Volkes Israel. Aber diese Zahlensymbolik ist nicht ungewöhnlich.

Außergewöhnlich dagegen ist, dass Jesus auch viele Frauen folgen. Die Gesellschaft ist patriarchalisch: Frauen dürfen nicht aus der Thora lesen, im Jerusalemer Tempel ist ihnen nur ein Hof reserviert; sie dürfen nicht als Zeugen vor Gericht aussagen. Doch alle Evangelisten heben hervor, dass die Frauen zu den eifrigsten Gefolgsleuten Jesu gehören. Maria aus Magdala, einer Stadt

auf halbem Weg zwischen Nazareth und Kapernaum, die Jesus von „sieben Dämonen" (also womöglich einer schweren Krankheit) heilt, wird die Bekannteste unter ihnen.

Ungewöhnlich ist ferner, dass die Jünger mit ihm herumziehen, statt mit Jesus an einem Ort eine Gruppe zu bilden. Ein Skandal aber ist die Herauslösung aus den Familien. „Wer Vater oder Mutter mehr liebt denn mich, der ist mein nicht wert!", fordert Jesus von seinen Anhängern. Er selbst rechnet sich zu den „Verschnittenen", die ehelos bleiben, um allein Gott zu dienen.

Für die Bauern, Hirten und Fischer müssen dieser Mann und seine Anhänger beunruhigend fremd und dabei doch seltsam vertraut wirken: fremd, da die Gruppe brotloser Menschen von Almosen lebt und ohne Wanderstock herumzieht, denn so ein Stecken könnte als Waffe gedeutet werden und damit das Liebesgebot verletzen. Vertraut, weil in so einem kleinen Land wohl jedermann Jesus oder einen seiner Anhänger kennt – und weil Jesus ja nur einer von vielen ist, die herumziehen und predigen.

Der Mann aus Nazareth gibt sich umstürzlerisch. Die Schmähung der Reichen – „Es ist leichter, dass ein Kamel durch ein Nadelöhr gehe, denn dass ein Reicher ins Reich Gottes komme!" – bleibt nicht die einzige Äußerung dieser Art. Mit seiner Missachtung des Reichtums provoziert er die Eliten seiner Zeit, die Großgrundbesitzer, die Adeligen, die Priester.

Die Rituale des Judentums beurteilt Jesus dagegen weniger streng.

Sabbatheiligung? „Der Sabbat ist um des Menschen willen gemacht und nicht der Mensch um des Sabbats willen." Bestrafung des Ehebruchs, eines, zumindest bei der Frau, todeswürdigen Verbrechens? „Wer unter euch ohne Sünde ist, der werfe den ersten Stein auf sie."

Diese Geringschätzung der Tradition kann als Aufforderung zum Umsturz verstanden werden. Als Verrat am religiösen Verständnis der Mehrheit des jüdischen Volkes.

Jesus ist Jude, seine Anhänger sind Juden. Er predigt vor Juden. Und fordert dennoch, auf vieles von dem zu verzichten, was seit Jahrhunderten das Judentum ausmacht.

ABER ZÄHLEN ALL DIE TRADITIONEN NOCH, wenn man in der Endzeit lebt? Wie Johannes der Täufer erwartet auch Jesus das apokalyptische Ringen zwischen Gut und Böse. Doch anders als alle anderen Prediger glaubt Jesus nicht, dass Gottes Herrschaft nahe, sondern dass sie bereits da sei: Mit ihm, mit seinem Wirken, breche die Herrschaft Gottes an. So zumindest lassen sich seine Aussagen deuten. Wer ihm folge, der werde errettet; wer seine Botschaft ablehne, der werde beim Jüngsten Gericht verdammt.

Das aber ist die größte Provokation: Wenn jener Zimmermannssohn beansprucht, der „Messias" zu sein – jener „Gesalbte", der das Volk Israel zum Heil führen wird –, dann kann nur erlöst werden, wer ihm folgt. Dann ist Jesus die oberste Autorität des Judentums. Das werden die Priester nicht gern vernommen haben und die Römer schon gar nicht.

Doch anders als etwa Johannes der Täufer wird Jesus zunächst nicht verfolgt. Das mag daran liegen, dass sich sein Wirken auf Galiläa beschränkt, eine besonders abgelegene Region, und er dort die größten Städte meidet.

Oder daran, dass Jesus so erfolglos ist.

Manches deutet darauf hin, dass er nach etwa einem Jahr an einem toten Punkt angekommen ist. Er zieht, begleitet von einer vielleicht zwölfköpfigen Anhängerschar, durch die Orte am Ufer des Sees Genezareth und verkündet die frohe Botschaft vom heraufziehenden Reich Gottes. Nach ein paar Monaten wird jeder in der Region von ihm gehört haben – manche werden ihm glauben, andere nicht.

Und dann?

Nichts.

Nichts hat sich geändert. Der Sabbat wird geheiligt wie eh und je; die Pharisäer legen die Schriften aus; die Sadduzäer paktieren mit dem Statthalter; Herodes Antipas regiert von Kaisers Gnaden; Pilatus hält Hof in seinem Palast.

Irgendwann im Frühjahr des Jahres 30 fasst Jesus den Entschluss, zum Passahfest nach Jerusalem zu ziehen.

Vielleicht ist dies die konsequente Entwicklung seines Wirkens, von der Provinz zum Zentrum des Glaubens. Womöglich aber ist dies die Verzweiflungstat eines Mannes, der in seiner Heimat gescheitert ist.

Ende März des Jahres 30 bricht Jesus auf. Nach vier oder fünf Tagen wird er die mit Pilgern überfüllte Metropole erreicht haben. Er steigt in einem Rasthaus in Bethanien ab, einem Ort östlich hinter dem Ölberg, knapp drei Kilometer von Jerusalem entfernt.

Die biblischen Berichte sind voller Todesahnungen Jesu. Doch fast alle Forscher vermuten heute, dass diese Worte erst von den Evangelisten hineingeschrieben worden sind. Tatsächlich habe er in Jerusalem Schwierigkeiten mit den Priestern und Pharisäern erwartet, nicht aber sein Ende.

Andererseits wirken seine Taten kurz darauf wie das Herbeiwünschen einer Hinrichtung.

Am 5. April des Jahres 30, drei Tage nach seinem Einzug in Jerusalem, provoziert Jesus im Tempel einen Aufruhr – ausgerechnet kurz vor dem höchsten jüdischen Feiertag.

Der Tempel, das Allerheiligste der Juden, ist ein Monolith aus hellen, behauenen Steinen, erbaut auf einem Plateau, das sich aus dem Häusermeer Jerusalems erhebt. Am Südrand des Tempelbergs führen Treppen nach oben, im Westen gelangen die Priester und Adeligen von ihren Residenzen in der Oberstadt über eine Brücke direkt zum Tempelbezirk. Das mit Vorhängen abgetrennte Allerheiligste ist von einem Kranz säulengeschmückter Höfe umgeben. Der große Vorhof ist auch den Heiden zugänglich, dahinter liegen die Bezirke, die den Juden vorbehalten sind.

Im Vorhof der Heiden haben Händler und Geldwechsler ihre Stände aufgeschlagen, wahrscheinlich einfache Tische, Buden und Zelte aus ein paar Brettern und Stoffbahnen. Die Händler sind für den Tempel fast so wichtig wie die Priester. Denn nur in Jerusalem können vor Gott gültige Opfer vollzogen werden – und bei den Händlern im Hof können Lämmer und andere reine Opfertiere erworben werden. Ohne Händler keine Opfer. Ohne Opfer kein Kult.

Die Einzelheiten bleiben unklar – doch irgendwann an jenem 5. April steigt Jesus im Strom der Pilger auf den Tempelplatz, vermutlich umgeben von seinen Anhängern, und stößt dort Tische der Händler und Geldverleiher um. Niemand weiß, wie er dem Durcheinander aus umherirrenden Tieren, fluchenden Händlern und zornigen Pilgern entkommt.

Hinrichtungen sind Spektakel, die das Volk mit wollüstigem Schrecken verfolgt

Diese von den Evangelisten überlieferte „Reinigung" des Tempels haben Christen später so verstanden, dass Jesus den Tempel vom profanen Mammon gereinigt habe. Doch die Händler sind keinesfalls Vertreter weltlichen Kommerzes, sondern notwendig für den religiösen Kult. Indem Jesus sie angreift, greift er das Herz des Tempels an. Das ist keine Reinigung – das ist ein Akt des Niederreißens, ein Zeichen, dass das Ende dieses Tempels gekommen und das Reich Gottes nah sei. Eine Tat, die von den Priestern nicht ignoriert werden kann.

Jesus wird plötzlich zur Gefahr für die elitären Sadduzäer. Sie stellen den Hohepriester; ihre Autorität gründet sich auf den Tempelkult und auch ihr Vermögen: Die kultisch begründete Tempelsteuer bringt Geld.

Mit dem Angriff auf die Tempelhändler besiegelt Jesus sein Schicksal – nicht etwa mit seiner Lehre, nicht mit Gleichnissen, Predigten und der Ablehnung althergebrachter Bräuche. Erst mit diesem Akt kaum 48 Stunden vor Beginn des Passahfestes macht er sich den Hohepriester Kaiphas zum Todfeind. Hätte er diese eine Provokation unterlassen, wäre Jesus vielleicht nie gekreuzigt worden – und seine Lehre, sein Wirken, seine Person wären möglicherweise längst vergessen.

Der Hohepriester Kaiphas und der Präfekt Pilatus sind ein seit Jahren eingespieltes, machtbewusstes Tandem. Kaiphas hat Karriere gemacht, weil er einst die Tochter eines Hohepriesters heiratete. Seit zwölf Jahren hat er selbst das höchste religiöse Amt inne. (Im November 1990 wird im Friedenswald, südlich der heutigen Jerusalemer Altstadt, das Grab der Kaiphas-Familie entdeckt. Archäologen bergen das Skelett eines Mannes von rund 60 Jahren – wahrscheinlich die Knochen des Hohepriesters.)

Pontius Pilatus ist seit dem Jahr 26 „Praefectus Iudaeae". Einer seiner Vorfahren gehörte zu den Verschwörern, die Julius Cäsar an den Iden des März umbrachten. Er gilt als unnachgiebig, räuberisch, grausam. Sein Palast liegt im Küstenort Cäsarea; nur zu besonderen Anlässen begibt er sich nach Jerusalem – etwa zum alljährlichen Passahfest.

Nach dem Affront im Tempel wird es wohl Kaiphas sein, der Jesus ausschalten will, denn diese Aktion richtet sich direkt gegen ihn. Todesurteile aber kann nur Pilatus verkünden. Weshalb Jesus nicht sofort verhaftet wird – schließlich bewachen Trupps der jüdischen Tempelpolizei das Heiligtum –, ist nicht klar. Möglicherweise kann er im Chaos entkommen, möglicherweise zögert Kaiphas, ihn in aller Öffentlichkeit zu verhaften, weil er in der erhitzten Atmosphäre Jerusalems einen Aufstand befürchtet.

Andererseits muss Jesus nun klar sein, dass ihm das Todesurteil droht. Im Gasthof von Bethanien, in dessen Obergeschoss er mit seinen Jüngern das letzte Mahl einnimmt, spricht er Worte, die der Theologe Jürgen Roloff

··· Die Grablegung ···
Jesus wird in einer Felsenkammer beigesetzt;
ein frommer Kaufmann hat sie zur Verfügung gestellt.
Weshalb und wohin der Leichnam verschwindet –
dieses Rätsel wird kein Historiker je aufklären können

die „am häufigsten wiederholten, am meisten umrätselten der Menschheitsgeschichte" genannt hat. Was Jesus wirklich gesagt haben mag, lässt sich nicht mehr im Detail klären – zu dicht, zu sehr von späteren Interessen geleitet sind die Übermalungen, die eingefügten Texte der Evangelisten.

Klar scheint nur zu sein, dass Jesus im Angesicht des Todes seine Jünger auf einen Bund einschwört und ihnen die baldige Herrschaft Gottes voraussagt. Klar ist zudem, dass er nicht einen Augenblick daran denkt, nach Galiläa zurückzukehren und dort abzuwarten, bis sich die Aufregung in Jerusalem gelegt hat. Stattdessen geht er noch einmal in den Garten Gethsemane östlich des Tempels, um zu beten.

Dort wird er von einem Trupp der Tempelpolizei verhaftet. Es ist Mitternacht. Noch 15 Stunden.

Vielleicht ist Verrat im Spiel. Vielleicht hat Judas ihn tatsächlich an den Hohepriester für 30 Silberlinge verkauft oder aus Enttäuschung verraten. Wäre dann der Judaskuss nicht ein Indiz dafür, dass Jesus selbst jetzt noch in Jerusalem so unbekannt ist, dass man Helfer braucht, um ihn zu identifizieren?

Die Polizisten bringen den Gefangenen zu Kaiphas. Der Hohepriester muss die Affäre schnell beenden – Hinrichtungen nach dem Beginn des Sabbats und des Passahfestes gelten als kultisch unrein. Kaiphas lässt eine Anklageschrift vorbereiten. Diesem Ziel allein dient das Verhör, in dem Jesus dazu gebracht wird, sich als Messias zu bekennen oder zumindest nicht zu leugnen, dass er es sei.

Ein paar Stunden später schleppt ihn die Tempelpolizei vermutlich zum Herodespalast am heutigen Jaffator, wo Pilatus residiert. Die römischen Magistrate sitzen meist am frühen Morgen zu Gericht. Also steht Jesus wohl schon beim ersten Dämmerlicht auf dem Vorplatz des Palastes gefesselt vor Pilatus.

Der Vorwurf der Anklageschrift: Aufruhr gegen Rom.

PILATUS MACHT WOHL kurzen Prozess, wie unzählige Male davor und danach. Er spricht Jesus vermutlich des Aufruhrs oder des schweren Landfriedensbruches schuldig. Wahrscheinlich ist der letzte Satz, den Jesus von ihm vernimmt, die Formel: „Du wirst das Kreuz besteigen."

Danach führen ihn die Soldaten des Exekutionskommandos ab. Sie dürfen seine Kleidung behalten; sie verspotten den Verurteilten; sie geißeln ihn mit dem „horribile flagellum" – einem Lederriemen, der mit Knochenstücken, Stacheln oder Bleiklumpen bestückt ist und tiefe Wunden reißt.

Blutüberströmt und nackt wird Jesus mit zwei weiteren Verurteilten durch die Gassen Jerusalems getrieben. Er trägt den Kreuzbalken. Vor ihm hat ein Soldat den „titulus" aufgepflanzt, jenes Schild, auf dem das Verbrechen des Delinquenten verkündet wird. Darauf sind vier Buchstaben zu lesen: INRI. Sie stehen für den höhnischen Titel Iesus Nazarenus Rex Iudaeorum, „Jesus von Nazareth, König der Juden".

Vom Palast geht es wohl durch die Oberstadt, hinaus am Gennathtor, bis nach Golgatha, der „Schädelstätte" – einer Hügelkuppe inmitten eines alten Steinbruchs nördlich der Stadt.

Hinrichtungen sind Spektakel, an denen das Volk mit wollüstigem Schrecken teilnimmt – es gibt kein Indiz dafür, dass es diesmal anders gewesen ist. Anhänger wird Jesus kaum gesehen haben. Wenige Frauen sind bei ihm, stehen zumindest später in der Nähe des Kreuzes, unter ihnen „Maria aus Magdala". Die Jünger aber sind alle geflohen. (Und es bleibt ein Rätsel, weshalb Pilatus und Kaiphas, da sie Unruhen befürchten, nicht auch diese rechtzeitig verhaften und exekutieren lassen.) Es ist, berichtet Markus, etwa neun Uhr morgens, als Jesus ans Kreuz genagelt wird.

Die Kreuzigung ist die entehrendste, die schändlichste Todesstrafe im römischen Recht. So werden Verbrecher und Sklaven hingerichtet. Das Kreuz ist kaum höher als der Delinquent: ein kreuz- oder T-förmiges Gerüst, an welches das Opfer gebunden oder genagelt wird.

Das Qualvolle ist aber nicht die Befestigung am Gerüst, sondern die ausgestreckte Haltung. Das Opfer muss sich mit den Beinen irgendwie abstützen, denn mit seinen weit ausgestreckten Armen wird es ersticken, sobald der Körper nach unten absackt.

Der Todeskampf – jenes verzweifelte Wechselspiel von Erschöpfung und Beinahe-Ersticken – kann manchmal Tage andauern.

Jesus hält sechs Stunden durch. Es gibt Augenzeugen für sein Sterben: die Wachmannschaft auf Golgatha, vielleicht Schaulustige auf der Jerusalemer Mauer, von der aus man einen guten Blick auf die Gekreuzigten hat, und schließlich Maria Magdalena und andere Frauen aus seiner Anhängerschaft.

Sie sind die einzigen Gläubigen, die bis zuletzt bei ihm sind. Sie sind es auch, die Jesus plötzlich rufen hören: „Mein Gott, mein Gott, warum hast du mich verlassen?" Das ist kein Zeichen der Verzweiflung, sondern der Anfang des Psalms 22, eines jüdischen Sterbegebets. Doch ihm fehlt schon die Kraft, um es noch zu vollenden.

„Aber Jesus schrie laut und verschied", berichtet Markus lakonisch. Es ist etwa 15 Uhr am 7. April 30.

Jesus ist eine Randfigur – Roms Schreiber und Politiker nehmen ihn kaum wahr

HÄTTE JESUS NOCH 20 JAHRE weiter gepredigt – gut möglich, dass er heute längst vergessen wäre. Doch was jetzt, nach der Kreuzigung, geschieht, wird zum Gründungsmythos einer neuen Weltreligion.

Meist bleiben Gekreuzigte im Römischen Imperium hängen, den Raben zum Fraß, dem Volk als abschreckendes Beispiel. Selbst die Würde eines eigenen Grabes wird ihnen verwehrt – nur nicht in Judäa. Unbestattete Leichname, glauben die Juden, verletzen die Reinheit des Landes. Und so bestatten sie auch Verbrecher schnell – aus Sorge um die kultische Reinheit, nicht aus Mitleid mit den Toten.

Die Evangelien berichten, dass Joseph von Arimatäa, ein frommer Jude, bei Pontius Pilatus die Freigabe des Leichnams erbittet. Das Grab des Joseph von Arimatäa, das er für Jesus hergibt, liegt bei Golgatha, wahrscheinlich eine in den Felsen gehauene Kammer, die mit einem Stein verschlossen wird. Hier wird Jesus ohne besondere Zeremonie beigesetzt, noch ehe die Posaunen den Sabbat verkünden.

Am frühen Morgen des 9. April dann nähern sich Maria Magdalena und wahrscheinlich zwei oder drei weitere Frauen dem Grab – sie wollen den Toten nun, nach dem Sabbat, mit Ölen salben. Das Grab aber ist leer.

Was ist an jenem Morgen des 9. April 30 vorgefallen? Dass etwas geschehen sein muss, ist unbestritten, denn ohne die Auferstehung gäbe es kein Christentum. Erst dieses selbst die antike Gläubigkeit sprengende Wunder ist so etwas wie der Urknall des Christentums, sein Anfang, seine Begründung und Legitimation: Jesus hat den Tod überwunden, und wer ihm folgt, dem wird dies auch gelingen. Was für eine grandiose Hoffnung!

Doch worauf beruht sie?

Die Evangelien liefern, wie so oft, widersprüchliche Berichte. Jesus sei den Jüngern in Jerusalem erschienen oder auf dem Weg zum Dorf Emmaus oder in Galiläa (und habe dort sogar Fisch mit ihnen verspeist). Oder: Von den Jüngern hätten ihn zuerst zwei gesehen, deren Namen niemand nennt. Oder: Nur Petrus habe ihn getroffen. Allen Überlieferungen gemeinsam ist nur, dass es die Frauen um Maria Magdalena sind, die das leere Grab entdecken.

Haben einige Anhänger Christi den Leichnam heimlich anderswo verscharrt, um mit dem Wunder des lee-

Überschaubar war das Gebiet, in dem Jesus als Prediger umherzog. Die meiste Zeit verbrachte er in Galiäa, in der Nähe seines Heimatdorfes Nazareth. In Kapernaum gewährte ihm der Fischer Petrus Unterkunft

ren Grabes die Schmach der Kreuzigung wettzumachen? Um auch weiterhin um Gläubige zu werben?

Eher unwahrscheinlich, denn es sind Frauen, die das leere Grab entdecken – und das Zeugnis einer Frau gilt im Judentum viel weniger als das eines Mannes.

FÜR WISSENSCHAFTLER BLEIBT die Auferstehung letztlich rätselhaft. Denn auch sie müssen erkennen, dass Petrus und viele andere Anhänger Jesu von dessen Auferstehung überzeugt sind – so überzeugt, dass sie dafür sogar bereit sind zu sterben.

Erst die Auferstehung macht aus ihnen Christen. Nichts, das Jesus sie gelehrt hätte, kein Wunder, das er in ihrem Beisein wirkte, kein Gleichnis überwältigt sie so wie dieses Ereignis. Als Jesus noch lebte und verhaftet wurde, da sind sie geflohen und wären vielleicht nie wieder zusammengekommen. Doch nun versammeln sie sich, organisieren sich und ziehen missionierend umher.

20 Jahre später existiert eine erste christliche Gemeinde in Rom, sind die Gläubigen aus einer Randregion des Reiches im Herzen des Imperiums angekommen. Später helfen ihnen die Evangelien bei ihrer Mission im Römischen Reich.

Nicht mit dem historischen Jesus gewinnen die Christen neue Anhänger, sondern mit jenem Jesus, den die vier Evangelisten zeigen.

Und selbst heute, nach fast zwei Jahrtausenden, schimmert in diesen Texten noch etwas vom Staunen, von der Hoffnung, vom Glauben derjenigen durch, die ihm noch zu Lebzeiten begegnet sind – und auch von jenem Schauder, den einer erzeugt, dessen Wesen wir nicht zu ergründen vermögen.

MEMO | JESUS

》》》 NICHT IN BETHLEHEM, sondern vermutlich in Nazareth wurde Jesus geboren, kurz vor dem Jahre 4 „vor Christus".

》》》 JESUS hatte vier Brüder und mindestens zwei Schwestern.

》》》 FRAUEN gehörten zu den eifrigsten Gefolgsleuten des jungen Predigers.

》》》 NIEMAND WEISS, wie Jesus aussah: Die ersten Bildnisse entstanden mehrere Jahrhunderte nach der Kreuzigung.

Markus etwa endet mit einem hoffnungsvollen Bericht von der Erscheinung des Auferstandenen und seiner Himmelfahrt. Doch in den frühesten Handschriften dieses ältesten der Evangelien fehlen diese Verse – offensichtlich sind sie später eingefügt worden, um den Text zu glätten, ihn den anderen Evangelien anzupassen.

Denn eigentlich endet die Geschichte bei Markus mit dem offenen Grab: Maria Magdalena und zwei anderen Frauen verkündet dort „ein Jüngling, der ein langes, weißes Kleid anhatte", dass Gott Jesus vom Tod erweckt habe. Doch rätselhaft und dunkel ist dann das ursprüngliche Ende der „Frohen Botschaft".

„Und sie gingen schnell heraus und flohen von dem Grabe; denn es war sie Zittern und Entsetzen angekommen; und sagten niemand etwas, denn sie fürchteten sich." □

Cay Rademacher, 43, ist der Geschäftsführende Redakteur von GEO EPOCHE, dem Geschichtsmagazin der GEO-Gruppe, und Verfasser des Buches „Wer war Jesus? Der Mensch und der Mythos" (Ellert & Richter).

ANZEIGE

Konzentrierter.
Belastbarer.
Ausgeglichener.

Aktivieren Sie Ihre Kraftwerke der Konzentration.
Konzentration ist Ihre Eintrittskarte zu geistiger Fitness – und die können Sie stärken und zur Höchstform bringen. Ihr Gehirn hat das Potenzial, ein Leben lang konzentriert und geistig aktiv zu sein. Die Energie dazu liefern Ihnen Ihre 100 Milliarden Gehirnzellen. Aktivieren Sie Ihre Gehirnzellen – jetzt NEU auch mit **Tebonin® konzent 240 mg.**

Tebonin®
Mehr Energie für das Gehirn.
Bei nachlassender mentaler Leistungsfähigkeit.

Stärkt Gedächtnisleistung und Konzentration.

Ginkgo-Spezialextrakt EGb 761®

• Pflanzlicher Wirkstoff
• Gut verträglich

NEU

Mit der Natur.
Für die Menschen.

Dr. Willmar Schwabe Arzneimittel
www.tebonin.de

Tebonin® konzent 240 mg 240 mg/Filmtablette. Für Erwachsene ab 18 Jahren. Wirkstoff: Ginkgo-biloba-Blätter-Trockenextrakt. Anwendungsgebiete: Zur Behandlung von Beschwerden bei hirnorganisch bedingten mentalen Leistungsstörungen im Rahmen eines therapeutischen Gesamtkonzeptes bei Abnahme erworbener mentaler Fähigkeit (demenzielles Syndrom) mit den Hauptbeschwerden: Rückgang der Gedächtnisleistung, Merkfähigkeit, Konzentration und emotionalen Ausgeglichenheit, Schwindelgefühle, Ohrensausen. Bevor die Behandlung mit Ginkgo-Extrakt begonnen wird, sollte geklärt werden, ob die Krankheitsbeschwerden nicht auf einer spezifisch zu behandelnden Grunderkrankung beruhen. Zu Risiken und Nebenwirkungen lesen Sie die Packungsbeilage und fragen Sie Ihren Arzt oder Apotheker. **Dr. Willmar Schwabe Arzneimittel, Karlsruhe.** Stand: Januar 2008 T/01/08/1

- - - Islam - - -

» Mohammed ging es immer auch um Macht «

Was für ein Mensch war der Begründer des Islam? Wie entstand der neue Glaube? Der Mohammed-Biograf Tilman Nagel zeichnet das Bild eines herrschaftsbewussten Stammesführers – und einer kriegerischen Bewegung

GEOkompakt: *Herr Professor Nagel, was für ein Mensch war der Prophet Mohammed?*
Tilman Nagel: Ganz deutlich an ihm war seine überragende Willenskraft: Er hat sich niemals in Kompromisse verwickeln lassen und selbst scheinbar aussichtslose Situationen für sich und seine Anhänger entschieden. Ohne diese Standhaftigkeit hätten die ersten Muslime wohl kaum die Wirren des Anfangs überlebt. Sie hatte aber auch negative Seiten: Egoismus. Halsstarrigkeit. Die Unfähigkeit, Fehler einzugestehen.
Von islamischen Gelehrten wird Mohammed als gutmütiger Kämpfer für Gleichheit und Gerechtigkeit dargestellt.
Das ist unredlich. Nach Mohammeds Tod wollten Muslime in seinem Lebensweg unbedingt das Prophetentum erkennen. Es entstand eine idealisierte Biografie, frei von allen Widersprüchen. Mohammed galt nun als Übermensch; als göttlicher Gesandter, erwählt von Allah, um durch den Koran eine ewig gültige Botschaft zu offenbaren. So wurde ihm der Schleier des Übergeschichtlichen übergeworfen. Leider hat die islamische Gelehrtenwelt diesen Schleier bis heute nicht entfernt.
Und die westliche Forschung?
Die hat sich auf das andere Extrem hinbewegt. Seit den späten 1970er Jahren hieß es: „Die historische Figur Mohammed ist eine Fiktion; der Koran ist über Jahrhunderte hinweg von anonymen Schreibern verfasst und redigiert worden." Einige Islamwissenschaftler halten die muslimische Urgemeinde sogar für eine christlich-syrische Sekte.
Ist da etwas dran?
Nein. Von allen Weltreligionen ist keine historisch so gut ausgeleuchtet wie der Islam. Es gibt eine Vielzahl an Quellen: die frühen Prophetenbiografien, vor allem die des arabischen Historikers Ibn Ishaq aus dem 8. Jahrhundert; die Überlieferungen der Aussagen Mohammeds; und natürlich den Koran. Ein Buch, in dem sich spiegelt, welche Entwicklung sein Denken und Wirken genommen hat.
Man kann nun alle diese Texte „übereinanderlegen". Kann die verschiedenen Versionen vergleichen und so aus der späteren Überarbeitung die historischen Tatsachen herauspräparieren. Kann weitere frühe muslimische Quellen hinzuziehen, mit Informationen etwa zu Stammeskoalitionen, zu Mohammeds Feldzügen und – ganz wichtig – zur Entstehungszeit der Suren im Koran; heute sind die ja einfach der Länge nach angeordnet.
Das alles habe ich in den vergangenen 15 Jahren getan. Und ich denke, daraus ergibt sich ein recht genaues Bild der Lebensweisen und Glaubensüberzeugungen auf der arabischen Halbinsel im 7. Jahrhundert. Ein Bild, in das Mohammed als „Produkt" seiner Zeit hineingehört – aus dem er als historisch einzigartige Figur aber auch herausragt.
Erzählen Sie.
Die Geschichte des Islam beginnt schon fünf Generationen vor Mohammed, um das Jahr 500. Damals besiedelte sein Stamm, die Quraischiten, das Heiligtum Mekka – einen von zahlreichen Wallfahrtsorten des alten Arabien. In Mekka fehlten natürliche Ressourcen. Deshalb mussten die Quraischiten von der Heiligkeit Mekkas und ihrer Anziehungskraft auf die Menschen leben. Sie bestimmten sich selbst zu „Obmännern" des Hauses Abraham: zu Hütern der einst vom legendären biblischen Stammvater gestifteten Ordnung. Abraham galt ihnen nämlich als Ahnherr aller arabischen Clans – und zwar über seinen Sohn Ismael, der angeblich in Mekka gesiedelt hatte.
Als „Beweis" für ihre eigene, herausgehobene Stellung deuteten die Quraischiten nun ein kleines, dachloses Gebäude aus unverputzten Steinen, verhüllt mit schweren Tüchern: die Kaaba. Sie soll einst von Abraham und Ismael errichtet worden sein. Die Kaaba lag im Zentrum Mekkas. Zu ihr strömten während der heiligen Monate die Pilger und verehrten die Kultbilder ihrer Götter: etwa des syrischen Mondgottes Hubal. Und sie verehrten den übergeordneten Schöpfergott Allah; *al-ilah* bedeutet einfach nur „der Gott".
Man sollte sich von der Vorstellung lösen, der Islam sei an einem mythischen Ort irgendwo in der Wüste

134 GEOkompakt

»Allah akbar« – **Allah ist groß:** Muslime treten ihrem Allmächtigen in dauernder Dankbarkeit entgegen, hier in Kirgisistan

entstanden. Mekka war in die Stammeskonflikte und politischen Ereignisse auf der arabischen Halbinsel einbezogen; die „Weltoffenheit" spiegelte sich in der Vielzahl der verehrten Gottheiten. Diese Götter – und die damit verbundenen Riten – bildeten das Geschäftsmodell der Quraischiten. Mohammeds Großvater zum Beispiel kümmerte sich um die Speisung der Wallfahrer; ein gewichtiges Amt, aus dem sich für den Enkel eine gewisse religiöse Prägung ergeben haben mag.

Aber ist Mohammed denn nicht, wie manche Biografen behaupten, in großer Armut bei Beduinen aufgewachsen?

Das ist auch so eine spätere Verklärung. Mohammed hatte zwar das Pech, dass sein Vater starb, noch ehe er (wohl im März des Jahres 569) zur Welt kam. Und es stimmt, er wuchs in der Wüste auf. Das lag aber an den Familiengesetzen seiner Zeit: Eine verheiratete Frau blieb bei ihrer Sippe, der Ehemann besuchte sie, und sie praktizierten eine Art gekauften Geschlechtsverkehrs.

Nun kam Mohammeds Mutter aber aus einem fremden Stamm. Deshalb haben die Quraischiten den Knaben einer beduinischen Amme übergeben – sie wollten ihn aus dem anderen Stamm lösen und für sich selbst reklamieren. Er kam dann später zu seinem Onkel, einem Karawanenhändler. So stand er in enger Verbindung zu den besten Sippen Mekkas. Bis er nicht mehr tragbar war.

Wegen seiner neuen, unerhörten Lehre von der vollkommenen Unterwerfung unter den Willen Allahs.

Vor allem wegen ihrer radikalen Konsequenzen. Den Glauben an den einen Gott Allah zu predigen hieß, an den ökonomischen Grundlagen des eigenen Clans zu rütteln: ohne Götter keine Wallfahrer, ohne Wallfahrer keine Einnahmen. Mohammed warb ja auch in anderen Kultorten nahe Mekka für seine Botschaft. Das war ein Tabubruch, nein: eine Revolution! Denn dort hatten Quraischiten nichts zu suchen. So geriet nicht nur die Existenz Mekkas, sondern das ganze fein austarierte System der Stammesbündnisse in Gefahr.

Was genau predigte Mohammed? Woher kamen seine Ideen?

Man kann drei Entwicklungsstufen seines Denkens unterscheiden. Der Anfang war recht konventionell. Mohammed gehörte in Mekka zunächst dem Bund der „Strengen" an, einer Art Männergemeinschaft, die sich darum kümmerte, dass die Pilger saubere Kleidung trugen, wenn sie zur Kaaba kamen. Daraus erwuchs eine frömmlerische Emphase der Reinheit: Mohammed übertrug die Ideen der „Strengen" auf

Bevor Mohammed in Mekka wirkte, gab es dort viele Gottheiten

alle Lebenssituationen – auf die physische Befreiung vom Schmutz wie auf die innere Läuterung.

Der nächste Denkschritt war der entscheidende: Mohammed identifizierte den altbekannten Hochgott Allah als alleinigen Schöpfer und ständigen

GEOkompakt 135

Erhalter des Diesseits. Auch dafür gab es Vorbilder. Er kannte ganz bestimmt die „Hanifen", eine Bewegung frommer arabischer Prediger mit monotheistischer Botschaft. Wenn man so will, wurde er nun ein „Hanif". Und zwar als „Gesandter Allahs": Er verkündete, nur diesem einen Gott sollten künftig die Wallfahrtsriten an der Kaaba gelten. In dieser Forderung zeigt sich die ganze Radikalität seines Denkens.

Noch später trat er als Prophet auf, der die Araber die „wahre" Form des Eingottglaubens lehrte und ihnen die von Allah gestifteten Regeln für die Ordnung des Lebens mitteilte. Indem Mohammed Juden- und Christentum als Entartungen zurückwies, gab er sich als Wiederholer des Stammvaters Abraham aus. Ganz wichtig dabei: die Fortführung des Tieropfers. Abraham hatte es praktiziert; die Juden schafften es ab, die Christen sublimierten es im Brot-und-Wein-Ritus; und nun kam da ein Prophet und stellte die alte göttliche Ordnung wieder her!

Mohammed griff recht oft auf die anderen Hochreligionen zurück: Die scheinbar typisch muslimische Niederwerfung beim Gebet etwa kannte er wohl von orientalischen Christen.

All das klingt so, als wäre er ein nicht sehr origineller spiritueller Bastler gewesen.

Es stimmt: Mohammed fügte heidnisch-arabische und monotheistische Glaubensinhalte zusammen. Aber dabei

alles danken. Da kann man schon sagen, dass der Islam über einen theologischen Inhalt verfügt, der zu keiner anderen Religion in Beziehung steht.

Hat Mohammed das alles geglaubt?

Man kann sich natürlich fragen, warum jemand in einem 23-jährigen Prozess der Verkündigung immer neue Gottesbotschaften in die Welt bringt und dafür seine Stellung und die seiner Heimatstadt aufs Spiel setzt. Solche Dinge sind für den Historiker aber nur schwer zu erfassen; da kommen Sie in den Bereich des Glaubens. Wir müssen uns damit zufriedengeben, dass Mohammed sich offenbar von Allah angesprochen fühlte: Wenn man die frühen Zeugnisse seiner Anhänger liest, gewinnt man den Eindruck, er sei subjektiv ehrlich gewesen.

Hat er denn den einen Moment der Berufung erlebt, wie die Muslime glauben?

Wohl eher nicht. Es gibt dazu viele Überlieferungen, die sich zum Teil widersprechen. Eines aber steht fest: Mohammed hat an Epilepsie gelitten. Sein erster Biograf Ibn Ishaq verknüpft dieses Leiden mit dem Prophetentum: Während eines Anfalls sei der Erzengel Gabriel erschienen und habe den Kranken gezwungen, die ihm gerade übermittelten Worte zu rezitieren.

Ibn Ishaqs Werk ist aber auch in anderen Versionen erhalten. Darin heißt es: Immer wenn die Krankheit Mohammed überwältigte, schickte seine Ehe-

Für einen Muslim ist diese Vorstellung natürlich kaum erträglich – weil dann Mohammed selbst und eben nicht Allah bestimmt hätte, wann die Offenbarung einsetzte. Und die islamischen Gelehrten haben sie ja auch ausgemerzt; sie spielt keine Rolle mehr. Aber für mich als Historiker spricht einiges dafür.

Es scheint kaum verständlich: Weshalb haben so viele Mekkaner für einen Epileptiker mit gefährlicher Botschaft ihre Existenz aufs Spiel gesetzt?

Am Anfang waren da nur wenige Anhänger. Mohammed stellte sich während der Wallfahrtszeiten in die Nähe der Kaaba und trug seine Botschaft vor. Er faszinierte damit vor allem junge Menschen.

Weshalb ihm das gelang? Weil er einen speziellen Vortragsstil entwickelte: den der Reimprosa – vielleicht die bedeutendste Leistung seines Lebens. Sie ist einem Außenstehenden schwer zu vermitteln. Denken Sie an die Kassetten mit Koranrezitationen, die es heute überall zu kaufen gibt: an diesen ungeheuer artistischen Umgang mit Sprache – so ähnlich wird es in den Straßen von Mekka geklungen haben: Da trägt jemand einen Text vor, macht mitten im Vers Schluss, setzt neu an, steigert die Emotionen ... ein ständiges Auf und Ab der Gefühle.

Bald hieß es: Er verwirrt unserer Jugend den Verstand!

Und so, nach all den Provokationen, konnten sich Mohammed und seine Anhänger in Mekka nicht mehr halten?

Ja, sie gingen in eine Wüstenoase, Hunderte Kilometer entfernt – nach Medina. Dieses Ereignis markiert den Beginn der islamischen Zeitrechnung.

In der idealisierten Mohammed-Biografie bildet diese Aussiedlung den Schlüsselpunkt – die Gemeinde von Medina gilt als Urbild aller muslimischen Staatswesen. In Wahrheit war es eher ein Unfall: Mohammed musste fliehen.

In Medina nahmen ihn Verwandte auf. Es dauerte viele Jahre, den Islam in Medina zu verbreiten und Mekka zu

Der artistische Umgang mit Sprache war vielleicht seine größte Leistung

radikalisierte er sie auch mit ungeheurer Konsequenz. Seine Idee eines Schöpfers, der ununterbrochen tätig ist und alles durchdringt, deckt sich keineswegs mit der christlichen Sicht, die ja Gott eine gewisse Distanz zu seinem Werk zubilligt. Als Muslim müssen Sie ständig vor diesen Allah treten, müssen ihm dauernd in ritueller Reinheit für

frau nach einem alten Weib, das ihn durch das Knüpfen eines magischen Knotens behandelte. Eines Tages sagte Mohammed: „Ich nehme meine Zuflucht beim Herrn des Frühlichts vor dem Übel der Knotenbläserinnen."

Wollen Sie damit sagen, dass Mohammed seine Krankheit in ein religiöses Erweckungserlebnis umdeutete?

erobern. Denn das wollte Mohammed unbedingt: zur Kaaba zurückkehren.

Weshalb?

Er hatte zwei Ziele: die Neugestaltung der Pilgerriten im Sinne des Eingottglaubens und die Machtübernahme über die Quraischiten, seinen Clan.

Entstand deshalb die Idee, das Glaubensbekenntnis kriegerisch zu verbreiten – die Idee des Dschihad?

Damit hing es zusammen. „Dschihad" bedeutete zunächst die kriegerische Anstrengung der nach Medina Vertriebenen im Kampf gegen Mekka. Später wurde daraus die Teilnahme an Feldzügen gegen die Ungläubigen.

Es begann damit, dass Mohammed die Stadt Medina als Rückzugsraum nutzte, um die Karawanen seiner Feinde zu attackieren. Durch geschicktes Taktieren konnte er nach und nach alle Stämme in Medina auf seine Seite bringen. Unter anderem, indem er viele der dort ansässigen Juden massakrieren ließ – er bezichtigte sie, gegen ihn zu arbeiten. All das war recht perfide.

Dennoch überrascht, wie schnell er triumphieren konnte.

Er hat einfach Glück gehabt. Dazu gehörte auch die Unentschlossenheit der gegnerischen Führung, der Zusammenbruch ihrer Stammeskoalition. Im Januar 630, nach acht Jahren in Medina, marschierte Mohammed in Mekka ein und zerstörte die Kultbilder aller anderen Gottheiten – er brach einfach einen Waffenstillstand, den er zuvor geschlossen hatte. In der Folge unterwarfen sich zahlreiche Stämme aus ganz Arabien seiner Macht. Kurze Zeit später, im Jahr 632, ist er schließlich gestorben.

Herr Nagel, war der Islam Mohammeds eine Religion des Krieges?

Natürlich. Der Islam hat eindeutig als kriegerische Bewegung die Bühne der Weltgeschichte betreten.

Mohammeds Wirklichkeit war eben die Stammesgesellschaft. Und daraus erwuchs der große Widerspruch seines Lebens: Der Koran verkündet eine allgemein menschliche, universalreligiöse Botschaft – aber in der Praxis kämpfte Mohammed

um Einfluss für sich und seine Sippe. Für die vielen armen, rechtlosen Bewohner Mekkas, die mit ihm sympathisierten, hat er sich kaum interessiert.

Alles, was Mohammed tat, war mit dem Aspekt von Herrschaft verknüpft. Ihm ging es immer auch um Macht.

Nach seinem Tod idealisierten die Gelehrten die Vita des Propheten

Das ist alles sehr desillusionierend. Welche Illusionen hatten Sie denn?

Dass vielleicht Mohammeds Urgemeinde als Ideal gelten könnte – für einen demokratischen, freiheitlichen Islam. Als ein Ideal, auf das sich heutige Muslime besinnen könnten.

Aber genau diese Auffassung ist ja das Problem! Das Ideal zu Lebzeiten Mohammeds war Folgendes: Er sei als Politiker und Heerführer in jeder einzelnen Handlung gottgeleitet gewesen. Nach seinem Tod fragten sich die frühen Muslime: Und jetzt? Wie können wir diesem Anspruch noch genügen? So entstand, was ich den „Mohammedglauben" nenne – die Gelehrten übernahmen die Macht über die Biografie des Propheten. Sie legten Regeln für das Zusammenleben fest, eine juristische Ordnung …

… die Scharia …

… und begründeten alles mit Mohammeds angeblichen Worten und Taten: mit dem „Ideal" einer medinensischen Urgemeinde. Bis heute trägt der sunnitische Mehrheitsislam, die erfolgreichste theokratische Herrschaftsform aller Zeiten, an dieser Last: Er holt sich aus Mohammeds Vita keine Anregungen, sondern Anweisungen. Man sollte aber endlich einsehen, dass sich moderne Institutionen nicht mit 1400 Jahre alten Vorgängen legitimieren lassen.

Gibt es keinen Ausweg aus diesem Dilemma?

Manche Gelehrte haben gesagt: „Es hat Allah gefallen, seine Botschaft

zu einer bestimmten Zeit herabzusenden. Jetzt leben wir aber in einer anderen Zeit. Wir müssen zusehen, dass wir diese Botschaft für unsere Gegenwart fruchtbar machen – eine Botschaft, die jeder vernünftige Mensch auch ohne Bezug auf Mohammed als wahr erkennen kann." Das ist der islamische Rationalismus – leider war er schon im späten 10. Jahrhundert erledigt.

Und von den Abertausenden muslimischen Gelehrten heute knüpft niemand mehr daran an?

Nur ganz wenige versuchen so etwas. Eine solche Auffassung können Sie in vielen Ländern der islamischen Welt schlichtweg nicht vertreten. Weil die Gelehrten dort genau wissen, dass sie damit an dem Ast sägen würden, auf dem sie sitzen.

Falls die Theologen Ihre Forschungen, Herr Professor Nagel, wahrnehmen …

… ach, dann werden die sicherlich entsetzt sein. Schade. Denn meine historisch-kritische Methode verträgt sich gut mit dem islamischen Rationalismus. Zu dessen Einsichten müsste man zurückfinden – müsste das Leben des Mohammed „nur" als Mahnung sehen, sich über eine gottgefällige Regelung des Diesseits mit Hinführung zu einem glücklichen Jenseits Gedanken zu machen.

Das wäre ein radikaler Neuanfang, gewiss. Aber war nicht auch Mohammeds Botschaft in seiner Zeit, für seine Mitmenschen etwas unerhört Neues? □

Tilman Nagel, 66, ist emeritierter Professor für Arabistik und Islamwissenschaft an der Universität Göttingen.
Interview: **Malte Henk**.

Literatur: Tilman Nagel, „Mohammed. Leben und Legende" und „Allahs Liebling, Ursprung und Erscheinungsformen des Mohammedglaubens", beide Oldenbourg Verlag.

Entstehung des Glaubens

Die großen

Wo immer sich der Mensch dauerhaft niederließ, umgab er sich mit Göttern und
Gesellschaft für Ordnung zu sorgen. Unzählige Religionen entstanden so im Laufe
Islam, Daoismus, Buddhismus und Hinduismus wurden, durch Handel und Kriege

Skandinavien/Germanien

Polytheismus. Vom
2. Jahrtausend v. Chr. bis
zum 10. Jh. n. Chr. war
ein ausgeprägter Schöp-
fungs- und Endzeitmythos
verbreitet. Häufig Opfer-
rituale an Mooren, Seen und
heiligen Hainen. Wichtigste
Götter waren der All-Vater
Odin, der Kriegsgott Thor,
der Fruchtbarkeitsgott Freyr.
Im 10. Jh. wurde der Norden
Europas nach und nach
christianisiert.

Kelten

Ahnen- und Naturkulte.
Um 400 v. Chr. erreichte die
keltische Kultur ihre größte
Ausdehnung: von Britannien
bis nach Kleinasien. Verehrt
wurden Naturgottheiten, so
der Hirschgott Cernunnos.
Heilige Orte wie Quellen,
Teiche, Flüsse wurden von
Schutzgeistern bewohnt.

Griechenland

Polytheismus. Wohl im
9. Jh. v. Chr. entstand der
Glaube an eine vielköpfige
Götterfamilie, deren Angehörige auf dem Olymp, aber
auch auf Erden agierten
und beispielsweise mit Menschen Halbgötter zeugten.

Römisches Reich

Polytheismus. Im 5. Jh. v.
Chr. begannen die Römer,
den griechischen Götterglauben zu übernehmen. Später
verbreiteten sich im Reich
Riten anderer Kulturen, etwa
der persische Mithraskult.
380 wurde das Christentum
vorgeschriebene Religion.

CHRISTENTUM, siehe Seite 148

JUDENTUM, siehe Seite 142

ISLAM, siehe Seite 150

DAOISMUS, siehe Seite 146

BUDDHISMUS, siehe Seite 144

HINDUISMUS,
siehe Seite 140

Persien

Monotheismus. Wohl um
600 v. Chr. verkündete der
Prophet Zarathustra die
Existenz eines Schöpfergot-
tes, der sich mit dem Dämon
Ahriman, der Verkörperung
des Bösen, in ständigem
Widerstreit befand.

Ägypten

Polytheismus. Ab dem
4. Jahrtausend v. Chr. entwickelte sich ein Pantheon
mit Hunderten von Göttern
in Tier- und Menschen-
gestalt. Pharao Echnaton
erhob um 1350 v. Chr. die
Sonnenscheibe Aton zum
einzigen Gott und begrün-
dete so den womöglich
ersten Monotheismus
der Geschichte.

Babylonisches Reich

Polytheismus. Um 3700
v. Chr. erste Götter in den
sumerischen Stadtstaaten,
später von Babylon erobert.
Tägliche Opferzeremonien.
Um 1700 v. Chr. stieg Babylons Stadtgott Marduk
zum Reichsgott auf.

Zentral- und Südafrika

Ahnenkulte. Regionale
Kulte, die auf das diesseitige
Heil ausgerichtet waren.
Dafür sorgten die Ahnen,
die zwischen Lebenden und
Göttern vermittelten und
sich durch Riten günstig
stimmen ließen.

Australien

Natur- und Geisterglaube.
Zeugnisse über die Ursprün-
ge der Aborigine-Religion
fehlen. Nach dem bis heute
überlieferten Mythos begann
die Schöpfung einst mit
der „Traumzeit": Damals
riefen die Ahnengeister auf
„Traumpfaden" – unsicht-
bar, doch seit Jahrtausenden
tradiert – Dinge und Lebewesen ins Dasein.

Religionen

Geistern. Sie halfen, die Vorgänge in der Natur zu erklären und in der menschlichen der Geschichte, diese Karte zeigt die wichtigsten. Doch nur Judentum, Christentum, begünstigt, zu Weltreligionen. Sie werden auf den folgenden Seiten vorgestellt

Sibirien/Zentralasien

Schamanismus. Wohl um das 4. Jh. v. Chr. entwickelten sich magisch-religiöse Praktiken auf der Grundlage eines animistischen Geisterglaubens. Danach bestand die Welt aus Diesseits, Ober- und Unterwelt. Die Schamanen nahmen in Trance Kontakt zu Geistern auf, um Krankheiten zu heilen oder die Seelen Verstorbener zu begleiten.

Nordamerika II

Synkretismus. Im 19. Jh. entwickelte sich der Peyote-kult; er verband christliche Elemente mit traditionellen indianischen Kulten, in deren Mittelpunkt der Genuss des Peyote-Kaktus stand.

Nordkanada/Grönland

Schamanismus. Mehrere Tausend Jahre folgten die (heute überwiegend christlichen) Inuit einem komplexen Animismus, in dem alle Lebewesen, Dinge, Phänomene spirituell miteinander verbunden waren. Das Leben war ein ewiger Kreislauf, der Tod nur die Transformation von einer Welt in die andere.

Maya

Polytheismus. Die großen Zeremonialzentren der Maya in Palenque, Tikal und Copán entstanden zwischen 300 und 900 n. Chr. Verehrt wurden Hunderte von Naturgottheiten. Im Glauben der Maya steuerten zu bestimmten Zeiten die Götter alle Handlungen der Menschen direkt.

Nordamerika I

Schamanismus. Die Indianer glaubten an eine Lebenskraft, die die gesamte Natur durchdrang. Sie wurde oft als das Manitu bezeichnet. Menschen, Tiere und Pflanzen hatten den gleichen Rang. Verbreitet war der Glaube an ein Leben nach dem Tod; nur Schamanen konnten das Reich der Geister bereisen.

Aztekenreich

Polytheismus. Zahlreiche Götter um den Sonnengott Huitzilopochtli griffen in das Leben der Menschen ein; Priester sorgten für die Aufrechterhaltung der gottgewollten Ordnung. Tier- und Menschenopfer (manchmal mehrere Tausend) waren unverzichtbarer Bestandteil vieler Zeremonien.

Inkareich

Polytheismus. In der Hochzeit der Inka im 15. Jh. wurde der Sonnengott Inti verehrt, dessen Sohn und Verkörperung der Inkaherrscher war. Heilig waren zudem bestimmte Orte und Gegenstände. Auch die Mumien verstorbener Herrscher wurden wie Götter angebetet.

GÖTTERFAMILIEN, AHNENGEISTER UND KOSMISCHE ENERGIEN

Religionen entstanden zumeist unabhängig voneinander und auf allen Kontinenten. Doch ob im alten Ägypten oder bei den Azteken, ob in Australien oder in Afrika – immer wieder zeigten sich ähnliche Glaubenssysteme und -praktiken. Historisch eher die Ausnahme war ein inzwischen bei mehr als der Hälfte der Weltbevölkerung verbreitetes Religionsmodell: die Anbetung eines einzigen Schöpfer- und Erlösergottes

GEOkompakt 139

Hinduismus

Morgens nehmen Einheimische und Pilger in dem südindischen Wallfahrtsort Rameswaram ein rituelles Bad im Meer: Wie an anderen Pilgerstätten Indiens waschen Hindus hier nicht nur den Körper, sondern hoffen, dabei auch ihren Geist zu reinigen und von Missetaten zu läutern. Als heiligstes aller Gewässer gilt ihnen der Ganges

In ganz Indien wird die Kuh als heiliges Tier verehrt. Viele Hindus sehen in ihr ein Symbol des Lebens

Geboren, um wiedergeboren zu werden

Nicht alle Hindus verehren dieselben Götter. Trotzdem fühlen sie sich in der ältesten aller Weltreligionen vereint

Der Begriff „Hinduismus" ist relativ jung: Briten prägten ihn Ende des 18. Jahrhunderts, um die vielen religiösen Praktiken und Traditionen in ihrem Kolonialreich Indien zusammenzufassen. Hindus verfügen weder über ein allgemeines Glaubensbekenntnis, noch sind sie in eine einheitliche Organisationsstruktur eingebunden. Vielmehr verehren sie eine Vielzahl von Göttern und Göttinnen und kennen eine Fülle von Ritualen.

Weil sich die meisten Inder trotz dieser Vielgestaltigkeit in ihrem Glauben miteinander verbunden fühlen, betrachten viele Religionswissenschaftler den Hinduismus als Weltreligion. Die Hindus selbst bezeichnen ihren Glauben als *sanatana dharma*, als ewiges Weltgesetz, das von jeher besteht und von Heiligen und Sehern, den *rishis*, in immer neuen Formen verkündet wird.

Tatsächlich reicht die Entstehungsgeschichte des Hinduismus in die Mitte des zweiten Jahrtausends v. Chr. zurück, weiter als jede andere Weltreligion: Damals wanderten Nomadenstämme aus Zentralasien (Arier) ins Schwemmland des Indus ein und verwoben ihren polytheistischen Götterglauben mit vorgefundenen lokalen Kulten und Traditionen.

Zu jener Zeit entstanden die sogenannten Veden (sanskr. *veda* = Wissen). Zunächst mündlich überliefert, wurden diese Sammlungen von Hymnen und Rezitationen erst 2000 Jahre später niedergeschrieben. Hindus glauben, dass die Inhalte der Veden göttlichen Ursprungs sind und mythische Wahrheiten offenbaren.

So berichten die Veden etwa von der Entstehung des Universums: Aus dem Ur-Menschen Purusha, der einst den Göttern geopfert wurde, entstanden die soziale Welt und der Kosmos. Der Mond ging aus Purushas Geist hervor, die Sonne aus seinen Augen, das Firmament aus seinem Kopf und die Erde aus seinen Füßen.

Für Hindus ist der gesamte Kosmos von einer Allseele erfüllt – einem unveränderlichen, allem Sein zugrunde liegenden Prinzip: dem *brahman*. Es ist die Ursubstanz des Lebens, liegt außerhalb des menschlichen Bewusstseins und kann weder gedacht noch gefühlt werden. Jeder Mensch aber

Eine Allseele erfüllt den ganzen Kosmos

trägt einen Samen des Brahmans in sich: das *atman*, die Einzelseele. Höchstes Lebensziel eines Hindus ist es, durch Meditation und Versenkung Einzel- und Allseele, Atman und Brahman, zu vereinen. Dabei streben viele Gläubige die völlige Hingabe an jene Gottheit an, die sie als die höchste – gleichsam als eine Ausprägung des Brahman – verehren.

Die bekanntesten Gottheiten sind Shiva, der „Gütige", der alle Gegensätze des Kosmos in sich vereint, Vishnu (sanskr. *vish* = wirken, arbeiten), der das Prinzip der Welterhaltung verkörpert, und Shakti (sanskr. *sakti* = Energie, Kraft), die weibliche Verkörperung der schöpferischen Urkraft. Dementsprechend kennt der Hinduismus drei religiöse Hauptströmungen: den Shivaismus, den Vishnuismus und den Shaktismus.

Erfährt ein Hindu durch Hingabe an seine bevorzugte Gottheit die Verschmelzung mit der Allseele, hat er sein Heil gefunden, die Erlösung (*moksha*). Dann vermag er sich aus einem Kreislauf zu befreien, der sich andernfalls endlos fortsetzen würde: dem Zyklus von Geburt, Tod und Wiedergeburt.

Dieser Kreislauf folgt dem Gesetz des *karma* (der Tat): Die

VERBREITUNG DES HINDUISMUS

Rund 900 Millionen Menschen, etwa ein Siebtel der Weltbevölkerung, gelten als Hindus. Ihre Weltanschauung hat sich über Jahrtausende besonders auf dem indischen Subkontinent durchgesetzt – als vorherrschende Religion gegenüber dem Buddhismus und dem Islam. In Indien glauben heute mehr als 800 Millionen Menschen, über 70 Prozent der Bevölkerung, an das Gesetz des Karma und den Kreislauf der Wiedergeburten.

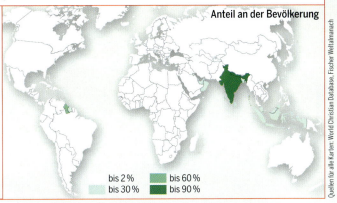

Anteil an der Bevölkerung
bis 2 % | bis 60 %
bis 30 % | bis 90 %

Quellen für alle Karten: World Christian Database, Fischer Weltalmanach

ZEITTAFEL

1800–1200 v. Chr. Arier, Nomaden aus Zentralasien, wandern in das Schwemmland des Indus ein. Ihr Götterglaube vermischt sich mit lokalen Kulten, die ersten Hymnen (Veden) entstehen.

1000–500 v. Chr. Die Arier siedeln sich entlang des Ganges in Nordindien an.

8.–3. Jh. v. Chr. In den „Upanishaden", philosophischen Schriften, werden zahlreiche Lehren der Brahmanen, Priester, gesammelt.

Ab 200 v. Chr. In Indien bilden sich drei große Glaubensrichtungen heraus: Vishnuismus, Shivaismus und Shaktismus.

Ab dem 11. Jh. In Nordindien breitet sich der Islam aus.

Ende des 18. Jh. Briten prägen den Begriff „Hinduismus" für Indiens religiöse Traditionen.

1950 Indien schafft, als säkularer Staat, das religiös verwurzelte Kastenwesen in seiner Verfassung offiziell ab.

Krishna, Held der indischen Mythologie und Inkarnation Vishnus, tanzt mit einem Hirtenmädchen

Zu Ehren Krishnas feiert man – hier in der Stadt Jodhpur – jeden Frühling ausgelassen das »Farbenfest« Holi

Ein Sadhu, ein Wanderasket, hält den Arm hoch – seit Jahren. Und hofft, so Erleuchtung zu gewinnen

---

Handlungen im gegenwärtigen Leben prägen den Charakter des nächsten. Und sie haben nicht nur äußere Wirkungen, sondern hinterlassen auch Spuren im Handelnden selbst – gleichsam eine Prägung auf dessen Seele, die künftiges Leben und Erleben festlegt.

Jeder erntet, was er sät: Wer Gutes tut, wird gut; wer selbstsüchtig und böse handelt, befleckt seine Seele und riskiert eine Wiedergeburt als Wurm oder Ratte. Daher empfinden viele Hindus eine besondere Verantwortung für die Vielfalt der Schöpfung.

Alle Wesen bilden eine Hierarchie des Seins. Sie beginnt bei den Pflanzen und endet bei den Göttern. Die Menschheit, das Mittelstück, gliedert sich in soziale Gruppen. Schon die Veden aus dem 2. Jahrtausend v. Chr. erwähnen ein mythisches Gefüge aus vier Gesellschaftsschichten, *varna* (sanskr. = Farbe), in die jeder Mensch geboren wird. Traditionell bildeten Brahmanen, die Priester, als Empfänger der Opfergaben für die Götter und Ausführende der kultischen Handlungen den obersten Varna. Kshatriya, die Angehörigen der zweiten Schicht, waren zu Kriegern und Adeligen geboren. Dem dritten Varna gehörten die meisten Menschen an – die Vaishya: Bauern, Kaufleute und Handwerker. Darunter standen die Shudra: Sklaven und Leibeigene, die als unrein galten.

Heute prägt ein weit komplexeres System Indiens Gesellschaftsstruktur, das der sogenannten Kasten. Denn im Laufe der Jahrhunderte sind aus den vier Varna immer weitere „Geburtsgruppen", die *jati* (sanskr. = Geburt), hervorgegangen – inzwischen schätzungsweise 3000.

Das Kastenwesen bindet den Gläubigen in eine vorgegebene sozialreligiöse Struktur ein. Jede Jati hat ihre eigenen geistlichen und weltlichen Vorschriften – den *dharma* (sanskr. = Gesetz), einen Katalog von ethischen Normen, rituellen Pflichten, Erziehungsgrundsätzen und Berufsbildern. Für Priester etwa sind dies Studium und Weitergabe der Veden, für Bauern die Sorge um den Ackerboden, für Händler das pflichtbewusste Geschäft und für den Schauspieler der bestmögliche Auftritt.

Der Dharma trennt die Angehörigen unterschiedlicher Jati voneinander – so wird üblicherweise nur innerhalb der eigenen sozialreligiösen Schicht geheiratet. Auch pflegen nur Angehörige der eigenen Jati gemeinsam zu essen. Weil der Dharma zugleich immer auch eine besondere religiöse Tradition beinhaltet, kennen Hindus keinen alle Gläubigen verbindenden Ritus wie etwa das Abendmahl der Christen oder den Sabbat der Juden. Stattdessen variieren die kultischen Handlungen nach der jeweiligen Geburtsgruppe und Region.

Allerdings erkennen alle Hindus bestimmte heilige Orte als Wallfahrtsstätten an. Etwa Tempel, die als Übergang zwischen irdischer und transzendenter Welt gelten, oder Berge wie den Kailash. Und Flüsse: Jeden Tag steigen Zehntausende Gläubige in Indiens Ströme, um Körper und Geist zu reinigen. In Allahabad, einer Stadt am Ganges, kamen im Februar 2001 anlässlich eines Festes 70 Millionen Menschen zusammen – zur bislang größten religiösen Versammlung der Geschichte. *Rainer Harf*

DIE UNBERÜHRBAREN

Unterhalb der traditionellen Hindu-Kasten stehen die Kastenlosen – zumeist Menschen mit „unreinen" Berufen: Wäscher und Schlachter, Straßenkehrer und Leichenverbrenner. Viele Hindus meiden jeden Kontakt mit ihnen. Mahatma Gandhi nannte sie „Kinder Gottes", und mit der Verfassung von 1950 wurde Indiens Kastensystem abgeschafft. Doch noch immer bestimmt es das Leben der Inder. Auch die Wahl des kastenlosen Kocheril Raman Narayanans (oben) zum Präsidenten, hat daran wenig geändert: Wirtschaftlicher oder politischer Aufstieg verbessert nicht den Platz in der Kasten-Hierarchie.

GEOkompakt 141

Judentum

Rabbiner leiten die Gottesdienste einer jüdischen Gemeinde, sie lehren und predigen, entscheiden aber auch autonom in religiösen Streitfragen

Mit 13 Jahren wird ein Junge als »bar-mizwa«, als mündiges Mitglied, in die jüdische Gemeinde aufgenommen (hier in Jerusalem). Der nunmehrige »Sohn der Pflicht« muss mit den wichtigsten Grundlagen des Judentums vertraut sein – besonders der Tora, den fünf Büchern Mose, aus denen er bei den Feierlichkeiten vorlesen darf

Gott selbst gab ihnen das Gesetz

Das Judentum gründet auf göttlichen Offenbarungen, die Mose einst auf dem Berg Sinai empfangen haben soll

Vor rund 3000 Jahren bahnte sich südlich des Sees Genezareth eine der größten Revolutionen in der Geschichte der Menschheit an: der Übergang vom Poly- zum Monotheismus. In den Dörfern Galiläas und Judäas wandten sich die Einwohner – langsamer als in der Bibel geschildert, doch letztlich unaufhaltsam – von der Vielgötterei ab und bekannten sich zu dem Einen Gott Jahwe – zum Judentum. Seither sehen sich dessen Anhänger als Gottes auserwähltes Volk.

Zunächst in zwölf Stämme gegliedert, vereinigten sie sich im Jahr 997 vor unserer Zeitrechnung unter König David in dem einen Reich Israel. Die Stadt Jerusalem erhielt eine zentrale Stellung, denn dorthin war die Bundeslade überführt worden: jener Behälter, der nach biblischer Überlieferung die Steintafeln mit der Niederschrift der Zehn Gebote enthielt. Sie wie auch andere Vorschriften entstammen den Offenbarungen, die Moses am Berg Sinai von Gott empfangen haben soll. Zusammengefasst sind sie in den fünf Büchern Mose, der Tora (hebr. = Weisung).

Nach traditioneller Zählung enthält die Tora 365 Verbote, entsprechend der Tageszahl eines Jahres, und 248 Gebote, nach antikem Kenntnisstand die Anzahl der Glieder im menschlichen Körper. Die Zahlen versinnbildlichen den Geltungsanspruch zu aller Zeit und in allen Bereichen des Lebens. Durch die alltägliche Einhaltung und Praktizierung dieser 613 Ge- und Verbote sollen Volk und Land geheiligt werden.

Die Tora regelt umfassend und minutiös Glauben, Gesellschaft und Alltag der Juden. In ihr finden sich etwa genaue Regeln für die Beschneidung der Jungen, sie gebietet die Heiligung des Ruhetags Sabbat (hebr. = Ruhepause) und enthält zahlreiche Speise- und Reinheitsgebote. Sie gilt den Juden als Heilsweg; nur ein Leben nach ihren Weisungen ist ein Leben nach dem Willen Gottes.

Erzählungen von der Erschaffung der Welt bis zum Tod des Moses begründen die Einheit und die Besonderheit Israels. Die rechtlichen und kultischen Anweisungen, die im Laufe der Zeit in diese Erzählungen eingebettet wurden, gelten als Gottes Wille, als Bundesverpflichtung des Volkes

»Mein Gott ist der Hort meiner Zuversicht«

Israel, als ideale Lebensordnung und Verfassung – ja als Plan und Werkzeug der Weltschöpfung.

Es sind vor allem jüdische Gelehrte, die Rabbinen, die seit der Zerstörung Jerusalems durch die Römer im Jahr 70 n. Chr. die Tora auslegen. Theoretisch regulieren die Rabbinen alle Lebensbereiche, und ihre Entscheidungen sind von der Gemeinde zu akzeptieren.

Bis heute ist der Babylonische Talmud – eine Sammlung aller Lehrstoffe der rabbinischen Schulen, die im 7. Jahrhundert n. Chr. im Zweistromland vollendet wurde – der Inbegriff der rabbinischen Lehre. Auf der Basis von Tora und Talmud entwickelte sich das jüdische Recht, die *halacha*. Allerdings entscheidet jeder anerkannte Rabbiner jede Streitfrage eigenständig – etwa über eine Ehe zwischen Juden und Nichtjuden. Ob die Gemeinde das Urteil akzeptiert, hängt jedoch wesentlich von der Überzeugungskraft des jeweiligen Rabbiners ab.

Die Folge ist ein historisches Paradox: Gerade in jener Weltreligion, in der so viele alltägliche Dinge – etwa die getrennte Zubereitung von Milch- und Fleischprodukten – festgelegt sind, feh-

VERBREITUNG DES JUDENTUMS

Weltweit werden rund 15 Millionen Juden gezählt, davon in den USA etwa 40 und in Israel 35 Prozent. In jüngerer Zeit sind Juden insbesondere aus Russland und islamischen Ländern nach Israel eingewandert. Insgesamt sind jüdische Glaubensangehörige in mehr als 100 Staaten ansässig. Große Gemeinden befinden sich etwa in New York und Paris. In Deutschland leben heute etwa 200 000 Juden, vor der Nazizeit waren es mehr als 500 000.

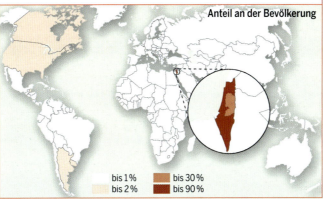

Anteil an der Bevölkerung
bis 1 %   bis 30 %
bis 2 %   bis 90 %

ZEITTAFEL

3760 v. Chr. Beginn der jüdischen Zeitrechnung.
Um 1250 v. Chr. Die Israeliten fliehen aus Ägypten nach Palästina.
Ab etwa 1150 v. Chr. Unter den Bewohnern Palästinas beginnt der Glaube an Jahwe, den einen Gott, zu wachsen.
1004–964 v. Chr. König David eint die zwölf Stämme Israels und erhebt Jerusalem zur Kapitale.
597–587 v. Chr. Die jüdische Elite wird nach Babylonien deportiert. Dort festigt sich das Judentum als monotheistische Religion.
538 v. Chr. Rückkehr aus dem Exil.
70 n. Chr. Die Römer erobern Jerusalem. Viele Juden fliehen aus dem Heiligen Land oder werden vertrieben. Beginn der Diaspora.
1895 Theodor Herzl begründet mit seinem Werk „Der Judenstaat" den modernen Zionismus.
1941–1945 Sechs Millionen Juden werden von den Nationalsozialisten ermordet.
1948 Gründung des Staates Israel.

Im Talmud sind die Regeln gesammelt und interpretiert. In einer Jerusalemer Schule lernen Kinder sie auswendig

Die Klagemauer in Jerusalem, Rest des zerstörten zweiten Tempels, gilt den Juden heute als heiligste Stätte

Jüdischen Speiseregeln zufolge dürfen Fische mit Flossen und Schuppen als »koscher« genossen werden

---

len einheitliche Regeln. Wohl gibt es Gesetze, aber keine übergeordnete Instanz, die dafür sorgt, dass diese überall gleich interpretiert werden.

Da aber jede Deutung der Tora „gültig" ist, kann ein Jude, dem die Auslegung des einen Rabbiners nicht gefällt, zu einer ihm genehmeren Gemeinde wechseln. Infolgedessen hat sich das Judentum über die Jahrhunderte in zahlreiche Glaubensrichtungen aufgefächert, wozu auch die Diaspora beigetragen hat, die „Zerstreuung" der Juden aus ihrem Mutterland in andere Teile der Welt.

In Reaktion auf die Aufklärung entwickelte sich seit dem 19. Jahrhundert in Westeuropa und den USA das Reformjudentum: Jüdische und nichtjüdische Erneuerer kämpften darum, die jahrhundertelang diskriminierten Juden, die zumeist in Ghettos leben mussten, in Staat und Gesellschaft einzugliedern. Die Reformer lehnten viele religiöse Traditionen ab und verzichteten auf viele rituelle Vorschriften. Ein Jude sollte in den modernen Nationalstaaten ein Bürger wie alle

DER NEUE JUDENSTAAT

Zu Hunderttausenden verlassen Juden nach dem Zweiten Weltkrieg Europa. Auf überfüllten Schiffen erreichen sie Palästina und schwenken die Fahne mit dem Davidstern, dem Symbol der jüdischen Gemeinschaft (hier im Hafen Haifa). Angetrieben von zionistischen Idealen und erschüttert vom Schrecken des „Dritten Reichs", wollen sie im Land der Bibel einen eigenen Staat errichten. Am 14. Mai 1948 ruft David Ben Gurion, Vorsitzender der jüdischen Selbstverwaltung in Palästina, den Staat Israel aus. Doch die Araber, die dort seit Jahrhunderten leben, widersetzen sich. Bis heute sind beide Seiten nicht zum Frieden bereit.

anderen sein, abgesehen von seiner Konfession. Reformrabbiner sahen sich weniger als Tora-Experten, vielmehr als Seelsorger.

Vor allem im deutschen Kaiserreich schien die Emanzipation der Juden erfolgreich zu sein: Seit 1871 waren Juden rechtlich gleichgestellt. Und auch wenn in der Bevölkerung ihnen gegenüber Vorurteile herrschten, machten viele zuvor undenkbare Karrieren. Sie lebten nun genauso wie die Christen, und ihre traditionelle Identität verwischte sich.

Dagegen machten die Orthodoxen im Orient und in Osteuropa Front. Sie duldeten keinerlei Abweichung von den Geboten der Tora und hielten sogar an der traditionellen Kleidung fest.

Die reformerische wie die orthodoxe Tendenz suchte dann der jüdische Nationalismus zu überwinden, der sich seit 1897 im Zionismus formierte. Dessen Anhänger sahen die Zukunft des jüdischen Volkes allein in der Gründung eines eigenen Staates. Er sollte die Jahrhunderte währende Diaspora beenden.

Die traumatischen Erfahrungen des modernen Judenhasses und der Massenmorde während der nationalsozialistischen Herrschaft in Europa bewirkten nach dem Zweiten Weltkrieg auch im europäischen und amerikanischen Reformjudentum eine Rückbesinnung auf die Tradition. Und sie schließlich gab der zionistischen Bewegung einen entscheidenden Auftrieb, der 1948 zur Gründung des Staates Israel führte.

Tatsächlich aber vermochte es auch diese Erfüllung des jüdischen Traums bis heute nicht, die Differenzen zwischen Altgläubigen und Progressiven, kompromisslos Frommen und religiös Indifferenten, Rationalisten und Mystikern, militanten Nationalisten und Pazifisten beizulegen.

In vielen Fragen stehen Reformjuden heute liberalen Christen und Muslimen näher als ihren ultraorthodoxen Glaubensbrüdern. Zwar heißt es in der Tora: „Der Herr ist mein Schutz, mein Gott ist der Hort meiner Zuversicht." Doch ebenso wie für andere Weltreligionen gibt es auch für das Judentum längst nicht mehr nur einen einzigen unumstrittenen Glaubensweg. *Rainer Harf*

GEO kompakt **143**

Buddhismus

Der Legende zufolge hält ein einziges Haar Buddhas den Goldenen Felsen, der im Süden Myanmars auf einer Bergkuppe thront, in der Balance. Nur Männer dürfen sich dem steinernen Koloss nähern und ihn mit Blattgold verzieren. Der Buddhismus ist stark von patriarchalischen Strukturen geprägt, die etwa Nonnen weniger Rechte als Mönchen zugestehen

Mehrmals täglich meditieren tibetische Mönche gemeinsam: Konzentration auf dem Weg zur Erleuchtung

Mit Festen wie hier am Feiertag Makha Bucha in Thailand verehren Buddhisten ihren Religionsstifter

Leiden bis zur ewigen Ruhe

Als Prinz geboren, als Asket erleuchtet: Vor 2500 Jahren fand Buddha den Weg zum Frieden mit sich und der Welt

Die reine Lehre des Buddhismus kennt keinen Gott, kein Paradies, keine ewige Verdammnis. Sie bietet ein Weltbild, das weitgehend auf Metaphysik verzichtet; es gibt keinen Dualismus von Geist und Materie, von Gott und Welt. Vielmehr verstehen Buddhisten die Realität als ein Kontinuum von Prozessen.

Kein göttlicher Schöpfer hat die Welt erschaffen. Alle Phänomene entstehen in gegenseitiger Abhängigkeit. Nichts in der Welt hat eine Identität aus sich selbst heraus. Alles existiert nur in Bezug auf anderes. Im Zentrum des Buddhismus steht daher die Erfahrung des ständigen Wandels aller Dinge und der Substanzlosigkeit allen Seins, auch des eigenen Ichs.

So wäre der Buddhismus nach konventionellem westlichem Denken eher als Philosophie einzuordnen. Andererseits muss aber auch der Buddhist glauben, denn rational „beweisen" lassen sich die Fundamente seiner Lehre nicht – etwa die Überzeugung vom ewigen, leidvollen und unfreiwilligen Kreislauf aus Leben, Tod und Wiedergeburt (*samsara*).

Wie ein jeder wiedergeboren wird, hängt ab von der moralischen Qualität seiner Taten im Leben – dem *karma*. Wer Gutes vollbringt, darf ein Leben in Wohlstand erwarten, wer Schlechtes tut, muss damit rechnen, im Elend, ja im Körper eines Tieres erneut auf

Wer frei ist von Wünschen, gelangt zum Glück

die Welt zu kommen. Dies ist aber nach buddhistischer Lehre keine Belohnung oder Strafe, sondern ein Automatismus – frei von jeder übergeordneten, wertenden Instanz.

Der Buddhismus ist folglich so etwas wie eine „Religion ohne Gott". Eine Weltanschauung, die durch ethische Regeln und kultische Praxis über Jahrtausende zahlreiche Kulturen beeinflusst hat. Sie legitimierte Königreiche und prägt noch heute weite Teile Asiens – eines Kontinents, den ansonsten tiefe sprachliche, kulturelle, ökonomische und soziale Unterschiede trennen.

Als Begründer der Lehre und Quell ihrer wesentlichen Regeln und Anweisungen wird Siddharta Gautama verehrt (ca. 560–480 v. Chr.; die Datierung seiner Lebensdaten ist umstritten, viele siedeln Gautama etwa 100 Jahre später an). Rund 500 Jahre vor Jesus von Nazareth zieht dieser Prinz aus dem kleinen Reich der Sakya im Nordosten Indiens als Asket umher, um nach seinen eigenen Worten „das höchste Heil und den unvergleichlichen Frieden zu suchen". Der Legende nach findet er schließlich in der ersten Vollmondnacht des Monats Visakha (April/Mai) des Jahres 528 v. Chr. in tiefer Versenkung, wonach er sich sehnt. Sieben Tage verweilt er daraufhin reglos, die „Wonne der Befreiung genießend".

Fortan gilt er als Buddha: als „Erleuchteter", der die „vier Edlen Wahrheiten" erkannt hat:

• Alles ist Leiden;

• der Ursprung allen Leidens ist das Begehren;

• alles Leiden endet im *nirvana* (sanskrit. = Verlöschen), einem schwer beschreibbaren, glücklichen Zustand des Nicht-Seins, der Überwindung aller Begierden;

• zum Nirvana führt der „achtfache Pfad" – acht Anweisungen zur Geisteshaltung und Lebensführung, etwa Gewaltlosigkeit und Konzentration, in der sich der Geist von der äußeren Welt abwendet und den Frieden der inneren Ruhe sucht.

Wer die acht Ziele erreicht, der gewinnt sein persönliches Heil: Er überwindet den Kreislauf der

VERBREITUNG DES BUDDHISMUS

In Indien, dem Ursprungsland des Buddhismus, bekennt sich heute weniger als ein Prozent der Bevölkerung zur Lehre Buddhas. Weltweit hingegen beschreiten mehr als 350 Millionen Menschen den „Pfad zur Erleuchtung". Viele Länder Asiens sind heute buddhistisch geprägt, so Myanmar, Kambodscha, Laos und Thailand. Aber auch in westlichen Ländern beeindruckt die Lehre von der Überwindung des Seins viele Menschen.

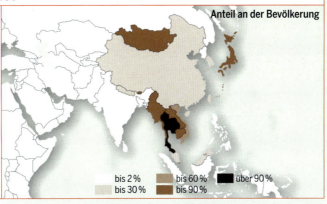

Anteil an der Bevölkerung

bis 2 % bis 60 % über 90 %
bis 30 % bis 90 %

ZEITTAFEL

528 v. Chr. Prinz Siddharta Gautama wird der Legende nach erleuchtet und damit zum „Buddha".

um 260 v. Chr. Ashoka, ein König des ersten indischen Großreichs, entwickelt eine buddhistische Morallehre und lässt diese auch außerhalb seines Reiches verkünden. Er bereitet so dem Buddhismus den Weg zur Weltreligion.

um 30 v. Chr. Aufzeichnung des Pali-Kanons, der die Lehre Buddhas erstmals schriftlich fixiert.

ca. 1200 Der Buddhismus wird von muslimischen Eroberern aus Indien verdrängt.

1227 In Japan begründet der Mönch Dogen die Soto-Schule des Zen, den er aus dem chinesischen Chan-Buddhismus ableitet.

1409 Der Mönch Tsongkhapa gründet in Tibet das Kloster Ganden der Gelug-Schule. Im Jahr 1578 erhält einer ihrer obersten sprituellen Führer erstmals den Titel „Dalai Lama".

Der sitzende Buddha mit Nimbus und gelocktem Haar ist ein Archetypus der buddhistischen Kunst

In den Gebetsmühlen verbergen sich magische Texte, die durch die Rotation ihre Kraft entfalten sollen

Kultbauten wie diese nepalesische Stupa mahnen in besonderer Weise, stets Erleuchtung zu suchen

---

Wiedergeburten und wird somit von allen Leiden erlöst.

Buddha, der im Volk als Wundertäter gilt, ersinnt Konzentrationsübungen, mehr als 800 Gleichnisse und über 200 Regeln für Mönche und Nonnen – die über die Zeiten seine Lehre bewahren, kommentieren und verbreiten. Als Buddhist gilt, wer anerkennt, dass Siddharta Gautama die Erleuchtung erlangte und den Weg zur Erlösung wies. Wer Zuflucht nimmt zu den „drei Juwelen": zu Buddha, dessen Lehren und der Gemeinschaft der Gläubigen (*buddha*, *dharma* und *sangha*).

Buddhas Lehre ist im Laufe der Jahrtausende aus Indien hinausgetragen worden, hat sich in zahlreiche Schulen und Gruppen aufgespalten. Heute bestimmen vor allem zwei große Traditionen den Buddhismus, die viele neue, einander überlagernde und beeinflussende Unterschulen hervorgebracht haben: *theravada* und *mahayana*.

Theravada ist eine Strömung, in der vor allem der Geist des Einzelnen das „Fahrzeug" zum eigenen Heil ist, erreichbar jedoch allein von Mönchen. Früher wurde sie auch abwertend als „Kleines Fahrzeug" bezeichnet. Maßgeblich sind vor allem die überlieferten Lehren und Regeln Buddhas selbst. Zentren dieser „Lehre der Alten" sind Thailand, Laos, Kambodscha, Myanmar und Sri Lanka.

Die Mahayana-Tradition, die im 1. Jahrhundert v. Chr. entstand, stützt sich dagegen auch auf jüngere Schriften und Auslegungen. Sie ergänzt die Lehre um die besondere Betonung von Mitgefühl und Sorge für andere Lebewesen. Diese Strömung ist das „Große Fahrzeug", denn neben dem Geist des Einzelnen führt vor allem die Verantwortung gegenüber anderen zur Erleuchtung. Das Ideal des Mahayana ist der *bodhisattva*, ein „Erleuchtungswesen", das absichtlich nicht endgültig ins Nirvana eintritt, um andere Lebewesen auf den Pfaden zur Erleuchtung zu unterstützen.

Mahayana ist die heute stärkste Tradition des Buddhismus und unter anderem in China, Japan, Korea und Nepal verbreitet. Zu ihr zählt auch die tibetische *Gelug*-Schule, deren spiritueller Führer der Dalai Lama ist, sowie der vor allem in Japan populäre Zen-Buddhismus, in dem der Gläubige durch strenge Meditation (*zen*), die Beschäftigung mit paradoxen Rätseln (*koan*) oder andere auf Meditation ausgerichtete Übungen wie etwa Bogenschießen seinen Geist zu kontrollieren sucht. Blitzartig kann ihm dabei in tiefster Versenkung die Erleuchtung gelingen.

Gerade durch die Lehren des Zen ist die Weltsicht aus dem Osten in den vergangenen Jahrzehnten auch im Westen populär geworden und findet immer mehr Anhänger. Allein in Deutschland folgen vermutlich rund 250 000 Menschen den Ideen des Buddhismus: weil er die Selbstverantwortung des Individuums betont und nicht auf die Gnade einer transzendenten Instanz setzt; weil er auf die Erkenntnis jedes Einzelnen vertraut und nicht auf Dogmen; weil er dazu anregt, die eigenen Gefühle und Vorstellungen immer wieder zu überprüfen.

So kann im Grunde jeder zum „Buddha" werden. Auch wenn das kaum erkennbar ist: Ein Buddha offenbart sich durch sein Wirken und nicht, weil er sich als erleuchtet bezeichnet.

Bertram Weiß

DIE LAMAS

Tibetische Buddhisten glauben, der Geist ihrer spirituellen Lehrer (Lamas) reinkarniere sich immer wieder neu. In manchen Orden werden den Wiedergeborenen bestimmte Eigenschaften zugesprochen, die sie von normalen Menschen unterscheiden. Damit gibt sich ein Tulku, ein „Erscheinungskörper", nach dem Tod eines Lama einer Suchkommission zu erkennen. Die Wahl des Dalai Lama („Ozean der Weisheit"), der von vielen Tibetern auch als ihr weltliches Oberhaupt angesehen wird, erfolgt ebenfalls nach diesem Prinzip. Der amtierende 14. Dalai Lama (oben ein Foto von 1945) wurde 1939 als Wiedergeburt seines Vorgängers erkannt.

GEOkompakt 145

Daoismus

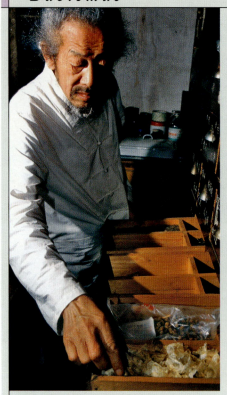

Im Sinne des Dao haben chinesische Mediziner zahllose Arzneien entwickelt, die im Körper mit göttlichen Kräften zusammenwirken

Mönche beten am Altar des mehr als 1000 Jahre alten »Tempels der weißen Wolken« in Beijing. Er ist heute Hauptsitz der 1957 gegründeten Chinesischen Daoistischen Gesellschaft, die als erste Organisation in der Geschichte Chinas allen Schulen des Daoismus offen steht

Alles strebt zum Gleichgewicht

Die chinesische Lehre vom Dao prägt weithin Ostasiens Alltag – auch indem sie andere Traditionen beeinflusst

Im Kern ist der Daoismus etwas Unbeschreibliches – ein Weltgesetz, etwas, was immer war und immer sein wird. Es durchdringt alle Wesen und Dinge und ist der Ursprung jeder Veränderung. Der Name dieses Ungreifbaren ist *dao* (auch *tao*).

Es ist das Gesetz der universellen Ausgewogenheit, der harmonischen Wechselwirkung zwischen den beiden Urkräften Yin und Yang, in die es sich ausdifferenziert hat. Yin ist die weibliche, passive, empfangende, hingebende, verhüllende Kraft; Yang die männliche, aktive, zeugende, lichte. Werden und Vergehen unterliegen nicht einem göttlichen Willen oder Schicksal, sondern der natürlichen Dynamik des Dao.

Dieses Urprinzip kann nicht verstanden und gelehrt werden, weil es sich jeder Vorstellung entzieht. Nur intuitiv ist das Dao durch die Nähe zur Natur und die Entdeckung der Spontanität zu erfassen. Seine Essenz ist Zurückhaltung, Einfachheit und Bescheidenheit. „Dao praktizieren heißt täglich vermindern. Loslassen und wieder loslassen: So gelangt man zum Handeln, ohne einzugreifen. Handeln, ohne einzugreifen, lässt nichts unerledigt", so heißt es in einer zentralen Schrift des Daoismus.

Umstritten ist, wann die Idee des Dao entstanden ist. Mit Sicherheit hat sie ihren Ursprung im antiken China und zählt zu den ältesten noch praktizierten spirituellen Traditionen der Menschheit. Wer heute von „Daoismus" spricht, meint zumeist die Dao-Lehre des Laozi (auch Laotse), die im 4. oder 3. Jahrhundert v. Chr. zusammengestellt worden ist. Dieser – neben Konfuzius – berühmteste Denker des chinesischen Altertums ist historisch nicht nachweisbar. Der Legende zufolge war er im 6. Jahrhundert v. Chr. als Gelehrter am königlichen Hof für Kalender und Archiv zuständig. Manche sprechen ihm ein Alter von 200 Jahren zu, seit Kaiser Han Huandi (164 n. Chr.) verehren ihn viele als göttliches Wesen.

Laozi gilt als Urheber des „Daode-jing" (auch „Tao-te-king"), des „Buches vom Dao und dessen Wirkkraft". Ursprünglich hatte diese Schrift mit 81 Absätzen keinen religiösen Anspruch, sondern konnte als politischer Leitfaden verstanden werden. Da in

In allen Wesen und Dingen wirkt das Weltgesetz des Dao

diesem Buch das Dao als Prinzip der harmonischen Herrschaft beschrieben wird, wurde es jedoch zu einer esoterischen Lehrschrift über das richtige Leben im Sinne des Dao: „Wer weiß, was genug ist, erleidet keine Schande. Weiß man aufzuhören, gerät man nicht in Gefahr. So kann man lange währen", heißt es etwa im Abschnitt 44 des Daode-jing.

Um dieses Werk ist über die Jahrhunderte ein Kanon entstanden, der Daozang, der in seiner letzten Fassung von 1607 rund 1500 Dokumente enthält, unter anderem Beschreibungen zahlloser Rituale. Denn aus der eher philosophischen Lebensethik des Laozi (*dao-jia*) entwickelten sich nach und nach unterschiedliche magisch-religiöse Glaubensrichtungen (*dao-jiao*), in die auch volkstümliche Kulte einflossen. Götter wurden als Manifestationen der ursprünglichen, vom Dao erzeugten Kräfte vorgestellt. Vom Buddhismus übernahm der Daoismus bestimmte Vorstellungen und Riten, grenzte sich aber auch gegen ihn und andere konkurrierende Anschauungen ab.

So entwickelte sich nach dem Vorbild des Buddhismus ein Klosterwesen, zudem bildeten sich

VERBREITUNG DES DAOISMUS

Zentrum des Daoismus ist die Volksrepublik China. Dort verschmolz er im Lauf der chinesischen Geschichte mit anderen religiösen Strömungen und wurde zur kulturprägenden Kraft. Der Daoismus ist untrennbar mit der chinesischen Volksreligion verbunden (siehe Karte). Daoisten leben über die ganze Welt verstreut, so etwa in den USA (23 000) oder in Kanada (1700).

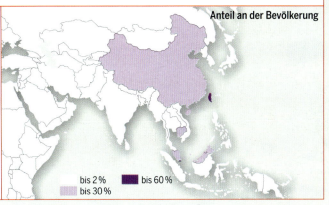

Anteil an der Bevölkerung
bis 2 % — bis 30 % — bis 60 %

ZEITTAFEL

6. Jh. v. Chr. Der Legende nach begründet der Gelehrte Laozi die Lehre des Dao.
4. Jh. v. Chr. Der Philosoph Zhuangzi verfasst ein zentrales Werk des Daoismus: das „Buch vom südlichen Blütenland".
2. Jh. n. Chr. Entstehung des religiösen Daoismus, in den auch alte Göttervorstellungen einfließen.
386–534 Die Wei-Dynastie erhebt den Daoismus zur staatlich bevorzugten Religion Chinas.
1607 Letzte Fassung des Daoistischen Kanons – einer Sammlung von rund 1500 Schriftstücken.
1. Hälfte des 20. Jh. Rezeption daoistischer Lehren durch westliche Schriftsteller, so durch Hermann Hesse und Bertolt Brecht.
1966–1976 Kulturrevolution in der Volksrepublik China und systematische Unterdrückung daoistischer Traditionen.
Seit den 1980er Jahren Erneute Renaissance des Daoismus.

Zwei Fische formen das Symbol von Yin und Yang. Es sind die Urkräfte des Dao, die in allen Wesen herrschen

In Wuxi in der Provinz Jiangsu thront eine Statue des Laozi. Der »Alte Meister« gilt als Verfasser des »Daode-jing«, einer Hauptschrift des Daoismus

Zu den zahllosen Dao-Göttern zählt auch der Küchengott Zaojun

---

unterschiedliche Sekten. Allmählich ergab sich ein System von Himmeln und Höllen und ein Pantheon mit unüberschaubar vielen, nicht zuletzt auch lokalen Helden und Göttern.

Der daoistische Tempel ist ein Ort, an dem der Mensch mithilfe von Riten und Meditation nach „oben" schaut, in kosmische Sphären. Gleichzeitig blicken von dort auch die Gottheiten herab, sodass ein Austausch zwischen Kosmos und Menschenwelt möglich wird.

Mit Gebeten und Opfergaben sucht der Gläubige die Ausgewogenheit der Welt im Sinne des Dao zu fördern. Auch die Verehrung heiliger Bücher, das Verbrennen von Weihrauch und Papiergeld, das rituelle Entzünden von Lampen und die Teilnahme an Prozessionen zählen zur Liturgie.

Im Zentrum steht der Glaube an die Unsterblichkeit. Aber mit der Zeit hat sich die ursprüngliche Vorstellung einer körperlichen Unvergänglichkeit in Richtung eines ewigen Weiterlebens nach dem irdischen Tod verschoben.

Das Transzendente, das der äußeren Welt zu eigen ist, wirkt auch im Menschen als Lebenskraft.

DER KONFUZIANISMUS

Auf einer Seidenmalerei von 1750 sind die Schöpfer der drei großen Geistesströmungen Chinas vereint: Laozi (links), der als Begründer des Daoismus gilt, neigt sich dem kleinen Buddha zu, den der Philosoph Kong Qiu (auch: Konfuzius, 551–479 v. Chr.) auf den Armen trägt. Anders als Laozi begriff Kong Qiu die aktive Zuwendung zum Diesseits als Lebensideal und entwickelte daraus ein Gesellschaftsmodell. Der „Konfuzianismus" wurde zur Ideologie vieler chinesischer Kaiser und hat vielfach auch religiöse Züge angenommen.

Deshalb strebt der Einzelne nach Langlebigkeit, was im Laufe der chinesischen Kulturgeschichte rituell genormte Techniken hervorgebracht hat: Ernährungslehren, Verfahren zur Regulierung des Atems oder Bewegungsübungen zur Stärkung der spirituellen Lebenskräfte. Diesem Zweck soll auch die Kontrolle der männlichen Sexualität durch Verhinderung des Samenergusses dienen.

Die Idee der potenziellen Unsterblichkeit ist mit ethischem Handeln im Leben verbunden – etwa Ehrerbietung gegenüber den Eltern, Loyalität gegenüber dem Herrscher, Mitleid mit allen Dingen und Lebewesen, Geduld, Unterstützung der Armen, die Befreiung von Lebewesen und das Pflanzen von Bäumen.

Auch Alchemie und Pharmazie gehören dazu: Daoistische Pharmazeuten haben über die Jahrhunderte wunderliche, angeblich lebensverlängernde Arzneien hervorgebracht. Anders als andere Religionen hat der Daoismus Wissenschaft und technischen Fortschritt nie infrage gestellt.

Heute ist der religiöse Daoismus in seinen vielfältigen Spielarten vor allem dort verbreitet, wo viele Chinesen leben, also außer in China selbst – wo nach der systematischen Unterdrückung religiöser Anschauungen während der „Kulturrevolution" der Daoismus allmählich wieder erstarkt – auch in Singapur, Korea und Japan.

Die Traditionen des religiösen Daoismus sind inzwischen so eng mit denen des Buddhismus und der eher agnostischen Philosophie des Konfuzianismus verwoben, dass diese „drei Lehren" (*sanjiao*) in der gelebten Religiosität kaum noch voneinander zu unterscheiden sind. So wird ein Chinese sich bei einem Leiden womöglich an einen daoistischen Geistlichen wenden, wenn die Medizin versagt, einen Verstorbenen nach buddhistischen Riten bestatten und die Ahnen nach konfuzianischem Ritual ehren.

Deshalb ist auch kaum zu sagen, wie viele Anänger der religiöse Daoismus hat – Statistiken weisen zumeist pauschal „traditionelle chinesische Religionen" aus. Seriösen Schätzungen zufolge allerdings bekennen sich zum Dao weltweit mehrere Hundert Millionen Menschen.   *Bertram Weiß*

Christentum

Der Petersdom in Rom ist einer der größten Kirchenbauten der Erde: 211,5 m lang und 132,5 m hoch. 1962 versammelten sich dort 2500 Amtsträger zur Eröffnung des 2. Vatikanischen Konzils, bei dem sie die Lehre der römisch-katholischen Kirche reformierten

Zu den wichtigsten christlichen Riten zählt das Abendmahl (Eucharistie) – der Bezug auf die letzte Mahlzeit Christi mit seinen Jüngern. Dabei reicht der Priester den Gläubigen Brot und Wein

Die Botschaft des Messias

Zum Glauben an die Auferstehung des gekreuzigten Jesus bekennen sich heute rund zwei Milliarden Menschen

Vor etwa 2000 Jahren herrschte unter den Juden im von den Römern besetzten Palästina Untergangsstimmung – sie befürchteten das Ende der Welt. Doch ein von Gott gesandter Erlöser, so prophezeiten ihnen die heiligen Schriften, werde sie von allem Leid befreien und ihnen das Heil Gottes bringen. Dieser Retter sei der „Messias" (hebr. = der Gesalbte; altgriechisch = Christus).

Viele Juden glaubten, dass ein Wanderprediger namens Jesus dieser verheißene „Friedefürst" sei. Ein Bekenntnis, das der Überlieferung nach als Erster dessen Gefolgsmann Simon Petrus aussprach: „Du bist Christus, des lebendigen Gottes Sohn."

Jesus sammelte in wenigen Jahren zahlreiche Gefährten in einer jüdischen Sekte um sich, predigte den Segen Gottes und soll eine Reihe von Wundertaten vollbracht haben – bis er eines martialischen Todes starb: Römische Soldaten schlugen ihn wegen Aufruhrs gegen Rom an ein hölzernes Kreuz.

Damit hätte die Geschichte des Mannes ihr Ende finden können. Aber das mysteriöse Verschwinden seines Leichnams sowie Berichte seiner Jünger, der Gekreuzigte sei mehreren von ihnen leibhaftig erschienen und vor ihren Augen gen Himmel entschwunden, führten zu einer neuen Religion, die heute mehr Anhänger hat als jede andere: zum Christentum.

Ziel ist die Aufnahme in das Reich Gottes

Dessen Anhänger glauben, Jesus mit dem Beinamen Christus sei der Sohn Gottes und Erlöser der Menschheit: Er sei Mensch geworden und habe durch seinen freiwilligen Tod alle Menschen von der „Erbsünde" befreit, die auf ihnen laste, seit Adam und Eva Gottes Gebot erstmals verletzt und so die paradiesische Einheit mit dem Schöpfer zerbrochen hätten.

Jesus ist aber für Christen nicht nur der menschliche Sohn Gottes, der für die Menschen gestorben ist. Er ist auch der Fleisch gewordene Gott selbst.

„Ich und der Vater sind eins", hat Jesus laut Überlieferung seines Jüngers Johannes gesagt. Christlicher Lehre zufolge vereinigt Gott in sich drei Personen, Gott Vater, Gott Sohn – und Gott Heiliger Geist, jene Macht, die in den Gläubigen wirkt, sie von Sünden reinigt und Glauben oder Tugenden in ihnen stärkt. Lediglich die Frage, ob die drei Formen Gottes jeweils selbstbestimmt handeln können, ist bei manchen Gläubigen umstritten.

Diese Dreifaltigkeit (Trinität) unterscheidet das Christentum von den streng monotheistischen Religionen der Juden und Muslime.

Fundament der christlichen Lehre ist das „Neue Testament", das aus vier Berichten über Leben und Lehren Jesu – den Evangelien (griech. = Frohbotschaften) – sowie der „Apostelgeschichte" über Taten der Jünger Jesu nach dessen Hinrichtung und einigen Lehrbriefen besteht. Zusammen mit dem „Alten Testament", dem auch von Christen als „Wort Gottes" verstandenen Kompendium altjüdischer Religions- und Geschichtstexte, bilden sie die christliche Bibel.

Den Weg in das „Reich Gottes", das Endziel der Schöpfung, wies Jesus vor allem in der „Bergpredigt" (Matthäus-Evangelium, Kapitel 5–7), in der seine Lehre kulminiert: Gottes- und Nächstenliebe, die sich in Taten realisiert und selbst Feinde umfasst, Geringschätzung von Besitz, Verzicht auf Gewalt auch bei gültigen

DIE VERBREITUNG DES CHRISTENTUMS

Etwa ein Drittel der Weltbevölkerung (ca. 2,1 Milliarden Menschen) bezeichnen sich als Christen, rund die Hälfte davon zählen zur römisch-katholischen Tradition. Damit ist das Christentum die mit Abstand anhängerstärkste Religion der Erde. Die meisten Christen leben in den USA (224 Mio.), Brasilien (139 Mio.) und Mexiko (86 Mio.). In Deutschland sind etwa 52 Mio. Menschen Mitglieder einer christlichen Glaubensgemeinschaft.

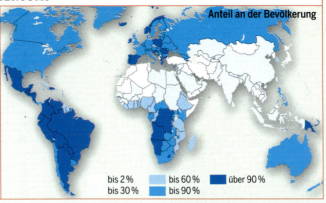

Anteil an der Bevölkerung: bis 2 %, bis 30 %, bis 60 %, bis 90 %, über 90 %

ZEITTAFEL

ca. 30 n. Chr. Jesus von Nazareth wird auf dem Hügel Golgotha nördlich Jerusalems gekreuzigt.
Ende des 1. Jh. Abschluss des „Neuen Testaments", der Grundlage der christlichen Lehre.
313 Kaiser Konstantin I. erkennt das Christentum als offizielle Religion an.
440–461 Leo I. nennt sich als erster Bischof von Rom „Pontifex Maximus" (lat. = oberster Brückenbauer). Die Bezeichnung „Papst" wird erst im 11. Jh. üblich.
1054 Bruch zwischen abendländischer und byzantinischer Kirche durch gegenseitigen Bann.
1517 Beginn der Reformation durch Martin Luthers 95 Thesen.
1648 Ende des Dreißigjährigen Krieges zwischen Protestanten und Katholiken.
1948 Gründung des „Ökumenischen Rates der Kirchen", in dem sich 349 Glaubensgemeinschaften um eine Einheit des Christentums bemühen.

Bei der Beichte können katholische und orthodoxe Priester die Sünden an Gottes Stelle vergeben

Das Kreuz ist das Symbol des Christentums: Seit dem 14. Jh. strömen Pilger zum »Kreuzhügel« in Litauen

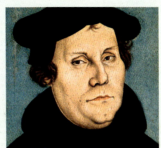

Martin Luther schuf 1529 mit seinen »Katechismen« die Basis der protestantischen Glaubenslehre

---

Rechtsansprüchen, Ablehnung von Hochmut und Arroganz.

Die Geschichte dieser Religion ist geprägt von Streit um die „richtige" Interpretation der Bibel und der christlichen Überlieferung. Christen berufen sich heute vor allem auf die abendländisch-lateinische, die orthodoxe oder die orientalische Tradition. Während die Glaubensbekenntnisse der beiden ersten sich nicht wesentlich voneinander unterscheiden – sie haben sich im 11. Jahrhundert weniger aus religiösen, sondern vornehmlich aus kirchenpolitischen Gründen getrennt –, ist das orientalische Christentum stark differenziert. Einige Kirchen pflegen nur einen anderen Ritus als Rom oder die Orthodoxie, andere – so die armenische, die syrisch-jakobitische, die koptische oder die äthiopische Kirche – haben sogar eine andere Vorstellung von der Wesenheit Christi.

Die abendländische Christenheit war bis zu Beginn des 16. Jahrhunderts von der römisch-katholischen Kirche geprägt, deren Oberhaupt, der Papst, noch heute von seinen Anhängern als Stellvertreter Christi auf Erden und damit als unfehlbare Instanz des Glaubensverständnisses aufgefasst wird.

Dann aber erschütterte der Mönch Martin Luther (1483–1546) die Vorherrschaft der Glaubenshüter in Rom: Er lehrte die gleiche Nähe aller Menschen zu Gott und lehnte daher das Papsttum sowie die Verehrung von Heiligen und deren Reliquien ab. Er prangerte die Prunksucht geistlicher Oberhäupter und deren profitablen Handel mit Ablässen an – die angebliche Aufhebung von Sündenstrafen gegen Geld.

Mit seiner Rebellion bereitete Luther, gemeinsam mit Gleichgesinnten, auch den Weg für die Verästelung des abendländischen Christentums in eine Vielzahl neuer Kirchen wie die evangelisch-lutherische oder die evangelisch-reformierte, deren Mitglieder als Protestanten bezeichnet werden. Heute ist die Christenheit in zahllose Glaubensgemeinschaften zersplittert – Religionswissenschaftler gehen von etwa 30 000 weltweit aus.

Trotz aller Unterschiede feiern alle Christen jedoch die gleichen Hauptfeste: an Weihnachten die

HIMMEL UND HÖLLE

Nach christlichem Glauben verlässt die Seele nach dem Tod den Körper. Entweder wird sie „im Himmel" selig bei Gott oder in Gottesferne, in die „Hölle", verbannt – je nachdem, wie man sein Leben gelebt hat. Darüber richtet Christus am Ende der Zeiten. Während für viele christliche Theologen heute die Hölle unvereinbar ist mit dem Glauben an einen gnädigen Gott, hält insbesondere der Vatikan an ihr fest: „Lässliche" Sünden sind im „Fegefeuer" abzubüßen und verhindern nicht die Seligkeit (oben eine Abbildung aus dem 14. Jahrhundert), für „Todsünden" aber büßt der Reuelose auf ewig in der Hölle.

Geburt Christi, am Karfreitag dessen Kreuzigung, an Ostern Christi Auferstehung von den Toten und an Himmelfahrt den endgültigen Eintritt Christi in die „ewige Herrlichkeit". An Pfingsten schließlich begehen die Gläubigen die Herabkunft des Heiligen Geistes auf die versammelten Jünger Jesu nach dessen Himmelfahrt. Als erster Festtag etablierte sich schon im 1. Jahrhundert der Sonntag, an dem die Christen durch Gottesdienst und Abendmahl die Nähe mit dem Auferstandenen suchen.

Die rituelle Aufnahme in die Gemeinschaft der Gläubigen geschieht in allen großen christlichen Traditionen durch die Taufe: eine heilige Handlung (Sakrament), durch die der Mensch aus seinem alten Dasein voll Sünde in ein neues übertritt – ein Leben, in dem er die Gnade Gottes erfährt. Wer jedoch trotz hinreichender Kenntnis des Christentums die Taufe verweigert, verliert die Chance, nach seinem Tod in der Gegenwart Gottes selig zu werden, was nichts anderes bedeutet, als dass ihm die „Hölle" droht.

*Ernst Artur Albaum,
Bertram Weiß*

Islam

Fromme Muslime eifern Mohammed auch in dessen Erscheinungsbild nach. Wie der Bart des Propheten aussah, ist jedoch nicht überliefert

Im Einklang mit Allah: Tausende Muslime neigen sich in der Istiqlal-Moschee in Jakarta, einem der größten Gotteshäuser der Welt, gleichzeitig gen Mekka, den Geburtsort Mohammeds. Das Gemeinschaftsgebet verbindet die Gläubigen und ist nach islamischer Auffassung 27-mal wirkungsvoller als das Einzelgebet

Das Erbe des letzten Propheten

Mohammed predigte die Lehre von Allah, dem einen Gott – und sah sich als Erneuerer der Religion Abrahams

Die jüngste der drei großen monotheistischen Religionen, der Islam, beruht wie Judentum und Christentum auf einem Stifter – auf Mohammed, der für die Muslime der letzte und wichtigste einer Reihe von Patriarchen und Propheten ist. Zu diesen zählen auch Abraham, Isaak, Jakob, Mose oder David, also biblische Gestalten und Gesandte Gottes auch für Juden und Christen. Selbst Jesus gilt als einer dieser Propheten – aber keineswegs als Sohn Gottes.

Nach Mohammed, dem Vollender aller Offenbarungen, werde es keine göttlichen Sendungen mehr geben. In der 26. Nacht des Monats Ramadan im Jahr 610 n. Chr. soll er seine „Berufung" erlebt haben: Als er in einer Höhle auf dem Berg Hirâ nordöstlich der Handels- und Pilgerstadt Mekka meditierte, habe ihm der Engel Gabriel erstmals Gottes Wort verkündet.

Von da an warb Mohammed für den Glauben an den einen und einzigen Gott (arab. *allah*), den allmächtigen Schöpfer und Herrn des Universums, den barmherzigen Richter der Menschen. Der frühere, nach seiner Heirat wohlhabende Kaufmann sah sich als Erneuerer der „Religion Abrahams", die Juden und Christen verfälscht hätten (siehe auch Seite 134).

Zu jener Zeit verehrte man in Mekka viele Stammesgötter, wie vermutlich auch Mohammed vor seiner „Berufung", und die führenden Clans der Stadt machten gegen die neue monotheistische Botschaft des Propheten Front. Deshalb zog Mohammed im Jahr 622 n. Chr. mit einigen Anhängern nach Medina, einer Oase 350 Kilometer nordwestlich von Mekka. Mit dem Jahr jener Übersiedlung (*hidschra*) beginnt die islamische Zeitrechnung.

Anfangs lehrte der Prophet, wie die Juden in Richtung Jerusalem zu beten – in der Erwartung, dass auch diese ihn als Propheten anerkennen. Doch als die Juden das verweigerten, verfügte Mohammed, dass fortan in Richtung Mekka, seinen Geburtsort, zu beten sei, und führte, abweichend von den Fastenterminen der Juden und der Christen, den Monat Ramadan als Fastenzeit ein.

Mohammed war offenbar ein charismatischer Redner. So gewann er innerhalb weniger Jahre

Den Gottgefälligen erwarten »Gärten der Wonne«

nicht nur immer mehr Menschen für seine Lehre, sondern schloss auch Bündnisse mit vielen arabischen Stämmen und knüpfte ein Netzwerk von Allianzen. Sehr rasch formte sich daraus ein Gemeinwesen, dem Mohammed als religiöser und politischer Führer vorstand. Diese *umma* beruhte auf einer Verbindung von Glaubenssätzen mit weltlichen Verhaltensregeln und gilt bis heute im Islam als Ideal aller Gemeinwesen.

In nur einem Jahrzehnt gliederte Mohammed fast alle sesshaften Bewohner und die Beduinenstämme auf der Arabischen Halbinsel seiner Glaubensgemeinschaft an. Im Jahr 630 gewann er durch einen geschickten militärischen Schachzug auch die Herrschaft über Mekka, wo er zwei Jahre später starb, wenig mehr als 60 Jahre alt.

Zum Nachfolger – zum Kalifen (arab. *chalîfa* = Stellvertreter, Nachfolger) – wurde Abû Bakr, ein Vertrauter Mohammeds, bestimmt, dem weitere Kalifen folgten. Doch bereits wenige Jahrzehnte später kam es zur Spaltung unter den Gläubigen. Die einen, die später Sunniten genannt wurden (arab. *sunna* = Sitte, Brauch), sehen in allen

VERBREITUNG DES ISLAM

Rund 1,4 Milliarden Menschen bekennen sich heute zum Islam. Die meisten von ihnen sind Asiaten. In Indien, Pakistan und Bangladesch leben mehr Muslime als im gesamten Nahen Osten, in Indonesien beten rund 180 Millionen Menschen zu Allah. Auch in Westeuropa ist der Islam präsent: So leben etwa fünf Millionen Muslime in Frankreich, drei Millionen in Deutschland und knapp zwei Millionen in Großbritannien

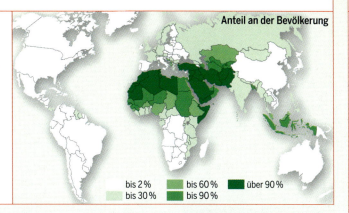

Anteil an der Bevölkerung: bis 2 %, bis 30 %, bis 60 %, bis 90 %, über 90 %

ZEITTAFEL

ca. 570 n. Chr. Mohammed wird in Mekka geboren.
610 Auf dem Berg Hirâ erfährt Mohammed seine „Berufung": Der Engel Gabriel erscheint und verkündet ihm das Wort Gottes. Fortan verbreitet Mohammed den Glauben an Allah, den einen und einzigen Gott.
622 Flucht nach Medina: Beginn der islamischen Zeitrechnung.
630 Mohammed erobert Mekka.
632 Tod Mohammeds.
632–661 Epoche der ersten Nachfolger des Propheten, der vier „rechtgeleiteten" Kalifen.
638 Araber erobern Jerusalem.
711–716 Muslime besetzen die Iberische Halbinsel.
1453 Muslimische Osmanen nehmen Konstantinopel ein.
1492 Vertreibung der Araber aus Granada, der letzten muslimischen Herrschaft in Westeuropa.
1924 Nach dem Zusammenbruch des Osmanischen Reichs wird der letzte Kalif abgesetzt.

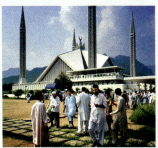

Vier Minarette säumen diese pakistanische Moschee. Von ihnen aus rufen Muezzine fünfmal täglich zum Gebet

Obwohl der Koran es nicht vorschreibt, müssen sich Frauen in vielen islamischen Ländern verschleiern

Das »erste Haus Gottes«: Abraham soll das zentrale Heiligtum des Islam, die Kaaba in Mekka, erbaut haben

---

Kalifen rechtmäßige Nachfolger des Propheten. Für die anderen, die Schiiten (arab. *schia* = Partei) – heute etwa 15 Prozent der Muslime –, endet die Reihe der „rechtgeleiteten" mit Ali, dem vierten Kalifen und Schwiegersohn Mohammeds. Von ihm sei das Führungsamt auf Imame (arab. = Vorsteher) übergegangen, die als erleuchtete Mittler zwischen Mensch und Allah höheren Rang besäßen als die späteren Kalifen.

Im Zentrum beider muslimischer Konfessionen aber steht der Koran (arab. *qara'a* = vortragen, lesen) mit 114 Kapiteln, den Suren. Diese will Mohammed von Allah übermittelt bekommen haben. Bereits Mitte des 7. Jahrhunderts waren sie niedergeschrieben.

Anders als in der Bibel finden sich im Koran kaum Berichte und Erzählungen. Die Suren sind weder thematisch noch chronologisch, sondern mit Ausnahme der ersten ihrer Länge nach geordnet. Jede beginnt mit der Anrufung: „Im Namen Gottes, des Erbarmers, des Barmherzigen."

Dem Koran zufolge ist der Mensch mit besonderer Würde ausgestattet und muss seine

DIE SCHARIA

In einer nigerianischen Schule wird das islamische Recht, die *scharia*, gelehrt. Sie beruht auf gottgewollten Verhaltensanweisungen. Diese betreffen sowohl Straf- und Zivilrecht wie Kultvorschriften, sozialethische Normen (etwa Freigebigkeit und Solidarität) sowie Hygieneregeln. Der Scharia zufolge ist Unzucht eines der schlimmsten Verbrechen: Geschlechtsverkehr zwischen Unverheirateten ist mit 100 Peitschenhieben oder Steinigung zu bestrafen. Zur Rechtsprechung befugt ist ein der Scharia verpflichteter Einzelrichter, ein „Kadi". Heute gilt die Scharia etwa im Iran, in Saudi-Arabien und in Afghanistan.

Handlungen beim Jüngsten Gericht vor Gott verantworten. Wer ein gottgefälliges Leben geführt hat, den erwarten im Jenseits „Gärten der Wonne". Allah ist voller Erbarmen, aber Vielgötterei und den Abfall vom Glauben vergibt er nicht; wer damit sündigt, dem droht wie den Ungläubigen eine qualvolle Hölle.

Im Koran sind auch die „fünf Säulen des Islam" dargelegt, die Grundpflichten eines Muslims:

• Das Glaubensbekenntnis (*shahâda*). „Ich bezeuge, dass es keine Gottheit gibt außer Allah und dass Mohammed der Gesandte Gottes ist." Wer Muslim werden will, muss nur diesen Satz vor muslimischen Zeugen aussprechen. Muslime sehen ihn als Abgrenzung zur christlichen Trinitätslehre, nach der sich Gott in Vater, Sohn und Heiligem Geist offenbart.

• Das Ritualgebet (*salât*). Nach Reinigung von Gesicht und Gliedmaßen beugt sich der Muslim Richtung Mekka, kniet und berührt mit der Stirn zweimal den Boden.

• Das Fasten im Ramadan (*saum*). Tagsüber verzichten Muslime auf Essen und Trinken (und auf Sex), läutern so Gedanken und Taten, genießen aber nach Einbruch der Nacht ein üppiges Mahl.

• Die Armensteuer (*zakât*). Gott gilt als Eigentümer aller Dinge, überlässt den Menschen jedoch die Nutzungsrechte. Dafür müssen Vermögende Spenden an Bedürftige leisten. Deren Höhe und Art ist im Koran nicht geregelt.

• Die Wallfahrt nach Mekka (*haddsch*). Sofern finanziell und gesundheitlich möglich, soll jeder Muslim einmal im Leben nach Mekka pilgern. Dort muss er die Kaaba umrunden – ein würfelförmiges fensterloses Gebäude, das Abraham einst errichtet haben soll – und den an einer Ecke eingelassenen „schwarzen Stein" küssen. Heute pilgern Jahr für Jahr rund zwei Millionen Muslime nach Mekka.

Rund 1,4 Milliarden Menschen verehren heute den Propheten häufig als menschliches Vorbild schlechthin. Viele sehen in ihm und seiner Gefolgschaft ein demokratisches Ideal: Männer und Frauen, Arme und Reiche seien gleichberechtigte Ratgeber Mohammeds gewesen. Vereint im Glauben an Allah, den einen Gott. ☐

Rainer Harf

Glossar

Atheismus
(von griech. *átheos* = ohne Gott) Gottesleugnung oder Gottlosigkeit. Atheisten sind sich sicher, dass es keinen Gott gibt, können aber Anhänger einer gottlosen Religion sein. Im Gegensatz dazu lassen Agnostiker die Frage nach der Existenz Gottes offen.

Eschatologie
(von griech. *éschatos* = der Letzte) Fasst Glaubensvorstellungen zusammen, die sich auf das Schicksal des Einzelnen nach dem Tod oder auf das Ende der Welt beziehen. Buddhisten und Hindus etwa gehen von der Wiedergeburt aus, Muslime und Christen glauben an Himmel und Hölle und glauben gar, dass die Welt am Ende aller Zeiten verwüstet wird.

Esoterik
(von griech. *esōterikós* = innerlich) Sammelbezeichnung für okkulte Praktiken, Lehren und Gemeinschaften, die ursprünglich nur einem beschränkten Kreis von Eingeweihten zugänglich waren.

Fundamentalismus
Streng konservative Auslegung und Anwendung einer Religion oder Weltanschauung. Fundamentalisten beharren auf der Unfehlbarkeit ihrer heiligen Schriften, verneinen Gewissensfreiheit und Toleranz, halten kompromisslos an engen moralischen Grundsätzen fest, neigen zur Konstruktion von Feindbildern und zeigen sich gegenüber Andersdenkenden bisweilen kämpferisch und gewaltbereit.

Meditation
(von lat. *meditatio* = das Nachdenken) Durch verschiedene Techniken wie Atemkontrolle, Körper- oder Konzentrationsübungen herbeigeführte Besinnung auf das innere Selbst, eine Gottheit oder kosmische Kräfte. Neben der traditionellen Meditation in den östlichen und monotheistischen Religionen existieren viele moderne Formen der Meditation ohne konkreten Glaubensbezug.

Metaphysik
(von griech. *tà metà tà physiká* = das, was nach der Physik kommt) Philosophische Disziplin, die grundlegende Probleme und Begriffe aus naturwissenschaftlich nicht überprüfbaren Bereichen behandelt – etwa Fragen zur Existenz Gottes, zum Unterschied zwischen Geist und Materie, zur Idee der Freiheit, der Unsterblichkeit oder des Bewusstseins.

Monotheismus
Der Glaube an einen einzigen, personalen Gott. Monotheisten schließen die Existenz anderer Götter aus. Im Gegensatz dazu werden im Polytheismus viele Götter verehrt. Zu den großen monotheistischen Religionen gehören das Judentum, das Christentum und der Islam.

Mystik
(von griech. *mystikós* = geheimnisvoll) Lehre von Methoden und Wegen, mit denen gläubige Menschen das Transzendente, Göttliche erfahrbar machen wollen – etwa durch Fasten, Rauschzustände, Meditation oder spezielle Atemtechniken. Mystik kann sich in allen Religionen entfalten – konkrete mystische Erfahrungen, wie Ekstasen oder Visionen, sind stets individuell und daher schwer vermittelbar.

Mythen
(von griech. *mỹthos* = Wort, Rede) Erzählungen von Ereignissen, denen keine historischen Quellen zugrunde liegen und die rational nicht fassbar sind. Mythen bilden einen wichtigen Bestandteil vieler Religionen: Sie beschreiben etwa den Ursprung von Göttern und Geistern, entwerfen ein Bild des Jenseits oder deuten die Entstehung der Welt (Schöpfungsmythen).

Offenbarung
Spirituelles Erlebnis, bei dem sich Götter oder Geister dem Menschen mitteilen. Offenbarungen sind ein wichtiger Bestandteil aller Religionen. Christen glauben etwa, dass der Prophet Moses am Berg Sinai Gott begegnet sei und von ihm die Zehn Gebote erhalten habe.

Orthodoxie
(von griech. *orthós* = richtig, und *dóxa* = Ansicht, Meinung, Glaube; also Rechtgläubigkeit) 1. Bezeichnung für die Gemeinschaft der orthodoxen Ostkirchen, die sich im 11. Jahrhundert endgültig von der Westkirche abgespalten haben und vor allem in Russland und im östlichen Europa verbreitet sind. 2. Bezeichnung für Glaubensrichtungen im Judentum, die auf strenger Einhaltung der biblischen Vorschriften beharren.

Pantheismus
Lehre oder Weltanschauung, nach der Gott und die Welt eins sind. Pantheisten kennen keinen personalen Gott. Für sie ist das Göttliche alles: die gesamte Natur wie auch das eigene Selbst.

Polytheismus
(von griech. *polýs* = viel und *theós* = Gott) Die Verehrung vieler Götter, welche in einer Hierarchie zueinander stehen und dabei meist voneinander unabhängige göttliche Fähigkeiten besitzen. Beispiele für Polytheismus sind etwa das griechische oder das römische Götter-Pantheon.

Religion
System von Überzeugungen und Praktiken, das auf „letzten", mit dem Verstand nicht begründbaren Wahrheiten und Prinzipien beruht. Anhänger einer Religion kennen neben der irdischen, profanen Wirklichkeit einen Bereich des Übernatürlichen und Transzendenten. Glaubensgrundsätze und Regeln erklären Ihnen, wie sie die Welt verstehen können und in ihr handeln sollen.

Ritus
(von lat. *ritus* = religiöser Brauch) Durch Tradition gefestigte Folge von Handlungen, die den Ablauf religiöser Zeremonien regelt, wie Trauungen oder Taufen. Im Katholizismus auch Bezeichnung für die einzelnen „Liturgien" der Nationalkirchen; der Ritus beschreibt hier die Gesamtheit aller gottesdienstlichen Vorgänge (Segnungen, Lesungen, Gebete).

Säkularisierung
Prozess der Verweltlichung, der Loslösung zentraler Bereiche der Gesellschaft von der Religion, infolge von Aufklärung und Französischer Revolution.

Spiritualität
(von lat. *spiritualitas* = Geistigkeit, inneres Leben) Ursprünglich aus dem Christentum stammender Begriff. Sie drückt sowohl eine bewusste, subjektive Haltung gegenüber dem Heiligen Geist aus als auch die den Mitmenschen zugewandte Glaubenspraxis. Heute zugleich Bezeichnung für jede geistige – also nicht materielle – Orientierung, etwa die Esoterik, die New-Age-Bewegung oder zahlreiche weltanschauliche, psychologisch orientierte Richtungen.

Theologie
(von griech. *théologos* = Rede von Gott) Wissenschaftliche Lehre, die sich mit den Quellen, der Geschichte, den Lehrinhalten und der Glaubenspraxis einer als wahr vorausgesetzten Religion befasst. Im Unterschied zur Religionswissenschaft ist die Theologie stets an eine bestimmte Glaubenstradition gebunden – so etwa die evangelische Theologie an den Protestantismus – und legt die Werte und Regeln innerhalb dieser Tradition fest.

Transzendenz
(von lat. *transcendentia* = das Überschreiten). Das Jenseits, also das, was nicht in der sinnlichen Erfahrung des Menschen liegt. Transzendente Gestalten, etwa Götter, sind mit dem Verstand nicht greifbar, da ihre Existenz jenseits der irdischen, profanen Welt liegt.

Sebastian Witte